DER KLEINE BUCH VERLAG

Astrid MacMillian

AFRIKA

FERNAB ERLEBT

Das K-Wagnis: Von Karlsruhe nach Kapstadt
Band 1

Road-Trip

DER KLEINE BUCH VERLAG

Alle Informationen und Angaben dieses Werkes wurden von der Autorin sorgfältig recherchiert und vom Verlag gewissenhaft geprüft. Dennoch können sachliche und inhaltliche Fehler nicht ausgeschlossen werden. Alle Angaben erfolgen deshalb ohne Gewähr. Weder Verlag noch Autorin haften für inhaltliche und sachliche Richtigkeit. Die im Buch wiedergegebenen Aussagen spiegeln die Meinung der Autorin wider und müssen nicht zwingend mit den Ansichten des Verlags übereinstimmen.

Die Deutsche Nationalbibliothek verzeichnet diese Publikation in der Deutschen Nationalbibliografie; detaillierte bibliografische Daten sind im Internet unter www.dnb.de abrufbar.

© 2015 Der Kleine Buch Verlag, Karlsruhe
Projektmanagement & Lektorat: Tatjana Weiß
Korrektorat, Karten, Satz & Layout: Beatrice Hildebrand
Kartengrundlage: © Central Intelligence Agency; www.cia.gov
Umschlaggestaltung: Sonia Lauinger
Umschlagabbildung: Astrid MacMillian
Druck: Books Factory, Berlin

ISBN: 978-3-7650-8903-9

www.derkleinebuchverlag.de
www.facebook.com/DerKleineBuchVerlag

Für Loyal

Überblick über beide Bände

BAND 1
Afrika fernab erlebt
Das K-Wagnis: Von Karlsruhe nach Kapstadt

Wie alles begann   9
Europa   18
Nordwestafrika   25
Westafrika   56
Zentralafrika   218
Südliches Afrika   280
Die westafrikanische Küste – eine Bilanz   311
Ostafrika, wir kommen!   322

Ausführliches Inhaltsverzeichnis am Ende des Buchs!

BAND 2
Afrika fernab erlebt
Das K-Wagnis: Von Kapstadt über Khartum nach Karlsruhe

Was bisher geschah
Ostafrika
Nordostafrika
Afrika – eine Bilanz
Europa
Rückblick und Ausblick

Ich glaubte, es wäre ein Abenteuer,
aber in Wirklichkeit war es das Leben.
Joseph Conrad

Wie alles begann

Wieso Afrika?

Afrika – wieso gerade dieser Kontinent? Eine Frage, die mir immer wieder gestellt wird. Ja, warum gerade Afrika? Woher kommt diese Sehnsucht, diese Träume und das Gefühl, unbedingt *diesen* Kontinent, seine Natur, seine Bewohner und ihre Mentalität kennenlernen zu müssen? Wieso zieht es mich immer wieder auf diesen Kontinent?

Ganz genau kann ich mir meine Liebe zu Afrika noch heute nicht erklären. Ein Jahr mit dem Land Rover um den afrikanischen Kontinent herumzufahren, das ist lange mein Traum gewesen, den ich jetzt endlich verwirklichen werde. Für viele meiner Freunde und Verwandte hören sich meine Reisepläne »einfach nur verrückt« an. Die Familie meines US-amerikanischen Mannes Loyal und seine Freunde sind überzeugt, dass sie uns nie wiedersehen werden. Zu groß ist ihre eigene Angst vor dem großen Unbekannten, haben die Medien Afrika in den letzten Jahren ja nicht allzu rosig dargestellt. Bei mir haben sich inzwischen schon alle daran gewöhnen können, dass ich ständig in Afrika unterwegs bin. Denn eigentlich begann alles schon vor 15 Jahren ...

Ich war damals siebzehn, verliebt und träumte von allem Möglichen. Wenn ich erst einmal erwachsen wäre, würde ich so vieles machen – ich träumte vom Reisen, unabhängig und selbständig wollte ich sein und sah in nichts und niemandem Grenzen – wenn ich erst einmal erwachsen wäre ... Das war ich aber noch nicht: Wie viele andere in meinem Alter ging ich zur Schule, lebte noch bei meinen Eltern, und meine größte Freiheit sah ich bis dahin darin, an den Wochenenden zu meinem Freund zu fahren, der sechzig Kilometer entfernt wohnte. Ich erinnere mich noch sehr genau an dieses Wochenende, als ich ihn besuchte und irgendwie *alles* seinen Lauf nahm.

Ich hatte eigentlich gar keine so große Lust, zu ihm zu fahren, war von einer Freundin auf eine Party eingeladen worden, auf die ich ihn auch gerne mitgenommen hätte. Er hatte aber schon Karten für einen Diavortrag namens *Mit dem Fahrrad durch Afrika* gekauft. Ich war wirklich nicht besonders erpicht auf den Vortrag. *Vortrag* hörte sich für mich irgendwie langweilig an und außerdem ging für den Eintritt ein Drittel meines damaligen Monatstaschengeldes drauf.

Schlecht gelaunt machte ich mich auf den Weg und war geschockt angesichts des vor allem älteren Publikums. Auf der großen Leinwand begannen Geschichten lebendig zu werden. Die Farben und die Natur Afrikas zogen alle in ihren Bann. Auch ich konnte mich der Faszination nicht mehr erwehren, tauchte ein in die fremdartigen Bilder, ließ mich von der Musik und den Eindrücken mitreißen. So etwas hatte ich noch nie zuvor gesehen, noch geahnt, dass es so etwas gab. Ich saß, staunte und fühlte immer mehr eine Sehnsucht in mir aufsteigen, die sich tief in meinem Inneren einnistete. Das war Afrika – der große Kontinent, von dem ich bereits gehört hatte, mir aber bis auf schwarze Menschen nicht viel darunter hatte vorstellen können.

Dieser Vortrag hinterließ einen tiefen Eindruck bei mir. Als er zu Ende ging, war ich wie betäubt, verließ den Saal, blieb jedoch in meiner Traumwelt. Ich sah immer noch die Farben vor mir, hörte die Musik und spürte wieder diese Sehnsucht, die sich in mir breit gemacht hatte. Das Erste, was ich nach diesem Erlebnis sprach, war: »Sobald ich kann, reise ich nach Afrika. So etwas wie die beiden Reisenden möchte ich auch erleben!« Mein Freund freute sich sehr, dass es mir so gut gefallen hatte und den ganzen Abend sprachen wir über nichts anderes mehr.

Der Wunsch, Afrika mit eigenen Augen zu sehen und zu entdecken, ließ mich nicht mehr los. Was manche meiner Freunde und meine Eltern als Jugendschwärmerei abgetan hatten, blieb. Wo immer ich das Wort *Afrika* las, war mein Interesse geweckt. Ich las sämtliche Bücher, die ich in der Bücherei fand, ging zu weiteren Reise- und Diavorträgen. Mein Abitur rückte näher und in mir entstand die Idee, danach, vor Beginn des Studiums, nach Afrika zu reisen. Ich ließ mir viele Prospekte schicken, ging in Reisebüros und informierte mich, wo ich nur konnte. Die Recherche war sehr aufwendig und schwierig, da das Internet zu dieser Zeit in Deutschland nur wenig verbreitet war. Doch schon bald landete ich wieder auf dem Boden der Tatsachen: Eine Afrikareise kostete Geld, viel Geld, und ich als arme Gymnasiastin hatte keines. Da konnte ich suchen, soviel ich wollte – Impfungen, Flüge, Workcamps... Alles kostete viel, viel Geld.

Vorerst war der Traum ausgeträumt. Das würde wohl nichts mit meinem Afrikatrip nach dem Abi werden.

Erste Reisen

Doch ich gab nicht auf: Nach meinem ersten Studienjahr hatte ich genug Geld zusammen und flog mit einer Gruppe nach Ghana, um dort an einem Workcamp teilzunehmen. Es war ein Gefühl des Nach-Hause-Kommens, als ich in Accra aus dem Flugzeug stieg. Ein Gefühl, das auf allen weiteren Reisen wiederkehrte.

Jedesmal, wenn ich aus dem Flugzeug stieg, fühlte ich eine unglaubliche Ruhe in mir aufsteigen. Obwohl an den afrikanischen Flughäfen meist Chaos herrscht, war ich nicht gestresst und hatte das Gefühl, am richtigen Ort zu sein. Die Hitze, die die verstaubte Luft über dem Boden flimmern ließ, die bunten Farben der afrikanischen Gewänder, die ungewohnten Gerüche, das Lächeln der Menschen – all das war für mich Leben. Ganz im Gegensatz zum Alltag in Deutschland, der mir im Vergleich trist und grau erschien, mit ungemütlichem Wetter, einheitlich gekleideten und unzufrieden dreinblickenden Menschen. Es war beim Aussteigen jedesmal so, als wäre ich am Ort meiner Sehnsucht angekommen.

Es folgten viele weitere Reisen: Ich bereiste Ghana, Togo, Benin und Burkina Faso. Ich lebte zusammen mit meinem einheimischen Freund in Lehmhütten im Niger und reiste danach mit ihm weiter über Burkina Faso bis nach Mali. Afrikanische Kultur hautnah, das hatte ich nun fast jedes Jahr. Ich vermied Übernachtungen im Hotel und suchte immer den nahen Kontakt zu den Menschen. Teilweise lebte ich wochenlang ohne Toilettenpapier und ernährte mich täglich fast ausschließlich von Reis. Ich vermied regelrecht touristische Attraktionen. Mir stand nicht der Sinn nach einer Safarireise, sondern nach »echtem« afrikanischen Leben, wenngleich das manchmal einfach hieß, viel Zeit zu vergammeln.

Doch so romantisch wie meine Reisen jedes Mal begannen, so desillusioniert kehrte ich auch wieder nach Deutschland zurück. Afrika war nicht nur der Ort, an dem ich mich entspannen, lächeln, tanzen und Spaß haben konnte. Afrika war vor allem anstrengend. Es war eben dieser »echte« afrikanische Alltag, der meine Toleranz immer wieder auf eine harte Probe stellte. Die hierarchischen Strukturen wiesen mir einen Platz unterhalb dem der Männer zu, an den ich mich nur schwer gewöhnen konnte. Das viele Herumhängen empfand ich immer wieder als eine Zumutung und Zeitverschwendung. Ich konnte nicht einfach zur »Afrikanerin« werden, so sehr ich mir auch wünschte, ein Teil der Kultur und der dort lebenden Menschen zu sein. Zudem erwischten mich immer wieder heftige Infektionen, ich war tagelang krank, musste auch noch nach der Reise viele Untersuchungen und Medikamentenbehandlungen über mich ergehen lassen. Mit der Zeit war mein Körper von den Afrikaaufenthalten regelrecht erschöpft. Während meiner Zeit im Niger zog ich mir auch noch eine Salmonellenvergiftung mit gleichzeitigem Parasitenbefall zu und lag schließlich mit über 40 Grad Fieber vor einer Hütte bei 50 Grad im Staub. Mein Freund betete für eine Wunderheilung. Die Tatsache, dass der einzige Arzt weit und breit, zu dem ich im Delirium gebracht wurde, sich weigerte, auch nur einen Blick auf mich zu werfen, weil ich eine Frau war, ließ mich völlig verzweifeln.

Glücklicherweise brachte mich mein Freund trotz meines Zustands nach Burkina Faso, wo eine Ärztin mich untersuchte und mir die richtige Medizin verschrieb. Ich überlebte, allerdings war meine Afrikabegeisterung vorerst gebrochen. Dachte ich jedenfalls. Ich reiste im nächsten Jahr nach Asien, begann aber schon auf dem Hinflug zu weinen, weil ich mich nicht in einem Flieger in Richtung Afrika befand. So schön die von mir in Asien bereisten Länder auch waren, es war eben nicht Afrika und ich war unzufrieden. Nach meiner Rückkehr buchte ich bald einen neuen Flug, diesmal allerdings nach Tansania in Ostafrika. Mit Westafrika hatte ich innerlich abgeschlossen, nun hoffte ich, mein »erträumtes« Afrika im Osten des Kontinents zu finden. Ich hoffte auf eine Welt, von der ich ein Teil sein konnte. Eine Welt, in der ich mich nicht nur unterordnen und gegen Krankheiten kämpfen musste. Ich wollte nicht nur das Gefühl haben, angekommen zu sein, sondern auch dortbleiben zu können. Ich hoffte darauf, die Kultur der dort lebenden Menschen nicht nur zu sehen und daran teilzunehmen, sondern sie auch zu verstehen. Letzteres war mir während all der Reisen nach Westafrika weitgehend verwehrt geblieben.

Ostafrika empfand ich völlig anders als das, was ich in den westafrikanischen Ländern erlebt hatte. Tansania war sehr weit entwickelt, man konnte vieles kaufen, von dem man in Westafrika nur träumen konnte. Das Essen war sehr gut, ich wurde nicht krank. Ich hatte nicht einmal Durchfall. Im Gegensatz zu meinen früheren Reisen plante ich diesmal eine touristische Safari in die Serengeti und wollte danach um den Viktoriasee herumreisen. Vor Ort änderten sich allerdings meine Pläne, weil ich merkte, dass diese Art zu reisen und touristisch unterwegs zu sein einfach nicht zu mir passte. Schnell lernte ich in Tansania viele tolle Menschen kennen, sodass ich schließlich lieber bei ihnen bleiben, als unterwegs sein wollte. Da ich allerdings schon von Deutschland aus eine Safari in die Serengeti und den Ngorongoro-Krater gebucht hatte, war ich vier Tage in diesen Nationalparks unterwegs. Ich sah viele wilde Tiere in freier Wildbahn und war beeindruckt. Allerdings vermisste ich schon jetzt meine neu gewonnenen Freunde in Arusha und zu allem Überfluss wurde ich wieder krank. Merkwürdigerweise verschwand meine Krankheit auf rätselhafte Weise, als unser Safarifahrzeug die Stadt erreichte. Mir wurde bewusst, dass nicht diese Safari der Grund war, warum ich nach Afrika gekommen war. Mir ging es nicht um die Naturerlebnisse und die Tiere, ich wollte Menschen kennenlernen, Menschen in ihrem Alltag, bei ihnen leben, von ihnen lernen und so einmal im Jahr ein ganz anderes Leben führen. Das holte mich aus *meinem* Alltag heraus. Das Nichtstun stellte einen Gegenpol zu dem dar, was ich hier in Deutschland mit dem Wort Stress verband.

In den folgenden Sommern flog ich nun immer wieder nach Ostafrika. Als Lehrerin übertrug ich meine Begeisterung für den afrikanischen Kontinent auch auf einige meiner Schülerinnen: Ich gründete eine Eine-Welt-AG an meiner Schule und reiste schließlich mit Schülerinnen, einem Kollegen und einem Vater nach Kenia und Tansania. Für mich eine völlig neue Erfahrung, die ich gerne wiederholen würde.

Meine Erlebnisse in afrikanischen Ländern waren insgesamt sehr unterschiedlich: Auf der einen Seite liebte ich den Kontinent und die Menschen, auf der anderen Seite litt ich unter den fremden kulturellen Regeln und Verhaltensweisen. Trotzdem festigte sich in mir immer mehr der Wunsch, eines Tages dort zu leben. Wo, da war ich mir unsicher. Deshalb wollte ich möglichst viele Länder kennenlernen, um mich danach zu entscheiden.

Am Anfang war der Jeep

Meine Faszination für Geländewagen jeglicher Art hat mit meinen Fahrschulstunden begonnen. Ich träumte nicht von einem schicken, schnellen Wagen, sondern von einem robusten Jeep. Eine meiner ersten Fahrten nach dem Führerscheinerwerb war mit einem offenen Jeep: Ich liebte es. Da ich mir nicht vorstellen konnte, hier in Deutschland in einer Stadt mit dem Geländewagen zu fahren, festigte sich die Idee, einen Land Rover zu kaufen, um damit den afrikanischen Kontinent zu umrunden. Ein großes Projekt, das lange geplant sein muss und während meiner Studienzeit immer wieder an mangelnden finanziellen Ressourcen scheiterte.

Ich zog nach dem Studium schließlich für ein Jahr nach Mexiko, um dort mein im Studium erlerntes Spanisch zu perfektionieren, absolvierte danach in Deutschland mein zweijähriges Referendariat und beantragte noch im ersten Jahr meiner festen Stelle ein Sabbatjahr.

Da ich unabhängig von anderen Mitreisenden sein und mein Unternehmen nicht von der Laune anderer abhängig machen wollte – ich hatte schon zu oft erlebt, dass viele gerne mitplanen, kurz vor Abfahrt allerdings kalte Füße bekommen –, bewarb ich mich für ein Praktikum als Mechanikerin bei einer Land Rover-Werkstatt in Karlsruhe – und wurde genommen. Ich hoffte, bei diesem Praktikum zumindest Grundkenntnisse für die Reparatur eines Land Rovers zu erwerben, damit ich in Afrika nicht völlig hilflos neben meinem liegengebliebenen Gefährt stehen würde und auf die Hilfe von Passanten angewiesen wäre.

Die Männer in der Werkstatt hatten mit mir viel zu lachen, kannte ich mich doch bisher noch gar nicht mit Autos aus, war zierlich und hatte schon mit dem Winterreifenwechsel meine Mühe. Aber ich hielt durch und hatte das Gefühl, mir den Respekt der Mechaniker verdient zu haben. Während der Praktikumszeit lernte ich meinen jetzigen Mann, Loyal, kennen, der beeindruckt war, dass ich nicht nur solch ein Praktikum, sondern auch eine Jahresreise um den afrikanischen Kontinent alleine durchziehen wollte. Zuerst war er skeptisch, nach einer gemeinsamen Ostafrikareise aber auch Feuer und Flamme und von da an planten wir die große Reise zusammen.

Reisevorbereitungen

Stella, unser Land Rover, war der erste Wagen, den wir uns anschauten und der uns gleich begeisterte. Während Loyal sich um den Umbau kümmerte, versuchte ich, möglichst viele Informationen zur Visumbeschaffung und zur politischen Lage in den einzelnen Ländern zu bekommen. Das war gar nicht so einfach, da sich beides in vielen Ländern teilweise täglich ändert. So fand ich ständig neue Angaben über Visagebühren und -voraussetzungen. In vielen Ländern schwelten Unruhen, die plötzlich aufbrachen und ein Weiterreisen hätten schwierig machen können. Für unsere Reisezeit waren viele Wahlen angekündigt, die die politische Situation in einem Land von einem Tag auf den anderen verändern konnten. Ich nahm Kontakt zu anderen Reisenden auf, um aus ihren aktuellen Erfahrungen Sicherheitsvorkehrungen abzuleiten, was auch nicht immer gelang.

Gleichzeitig bereiteten wir die Reise gesundheitlich vor, gingen mehrmals zum Tropenarzt und ließen uns impfen. Das nahm sehr viel Zeit in Anspruch.

Da wir nicht sicher waren, wann und ob wir nach der Reise sofort wieder nach Deutschland zurückkehren würden, gaben wir unsere Wohnung auf, was bedeutete, dass wir alles, was uns noch blieb, in einer Lagerbox unterbringen mussten.

Außerdem galt es, uns von unseren Freunden zu verabschieden und in vielen Gesprächen ihre Ängste auf ein Minimum zu reduzieren. Immer wieder hörten wir:»Das ist verrückt! Wie wollt ihr das machen? Habt ihr keine Angst? Das ist doch gefährlich!«

Angst hatten wir tatsächlich keine, da das Risiko in unseren Augen kalkulierbar war, sofern man einige Sicherheitsmaßnahmen traf und sich vor Ort nicht leichtsinnig verhielt.

Da ich während meiner Afrikreise mit meinen Schülerinnen in der *BNN* (*Badische Neueste Nachrichten*) einige Artikel veröffentlicht hatte, nahm ich Kontakt zu den Redakteuren auf und wir verabredeten, dass ich über meine Tour um den afrikanischen Kontinent berichten sollte. Wir besprachen, dass alle ein bis zwei Wochen ein Artikel und Fotos gedruckt werden sollte. Zu diesem Zeitpunkt war mir noch nicht klar, dass uns das Schreiben und Versenden der Texte und Bilder manchmal regelrecht in Stress versetzen würde, da wir durch viele Gebiete fahren würden, in denen es weder Strom noch Internet geben würde.

Die Vorbereitung der Reise zog sich in die Länge: Wir verbrauchten drei Wochen unserer Schon-Urlaub-Zeit, um die Wohnung auszuräumen und uns in Deutschland weitestgehend abzumelden.

Wir hatten nie geglaubt, dass es so schwierig werden würde, unser deutsches System ganz zu verlassen: Nicht nur die Post musste geregelt werden, auch Telekom und Handyanbieter stellten Anforderungen, ganz zu schweigen von der GEZ. Außerdem wollten wir einen guten Krankenversicherungsschutz für unsere Reise.

Als wir Karlsruhe am 21. August 2012 gegen 18 Uhr schließlich verließen, waren wir völlig fertig und brauchten eigentlich Urlaub.

Europa

Supermärkte und Tankstellen in Frankreich: Fehlanzeige!

Nachdem wir die erste Nacht bei Freunden in Straßburg genächtigt haben, geht es los, mitten durchs französische Land. Wir wollen die Autobahnen meiden, weil wir so mehr vom Land zu sehen bekommen. Wir sehen viel, fahren auf Straßen in top Zustand durch wunderschöne Landschaften. Als der Premierminister im Radio zitiert wird, dass er sich unbedingt um die »verlassenen Regionen«, die sich im Stich gelassen fühlen, kümmern wolle, wissen wir, wovon er spricht. Als wir durch die Ardenne, Franche-Comté, die Bourgogne und das nördliche Auvergne fahren, ist kilometerweit kaum ein offenes Geschäft zu finden. Die Dörfer scheinen verlassen, die Geschäfte sind verschlossen oder stehen zum Verkauf.

An einem der ersten Tage passiert es uns, dass wir mehrere Stunden keinen einzigen Supermarkt finden und erst in Dijon 15 Minuten vor Kassenschluss fündig werden. Ähnlich ergeht es uns mit den Tankstellen: Als wir in Dijon ankommen, ist unser neu eingebauter Reservetank von 106 Litern fast leer. Eigentlich haben wir den Doppeltank, weil wir in Afrika mit langen, tankstellenlosen Strecken rechnen. Nun bekommen wir schon hier in Frankreich Probleme – wer hätte das gedacht? Heute haben wir schon wieder seit Mittag keine Tankstelle und keinen Supermarkt mehr gesehen. Wir fragen uns, wo wohl die Einheimischen ihr Essen und ihr Benzin herbekommen.

Es stellt sich außerdem heraus, dass wir bei der Kartenwahl für Europa nicht genügend bedacht haben, dass wir nicht über Autobahnen fahren wollen. Viele der Landstraßen, die wir nehmen, sind auf der Karte nicht verzeichnet. Meine Sprachkenntnisse helfen mir weiter. Immer wieder fragen wir Einheimische nach dem Weg. »Ihr fahrt ohne GPS? Und das durch Frankreich? Ohlala …«, zeigt sich eine Einheimische sehr verwundert. Tatsächlich fällt es uns viel schwerer, von der bekannten Navistimme Abstand zu nehmen und selbst den Weg auf einer Karte zu suchen, als zuvor gedacht. Gut, dass wir für die afrikanischen Länder genauere Karten mit im Gepäck haben.

Apropos Sprachkenntnisse: Im »Innern« Frankreichs hat man ohne Französischkenntnisse meiner Meinung nach kaum eine Chance. Nachdem ich Loyal dreimal darauf hingewiesen habe, dass das Schild am Straßenrand einen Bauernhof ausweist, der frischen Käse verkauft und er trotzdem wieder daran vorbeifährt, verlange ich eine Erklärung. »Aber die haben doch alle geschlossen!«

Wie kommt er denn darauf? »Da steht doch *ferme* und das heißt doch geschlossen, oder?«, zeigt er sich stolz auf seine »soliden« Kenntnisse der französischen Sprache.

»Nein, da steht nicht *fermé*, sondern *ferme,* und das heißt Bauernhof.« Mein Lehrerinnenherz kommt mal wieder zum Vorschein.

Wir kommen durch Orte, die ich aus meinem eigenen Französischunterricht noch kenne: *Ax-les-Thermes* – den Ort mit dem komischen Namen gibt es wirklich! »Ich dachte, das wäre eine Erfindung in unserem Lehrbuch gewesen. Soweit ich mich erinnere, kann man hier Skifahren. Die Geschichte handelte von einem Mädchen, das sich verirrt, weil es plötzlich neblig war«, erzähle ich, als uns der Nebel und ein schwacher Nieselregen auch schon einhüllen und wir beschließen, einen Schlafplatz für die Nacht zu suchen. In dieser Nacht in den Bergen wird es ungemütlich kalt.

Es ist nicht unsere erste ungemütliche Nacht: Schon in der zweiten Nacht unserer Reise erleben wir nach tropischen Temperaturen am Tag ein Unwetter, das im Landy noch bedrohlicher wirkt, als es sowieso schon ist. Anderthalb Zentimeter große Hagelkörner fallen vom Himmel, gefolgt von mehreren Gewittern, die sich alle gleichzeitig genau über uns zu entladen scheinen. So liege ich lange wach mit der Angst, dass die Hagelkörner unser Dachfenster zerstören und mir direkt aufs Gesicht fallen könnten, und Loyal befürchtet einen Tornado, der sich über unseren Landy Stella hermachen könnte, wie er es in den USA schon häufiger erlebt hat. Wir drei überleben allerdings das Unwetter ohne Schaden zu nehmen.

Andorra – Das Skifahrerparadies schlechthin

Loyals Wunsch ist es, über Andorra zu fahren, »um zu sehen, wie es ein so kleines Land in den Bergen geschafft hat, unabhängig zu werden und zu bleiben.« Das Land empfängt uns mit einer gigantischen Stadt, die direkt in die Berge gebaut ist. Vielstöckige Hotels und glitzernde Werbeschilder schmiegen sich an die Felsen. Man fühlt sich wie in eine andere Welt versetzt, obwohl die Lifte alle außer Betrieb sind und weit und breit kein Schnee in Sicht ist. Das ganze Land scheint zu boomen, ein Skidorf reiht sich ans nächste und auch andere Freizeitangebote wie Klettern werden angeboten. Wir wollen auf jeden Fall irgendwann im Winter wiederkommen.

Gemütlichkeit im trockenen Spanien

Trockenheit und Arbeitslosigkeit

Nach dem Boom in Andorra erleben wir in Spanien genau das Gegenteil: Viele Häuser und Wohnungen scheinen leer zu stehen oder werden zum Verkauf angeboten. Auch hier sind, wie auf dem Land in Frankreich, viele Geschäfte geschlossen. Außerdem fällt uns überall die große Trockenheit auf. Noch in den Pyrenäen, kurz nach der Grenze, suchen wir vergeblich nach dem in der Karte dargestellten See, an dem wir picknicken wollen. Irgendwann erkennen wir ihn an einer großen Brücke, die in der Gegend herumsteht. Überall, wo wir dieser Tage entlangkommen, fehlt das Wasser in den angekündigten Flüssen. Die vielen leeren Flussbetten sind ein trauriger Anblick. Ähnlich fühlen wir uns, nachdem wir Cartagena hinter uns gelassen haben und weiter an der Küste gen Süden fahren. Kilometerweit sieht man keine Erde oder Natur mehr, sondern nur Gewächshäuser, die von Weitem an Flüchtlingslager erinnern. Planen so weit man blicken kann. »Das hat sich wirklich massiv geändert«, meint Loyal dazu, der 2007 in der Gegend unterwegs war. »Als ich das letzte Mal hier war, gab es kaum Gewächshäuser zu sehen.«

Beim Anblick dieser verwandelten Landschaft denkt man über den eigenen Tomatenkonsum und die allgemeine Wirtschaftskrise nach. Wir fragen uns, was uns wohl auf dem afrikanischen Kontinent erwarten wird, wenn die Trockenheit und Arbeitslosigkeit sich schon hierzulande so dramatisch darstellt. Und Spanien wird in den nächsten Jahren mit noch mehr Menschen aus Afrika rechnen müssen, die den weiten Weg in kleinen Booten auf sich nehmen, um in Europa, in ihren Augen dem Kontinent des Reichtums, ihr Glück zu (ver-)suchen.

20 Stundenkilometer erlaubt – 40 empfohlen!

Wir sind erst kurze Zeit im Land und schon bin ich von der Straßensituation ziemlich genervt. Nicht dass die Straßen in schlechtem Zustand sind – nein, sie sind top gepflegt. Allerdings ist es so gut wie unmöglich, außerhalb der Autobahnen im Land vorwärts zu kommen. Die Nationalstraßen führen direkt durch die Städte und in diesen darf man maximal 40 Stundenkilometer fahren, oft sogar nur 30. Sobald man etwas zu schnell wird, springen Ampeln, die alle 50 Meter aufgestellt sind, auf Rot, oder aber Erhöhungen auf der Straße, die auch von zwei Augenpaaren nicht immer leicht zu erkennen sind, erinnern den Fahrer daran, nicht zu schnell zu fahren. Insgesamt sind in Spanien sehr viele Schilder aufgestellt, die ständig an die Höchstgeschwindigkeit erinnern sollen (teilweise alle 50 Meter). Einige Aufrufe sind geradezu absurd: So finden wir in den Bergen das 20 km/h-Schild dicht gefolgt von einem Schild, das als empfohlene Geschwindigkeit 40 Stundenkilometer angibt. Auf vielen kleinen Straßen wird uns eine höhere Geschwindigkeit »empfohlen« (rechteckige blaue Schilder) als eigentlich erlaubt ist (runde Schilder mit rotem Rand). Als es uns zu bunt wird, wechseln wir dann doch auf die Autobahn, aber nach nur wenigen Metern überholen wir Fahrradfahrer, die ihr Morgentraining absolvieren. Diese Radfahrergruppe bleibt nicht die Einzige, die wir auf spanischen Autobahnen antreffen!

Auf der Suche nach Schlafplätzen

Viel Zeit verbringen wir jeden Tag mit der Suche nach Schlafplätzen. Da wir festgestellt haben, dass die Zeltplätze hier meist sehr luxuriös sind und uns eine Übernachtung etwa 50 Euro kosten würde, versuchen wir, unsere Nächte außerhalb der offiziellen Plätze zu verbringen. An manchen Tagen werden wir schnell fündig, an anderen Tagen dauert es drei Stunden, bis wir einen geeigneten Platz finden. Einmal geben wir die Suche im Zuge der einbrechenden Dunkelheit irgendwann ganz auf und verbringen die Nacht mitten in einem Wohngebiet. Am nächsten Morgen sind wir beim Anblick der Straße und der Bürgersteige geschockt: Alles ist von Hundekot bedeckt. Abends haben die Leute ihre Tiere Gassi geführt und alles liegen gelassen. Wenige Meter von unserem Auto entfernt liegt ein riesiger Haufen mitten auf der Straße. Eine große Sauerei. So etwas haben wir beide noch nie gesehen. Wir machen, dass wir fortkommen. Insgesamt ist übrigens auffällig, dass es hier in Spanien kaum Campingplätze gibt. An der Costa del Sol haben wir an der Küste und im Inland insgesamt nur fünf entdeckt.

Endlich ausschlafen!

Ich scheine in *meinem* Land angekommen zu sein: Bei der Fahrt durch Valencia stellen wir fest, dass um kurz vor zehn am Vormittag weder viele Autofahrer noch Menschen auf der Straße unterwegs sind. Alles hat noch geschlossen. In wenigen Cafés sitzen Leute und nehmen ihr Frühstück ein. Während wir durch einen Park fahren, sehen wir viele Jogger, die noch gemütlich vor der Arbeit ein bisschen Sport treiben. »Ich glaube, ich war in einem früheren Leben mal Spanierin – hier könnte ich endlich morgens so lange schlafen, wie ich will, ohne aufzufallen«, meine ich zu Loyal.

Auf unserem Weg in den Süden des Landes sehen wir an den Landstraßen nicht nur enorm viele Rotlicht-Clubs, sondern auch immer wieder junge wie ältere Damen, die direkt an der Straße auf einem Stuhl sitzend auf Kundschaft warten. Wir fragen uns, ob das schon immer so war oder ob das erst in den letzten Jahren so auffällig zugenommen hat. In Frankreich haben wir das gar nicht gesehen. Je näher wir Marokko und damit der muslimischen Welt kommen, desto mehr Damen sitzen am Straßenrand.

Wir landen auf einem Campingplatz, wo ich in der zweiten Nacht in der Ferne ein riesiges Feuer entdecke. »Schau mal da hinten! Vielleicht sollten wir uns bereit machen, damit wir im Notfall gleich losfahren können!?« Loyal beruhigt mich damit, dass das Feuer sehr weit weg sei und der Wind in die entgegengesetzte Richtung gehe.

Am nächsten Morgen ist unser Auto voller Asche: Der Wind hat in der Nacht gedreht! Loyal erfährt aus dem Internet, dass das Feuer zwar um die 40 Kilometer weit weg ist, sich allerdings über eine Fläche von 20 Kilometern ausgedehnt hat. Erst 24 Stunden nach dem Ausbruch konnte es unter Kontrolle gebracht werden. Es soll der größte Brand an der Costa del Sol gewesen sein. Noch jetzt, zwei Tage später, sieht man Rauchwolken aufsteigen. Wir denken an unsere bevorstehende Reise und fragen uns, wie es wohl in diesem Jahr in Afrika mit den Buschbränden aussieht.

Das Leben hier auf dem Campingplatz ist irgendwie anders, als ich es mir vorgestellt habe. Die Leute haben ihre »halben Häuser« dabei, fast niemand ist ohne Fernseher angereist. Trotzdem ist es insgesamt sehr ruhig. Auch gegen zehn Uhr morgens herrscht noch angenehme Ruhe.

Seit unserer Abreise aus Deutschland sind wir zum ersten Mal auf einem »richtigen« Zeltplatz und es erscheint mir schon heute als eine Wohltat, mich unter eine richtige Dusche stellen zu können, obwohl wir noch gar nicht in Afrika sind! Welch großer und angenehmer Vorteil der Zivilisation. Wie lange ich wohl in Afrika ohne Dusche auskommen muss?

Nordwestafrika

Marokko

Einreisen auf Marokkanisch

Bei unserer Überfahrt nach Marokko ist der Himmel bewölkt. Wir sind froh, Spanien den Rücken zu kehren, hatten wir doch während der letzten Tage täglich starken Wind und mussten lange Kleidung tragen.

Als wir darauf warten, auf die Fähre fahren zu können, hält ein großer, ausgebauter Iveco-Lkw mit Karlsruher Kennzeichen neben uns. Der erste deutsche Wagen seit Tagen kommt aus Karlsruhe! Stefan und Michaela leben momentan in Brüssel, haben ihren Wagen aber in Karlsruhe angemeldet und wollen sechs Wochen nach Marokko. Zu unserem Glück kennen sie sich aus und bringen uns an Deck gleich zu dem »wichtigen Tisch« in der Cafeteria, an dem ein Marokkaner sitzt und Pässe stempelt. So können wir schon während der Überfahrt offiziell einreisen. Die beiden versorgen uns noch mit weiteren guten Tipps. Sie sind schon das zweite Mal mit dem Auto in Marokko unterwegs.

Die Einreise am marokkanischen Zoll ist total relaxt: Die Beamten sind freundlich und machen Witze. In meiner Aufregung »vergesse« ich, dass ich verheiratet bin und schreibe meinen Mädchennamen auf das Einreiseformular. Das stiftet Verwirrung. Nun wird mein Pass genauestens studiert und plötzlich klappt der Zöllner meinen Pass mit einem lauten »Ha!« zu. »Ist das wirklich dein Geburtsdatum?«, will er auf Französisch von mir wissen. Ich bejahe. »Genau wie ich!«, informiert er nicht nur mich, sondern auch alle anderen herumstehenden Zöllner freudestrahlend. Von diesem Moment an nennt er mich nur noch »Skorpion« und duzt mich. So kommen wir schnell durch den Zoll.

Kurz danach sieht unsere Situation schon wieder ganz anders aus: Da ich missverständlich davon ausgegangen bin, dass unsere deutsche Versicherung in Marokko nicht greift und es keine »grüne Karte« für Marokko gibt, haben wir uns vorgenommen, bei unserer Ankunft eine Versicherung für Marokko abzuschließen. Im Internet hatten wir dazu schon Informationen eingeholt. Nun scheint die Lage allerdings ganz anders: Plötzlich sollen wir die Gebühr für einen riesigen Lastwagen bezahlen. Wir sind geschockt. Das Problem: Wir haben nur zwei Sitzplätze im Landy und hinten keine Fenster. Ich muss wohl ziemlich entmutigt ausgesehen haben, denn plötzlich winkt uns einer der zwei Angestellten ins Büro. Gemeinsam beratschlagen wir, wie es weitergehen kann. »Wir Jungen müssen zusammenhalten«, zwinkert mir der eine dann zu. Die Lösung: Ich muss zurück zum Zoll, einer der Zöllner schreibt auf mein Einreiseformular »Campingcar« und so müssen wir nur noch die normale Pkw-Gebühr bezahlen – ein Monat kostet so viel wie drei Lkw-Tage! Wir sind erleichtert, bedanken uns überschwänglich und schon geht's los ins marokkanische Leben.

Das bietet einem manchmal Hindernisse, die es zu überwinden gilt. Abseits der Touristenpfade ist vieles nur noch in arabischer Schrift gekennzeichnet und nur sehr wenige Marokkaner verstehen Französisch. Schon am ersten Tag stehe ich vor Toiletten und kann mich nicht entscheiden, welche der Schriftarten weiblicher wirkt. Niemand ist weit und breit zu sehen. Als der Security-Guide vorbeischlendert, bewege ich mich auf eine Tür zu und sehe seine entsetzten Augen. Also doch die andere!

Auf dem Campingplatz zu Tee und Fleisch geladen

Marokkos Hauptstadt Rabat empfängt uns wie der Zoll: ziemlich entspannt. Ohne belästigt zu werden schlendern wir durch die Medina, die marokkanische Innenstadt mit Geschäften und Marktständen. Die gepflegten Gassen sind sehr schmal und von hohen Häusern begrenzt, die Orientierung fällt nicht leicht. Auf der Suche nach einer Frühstücksmöglichkeit stellen wir fest, dass in Marokko scheinbar nur Männer in der Öffentlichkeit frühstücken. Nach fast einer Stunde erfolgloser Suche fragen wir in einem Café nach, ob es auch mir erlaubt ist, dort Tee zu trinken. Wir werden zu einem Tisch geführt, erhalten unsere gewünschte Bestellung. Die Nebentische scheinen über meine Anwesenheit allerdings auf Arabisch informiert zu werden, viele Passanten starren mich an und drehen sich nach mir um. Wir beeilen uns, unser Omelette zu essen. In Zukunft müssen wir das mit dem Frühstück irgendwie anders hinbekommen.

In Rabat finden wir keine Möglichkeit, unseren Landy sicher zu parken und fahren deshalb auf einen Campingplatz etwas außerhalb der Stadt. Leider entpuppt sich der Strand und das Meer als nicht besonders einladend, da Loyal gleich zwei benutzte Kondome vor die Füße schwimmen. Das Leben auf dem Campingplatz ist mit dem in Spanien gar nicht zu vergleichen. Hier ist vor allem nachts etwas los: Wer keinen Lärm verträgt, sollte lieber woanders übernachten. Aus allen Ecken ertönt lautstarke Musik. Alle auf dem Platz scheinen zu einer großen Familie vereint. Wir werden gleich

Bei Rachid (mittig im weißen Shirt) und seiner Familie erlebten wir schon auf dem Campingplatz umwerfende Gastfreundschaft.

27

von unserem »Campingnachbarn« Rachid auf einen Tee und Gebäck eingeladen. Am Sonntag verbringen wir sogar den ganzen Tag mit unseren neuen Brüdern.

Das Leben in dieser Familie ist streng geregelt: Obwohl sie äußerlich nicht streng religiös scheint – die Frauen sind nicht verschleiert, es wird nicht gebetet –, wird sich an andere Traditionen gehalten: Frauen und Männer essen getrennt. Gegessen wird gemeinsam mit der rechten Hand von einem großen Teller. Uns Gästen schiebt man die dicksten Fleisch- und Fettbrocken zu. Leider spricht nur der Familienvater französisch, alle anderen kommunizieren auf Arabisch, was die Unterhaltung erschwert. Die Stimmung ist sehr herzlich. Für den nächsten Tag laden sie uns zu sich nach Hause ein. »Die Gastfreundschaft der Leute hier ist ja wirklich unglaublich!«, freut sich Loyal, der vor ein paar Jahren schon einmal in Marokko war und sich in den Touristenhochburgen nur ausgenommen und betrogen fühlte. Hier zeigt sich uns ein völlig anderes Bild. Ob wir in Deutschland Touristen gegenüber auch so gastfreundlich sind?

Das Leben in einer marokkanischen Familie: Viel Geben

Wir nehmen die Einladung an und ziehen am Montag zu Rachid und seiner Familie. Rachid besitzt eine kleine Wohnung in der Medina von Salé, der früheren Hauptstadt Marokkos. Heute sind Rabat und Salé fast zu einer Stadt zusammengewachsen, nur teilweise durch einen Fluss getrennt.

Seit einer Woche sind wir nun in Salé und wohnen bei Rachid und seiner Familie. Diese besteht aus seiner Frau und seinen drei Kindern. Der Älteste ist 26 und hat gerade ein Studium begonnen. Seine Tochter Sara ist 21, hat vor zwei Jahren einen in Italien lebenden Marokkaner geheiratet, den sie im Internet kennengelernt hat. Nun sind die beiden mit ihrem neun Monate alten Sohn auf Besuch in Marokko. Die jüngste Tochter, Aisha, ist etwa 12 und geht noch

Die Wohnung der Familie liegt mitten in der Medina von Salé.

zur Schule. Neben Rachid wohnt sein jüngerer Bruder Hassan mit
seiner Frau, die bei der Polizei arbeitet, und zwei Kindern. Und da

wären auch noch die fast 80-jährige Frau, die Oma genannt wird, und eine Freundin der Familie. Es sind wirklich viele, die hier zusammenleben.

Das Zuhause der Familie liegt mitten in der Medina, wo man mit Autos nicht reinkommt. Die Gassen sind sehr eng und unübersichtlich, ohne offizielle Straßennamen. Die Wohnung ist typisch marokkanisch und sehr stilvoll eingerichtet. Da das Haus schon mehrere Jahrhunderte alt ist, sind die Mauern über einen halben Meter dick. Dadurch ist es in den Räumen angenehm kühl.

Wir gewöhnen uns schnell an feuchte Unterhosen, da es auf der Toilette kein Toilettenpapier gibt, sondern nur einen Eimer mit Wasser und Seife. Die Toilette ist gleichzeitig der Duschraum, in dem ein Eimer mit Wasser steht, mit dem man sich nach dem Toilettengang säubert beziehungsweise das man sich mit einem Becher über den Körper schüttet, um so zu duschen. Fließendes Wasser gibt es nicht. Der Raum ist so niedrig, dass man nicht aufrecht stehen kann, was vor allem das Duschen sehr schwierig und anstrengend macht.

Das Leben in einer marokkanischen Familie ist ein umwerfendes Erlebnis. Wir haben das Gefühl, schon richtig zur Familie zu gehören. Jeder Wunsch wird uns von den Augen abgelesen. Die köstlichsten marokkanischen Speisen werden für uns zubereitet. Aus Gastfreundschaft sitzen wir alle zusammen – Männer *und* Frauen – um den Tisch und essen mit den Händen von einer großen Platte. Gestern Abend haben Loyal und ich versucht, etwas Deutsches zuzubereiten. Herausgekommen sind ein Kartoffel- und ein Nudelsalat. Beides war für den Geschmack der Familie sehr ungewohnt, wurde aber aufgegessen. Wir freuen uns darüber sehr.

Die einzelnen Familienmitglieder teilen alles mit uns, was sie haben: Loyal hat eine Djellaba, das typische marokkanische Gewand, das die meisten einheimischen Männer tragen, von Rachid bekommen, seine Frau hat mir ein neu gekauftes Kleid geschenkt (Würde ich jemals ein Kleidungsstück, das ich mir gerade selbst neu gekauft habe, jemandem weiterverschenken?), Sara hat mir eine Strumpfhose geschenkt, von der Familie seines Bruders haben wir ein ganzes

Schüsselservice bekommen. Wir fühlen uns schon richtig schlecht bei so viel Gastfreundschaft, weil uns bewusst ist, dass wir selbst Besuchern in Deutschland nicht so offen gegenübertreten würden. Bisher haben wir zumindest noch nie wildfremde Menschen zu uns nach Hause eingeladen und beschenkt. Zu groß ist unsere Angst vor Unbekannten. Vielleicht sollten wir das ändern.

Momentan ist Loyal mit den Männern des Hauses in einem marokkanischen Bad. Die Geschlechtertrennung bekomme vor allem ich stark zu spüren, obwohl Rachid sehr nett zu mir ist und ich auch diejenige bin, die alles übersetzen muss. So schön es ist, mit den Frauen zusammenzusitzen, so schwierig ist dabei allerdings die Verständigung. Nicht, dass ich es nicht gewöhnt bin, dass man mich nicht versteht (ich erlebe immer wieder im Fremdsprachenunterricht, dass meine Schüler nicht ganz verstehen, was ich sage), aber die Frauen sprechen nur arabisch und das hat irgendwie mit keiner der Sprachen, mit denen ich mich bisher beschäftigt habe, Ähnlichkeit. Ich kann es auch nicht lesen. So bleibt es dabei, dass wir uns anlächeln, ich bei den Haushaltstätigkeiten ein bisschen helfe und mit Saras Baby spiele. Apropos Baby: Ich habe selbst ja noch keine Kinder, aber ich bin sicher, dass alle, die selbst Kinder haben, hier Zustände kriegen würden. Das Kind wird ständig von irgendjemand anderem durch die Gegend getragen und mit allem gefüttert, was gerade greifbar ist: Cola, Chips, (scharfem) Couscous, mit Essig angemachtem Salat, Käse… Wir können es kaum glauben, aber der Kleine schluckt alles und scheint zumindest zu überleben!

Ein goldener Käfig für die Braut

Eines Tages zeigt uns Rachid das Hochzeitsvideo seiner Tochter: »Die härtesten drei Tage im Leben einer Frau«, wie er uns mit einem Lächeln erklärt. Die Feier beginnt am Freitag, der »Henna-Nacht«. Die Braut sitzt etwa sechs Stunden bewegungslos auf einer Couch und wird mit Henna bemalt. Um sie herum tanzen, singen und machen überwiegend Frauen Musik. Hochzeiten sind die einzige Gelegenheit im Leben einer verheirateten Frau zu tanzen.

Irgendwann kommt der zukünftige Ehemann und bringt die Geschenke für die Braut. Zu diesen gehören Schminke, Schmuck und Kleider, aber auch eine lebendige Kuh, die in den nächsten Tagen gegessen wird! An diesem Freitagabend zieht sich die Braut einmal um. Zwei prächtige Gewänder, sogenannte Kaftane mit passendem Schmuck müssen getragen werden.

Am Samstag ist dann das große Fest: Die Braut muss sich insgesamt fünf Mal umkleiden. Neben den Kaftanen, die wie Königsgewänder aussehen, muss an diesem Tag auch das Brautkleid getragen werden. Es ist weiß und ähnelt einem klassischen Brautkleid, wie man es auch bei uns kennt. Es kommen sehr viele Gäste. Längere Zeit wird die Frau in einer Art goldener Sänfte durch die tanzende Menge getragen. »Ein Zeichen dafür, dass die Ehe für die Frau ein Leben in einem goldenen Käfig bedeutet«, erklärt Rachid. Sonntag wird dann nochmal im Kreise der Familie gefeiert. Drei wirklich anstrengende Tage.

Interessant für uns ist, dass sich Rachid der Tradition sehr wohl bewusst ist. »Hier werden nur wenige Ehen geschieden«, erzählt er uns. »Das liegt daran, dass sich die Frau dem Mann von Anfang an unterordnet. Das Leben der Frauen hier ist schwieriger als das der Männer.« Wir hätten nicht gedacht, dass ein Mann das so offen äußern würde.

Rachid ist ein sehr kluger Mann, der sich auch in der Weltpolitik ganz gut auskennt und den Wahlkampf in den USA beobachtet. Schulbildung findet er sehr wichtig. Allerdings können sich nur die wirklich reichen Familien eine Privatschule für die Kinder leisten: Der Grundschulbesuch kostet monatlich etwa 130 Euro, für die Sekundarstufe fallen in einer Privatschule 260 Euro pro Kind an. Dazu kommen noch die Fahrtkosten. Familien mit Einzelkindern gibt es fast nicht. In einem Land, in dem die Miete für eine bessere Fünf-Zimmer-Wohnung um die 250 Euro beträgt, ist eine gute Schulbildung für die meisten unerschwinglich.

Ein Visum für Mauretanien: Alles andere als relaxt

Weniger angenehm als unsere Zeit bei Rachid gestaltet sich unsere Zeit vor der mauretanischen Botschaft in Rabat. Wir beeilen uns am Freitag, zur Botschaft in Rabat zu kommen, um noch vor dem Wochenende das benötigte Visum zu beantragen. Doch schon vor dem Botschaftsgelände spüren wir den strengen mauretanisch-islamischen Wind, der hier weht: Wir dürfen uns noch nicht einmal auf dem Gehsteig vor der Botschaft aufhalten, sondern werden sofort weggeschickt mit dem Hinweis, dass Freitag der *heilige Tag* sei und dass wir Montag wiederkommen sollten. Heute würde die Botschaft geschlossen bleiben. Wir sind frustriert, zumal auf der Homepage der Botschaft kein Hinweis auf die besonderen Öffnungszeiten zu finden war.

Montag stehen wir wieder vor der Botschaft, diesmal sind wir allerdings »zu spät«. Der Visaservice ist maximal zwei Stunden am Tag »offiziell« geöffnet. Als wir wieder weggeschickt werden, spricht uns der Straßenwachmann an: Wieso wir denn wieder gehen würden? Das wäre doch alles nur eine Frage des Geldes. Er macht die international bekannte Geste mit den Fingern. Nun wird uns klar, warum immer noch so viele auf dem Bürgersteig gegenüber der Botschaft warten. Wir gesellen uns zu den Wartenden und es werden Tipps ausgetauscht, wie man die korrupten Beamten am besten für sich gewinnen könnte. Manche erhalten dann plötzlich doch ihr Visum, andere können zumindest ihren Antrag abgeben. Als wir an der Reihe sind und uns hinter unserem Landy versteckt mit einem der mauretanischen Beamten treffen, erhöht sich der Preis für den »Zusatzaufwand« bei unserem Anblick auf das Dreifache. Das wollen wir nicht akzeptieren. Der Botschaftsangestellte ist sehr verärgert. Wir müssen am nächsten Tag wiederkommen. Mal wieder.

Am Dienstag stehen wir nach nur fünf Stunden Schlaf schon um sieben Uhr auf, um auf keinen Fall wieder »zu spät« zu kommen. Wir stellen uns in die Schlange der Wartenden und dringen langsam bis zum offiziellen Schalter vor. »Oh, ich habe euch gestern schon gesehen, ja?«, meint der Mitarbeiter auf Französisch zu uns. Er erinnert sich an uns und man sieht ihm an, dass er immer noch verärgert ist, dass wir das Geld für den »Zusatzaufwand« nicht zahlen wollten. »Gehört ihr wirklich zusammen?«, fragt er zweifelnd, als er Loyals amerikanischen Pass sieht.

»Ja!« Der Pass wird genauestens untersucht, alle Seiten angeschaut, unter eine kleine Lampe gehalten und das Foto mit Loyals Gesicht verglichen. Der Beamte scheint nicht überzeugt, überreicht uns dann allerdings gegen die normale Visagebühr unseren Abholschein. »Gibt es eine Möglichkeit, das Visum schon heute zu erhalten?«, frage ich vorsichtig.

»Nein!« Wir sollen am nächsten Tag um 15 Uhr wiederkommen. Als wir den Wachmann nach dem Preis für den »Zusatzaufwand« fragen, wenn wir das Visum noch am gleichen Tag wollen, meint er: »Das lohnt sich nicht. Die Visa kosten dann fast das Doppelte.« Na gut. Wir machen uns wieder auf den Weg zu Rachid und beschließen, am nächsten Tag wiederzukommen.

Am Donnerstag holt Loyal die Visa schließlich ab. Auf dem Weg dorthin gerät er mitten in eine Demonstration, die von Hunderten von Polizisten abgesichert wird. Er muss umdrehen. Das Problem dabei: Er kennt nur den einen Weg zur Botschaft und der führt über die Hauptstraße. Er hat keinen Stadtplan dabei, fragen kann er auch nicht, weil er kein Französisch spricht. Loyal bekommt Schweißausbrüche beim Gedanken an die strikten Regeln der Botschaft. Wer nicht genau dann da ist, wenn das Fenster der Botschaft geöffnet wird, hat verloren und darf am nächsten Tag wiederkommen. Doch er hat Glück: Er schafft es auch über Umwege pünktlich und bekommt unsere Pässe mit Visum ausgehändigt. Trotz des Anschlags auf die amerikanische Botschaft in Libyen und Protesten in vielen Städten der arabischen Welt hat auch er als Amerikaner ein Visum für Mauretanien erhalten.

Unruhen in Rabat

Die Lage in Rabat ist momentan angespannt. Loyal berichtet uns nach seiner Rückkehr von der Demonstration, in die er geraten ist. Ein ohrenbetäubender Lärm, skandierte Verse, aufgebrachte Menschen, die schreien. Und viele Polizisten in Kampfanzügen. Loyal gelingt es, auf der Gegenfahrbahn zu wenden. Rachid erklärt uns, warum die Leute protestieren:»Die Menschen sind sehr aufgebracht wegen eines amerikanischen Films.« Wir recherchieren im Internet und finden heraus, dass ein Mohammed-Video auf *youtube* in der arabischen und muslimischen Welt für Unruhe gesorgt hat. Rachid macht sich deshalb große Sorgen.»Wir finden das nicht gut. Warum wurde dieser Film nur ins Netz gestellt? Jetzt toben viele Muslime. Das alles wird die Fronten wieder verhärten. Nicht alle Moslems sind schlecht. Was sollen die Amerikaner nur von uns denken!«, äußert er seine Bedenken. Er weist uns darauf hin, dass wir bei ihm und seiner Familie sicher sind, denn:»Ihr seid ja eigentlich schon Teil unserer Familie!«

Die Eskalation in einem muslimischen Land im Kreise von Einheimischen mitzuerleben, eröffnet uns eine ganz neue Perspektive. In den nächsten Tagen wird das Thema immer wieder diskutiert. Die Marokkaner, die wir bei diesen Diskussionen erleben, haben eine sehr liberale und westlich geprägte Einstellung. Sie sind sehr unglücklich über die Situation und haben Angst davor, dass sich auch Marokko von der westlichen Welt abspalten könnte. Aktuell unterhält die Regierung gute Beziehungen zu Europa und auch zu Amerika. Andererseits wird der Druck anderer arabischer Staaten auf Marokko immer größer: Die Marokkaner sollen sich entscheiden, zu wem sie wirklich gehören (wollen).

Loyal bekommt regelmäßig E-Mails vom *U.S. Department of State*, das alle amerikanischen Bürger dazu aufruft, die arabische Welt zu verlassen. Die amerikanische Botschaft in Casablanca ist seit zwei Tagen geschlossen.

Langsam werden wir beide ein bisschen nervös. Als Nächstes

wollen wir nämlich die Islamische Republik Mauretanien (so der offizielle Landesname) durchqueren.

Marokkanische »Push-ups«

In der Medina in Rabat habe ich etwas wirklich Witziges gesehen: Ausgestopfte Unterhosen werden zum Verkauf angeboten. In Deutschland ist inzwischen fast jeder BH »gepolstert«. Hier sind »gepolsterte« Unterhosen im Angebot: Sie machen einen riesigen Po. Auffallend viele Frauen schauen sich die meiner Meinung nach viel zu großen Höschen an. Ich habe mich aber nicht getraut, ein Foto zu machen!

Lebensmittelvergiftung

Es hat uns erwischt! Beide, und sehr heftig! Während ich schon am Dienstagabend beim Einschlafen heftige Bauchkrämpfe wegzuträumen versuche, ist Loyal noch ziemlich fit und schreibt Blogeinträge. Als ich am Mittwochmorgen aufwache, finde ich ihn auf dem Sofa liegend. »Mir geht's nicht gut. Ich habe Durchfall und Bauchschmerzen«, ist seine Erklärung. Er hat gerade zu Ende gesprochen, als ich schon das unbändige Gefühl verspüre, auch sofort die Toilette aufsuchen zu müssen. Zurückgekehrt gebe ich nur ein : »Ich auch ...«, von mir und verziehe mich wieder ins Bett. Es ist etwa sieben Uhr morgens. Von da an geht es mit uns stündlich bergab. Um zehn Uhr bin ich so geschwächt, dass ich es kaum noch zum Klo schaffe, geschweige denn in die Hocke zu gehen, da es sich ja um ein marokkanisches Plumpsklo handelt, bei dem es nur ein Loch im Boden gibt und man sich konzentrieren muss, das Gleichgewicht zu halten und nicht nach hinten zu kippen. Mir wird immer wieder schwarz vor Augen.

Rachid ist sehr besorgt, was uns sehr leid tut. So wie es aussieht waren es die Eier vom Vortag, die uns krank gemacht haben. Seine Frau hatte sie nur für uns zubereitet. Wir versuchen möglichst munter zu wirken, wenn er ins Zimmer kommt, denn wir wollen auf keinen Fall, dass er sich schlecht fühlt. Irgendwann wissen wir nicht mehr, was schlimmer ist: Unser Kranksein oder unser schlechtes Gewissen der Familie gegenüber. Was vor allem mir zu denken gibt, ist die Tatsache, dass wir beide Fieber haben. In meinem schlauen Buch *Wo es keinen Arzt gibt* heißt es: »Bei Durchfall mit Fieber sollte ein Arzt aufgesucht werden.« Gegen Mittwochmittag ist uns beiden klar, dass wir Medikamente brauchen. Rachid will uns zum Krankenhaus bringen, aber mein Kreislauf ist im Keller und ich kann nicht laufen.

Unter Tausend Entschuldigungen bitten wir Rachid, einen Arzt ins Haus kommen zu lassen. Rachid kommt unserem Wunsch nach und schafft es sogar, den Arzt in dessen Mittagspause zu uns zu bringen. »Das ist ganz eindeutig eine heftige Lebensmittelvergiftung!«, ist die Diagnose. Rachids Augen füllen sich mit Tränen. Er tut uns so leid, wie auch seine Frau, die das Essen immer so liebevoll für uns zubereitet hat. Der Arzt verschreibt uns ein Antibiotikum und andere Medikamente.

Ich fühle mich so, wie Menschen auf kaltem Entzug in Filmen dargestellt werden. Filmsequenzen aus *Trainspotting*, *Candy* und anderen Drogenfilmen gehen mir durch den Kopf. Alles tut mir weh. »Ich spüre meinen linken Arm nicht mehr«, meint Loyal plötzlich zu mir. Er ist so am Ende, dass er noch nicht einmal mehr die Kraft findet, sich im Bett zu drehen. »Ich dachte, wenn die Medikamente nicht in den nächsten zehn Minuten kommen, muss ich sterben«, erzählt er mir im Nachhinein.

In der Tat dauert es, bis wir die Medikamente haben, da um die Mittagszeit alles geschlossen ist und Rachid durch die halbe Stadt laufen muss, um eine geöffnete Notfallapotheke zu finden. Der liebe Rachid. Wir murmeln weitere Tausend Entschuldigungen. Die ganze Familie ist um uns besorgt. Sie wollen uns alles bringen, aber wir wollen eigentlich nur schlafen.

Am späten Nachmittag erwartet die Familie Gäste, die Sara, die aus Italien auf Heimaturlaub ist, treffen wollen. Das ganze Haus hallt von den vielen lauten Stimmen und ich fühle mich wie in einem Klassenzimmer mit 30 Kids. Das ist der Nachteil an einem sehr offen gebauten Haus: Man kann keine Tür hinter sich zuziehen und hat nirgends wirklich seine Ruhe! Meine Kopfschmerzen sind nicht mehr zu ertragen, mein Fieber steigt. »Wir können Rachid nicht sagen, dass sie leiser sein sollen!«, meint Loyal zu mir. Die ganze Familie ist so nett. Mit unserem Gesundheitszustand ist es aber auch keine besonders gute Idee, uns in unser Auto zurückzuziehen. Gegen 22 Uhr bin ich dann so fertig, dass nichts mehr geht. Uns fällt ein, dass Rachids Bruder Hassan, den wir ja schon kennengelernt haben, gleich nebenan wohnt. Halb von Rachid getragen schaffe ich die wenigen Schritte in das andere Haus, vorbei an all den Gästen, die uns neugierig beobachten. Wieder tut uns unser Zustand sehr leid, denn was sollen die ganzen Nachbarn und Freunde nun von Rachid denken. Aber ich kann einfach nicht mehr laufen. Glücklicherweise ist es bei Hassan nun ruhiger und ich falle in einen unruhigen Fieberschlaf.

Aus Sorge um uns schläft Rachid in dieser Nacht nicht. Am nächsten Morgen kommt er schon um sieben Uhr zu uns, um zu sehen, wie es uns geht. Ich will eigentlich nicht geweckt werden, aber ihm zuliebe setze ich mich auf, um zu zeigen, dass ich noch lebe. Ich versichere, dass es mir schon etwas besser gehe. Er legt sich auf die Couch neben uns und schläft den ganzen Vormittag. Der Arme. Loyal geht es auch etwas besser, zumindest denkt er das. Das Antibiotikum hilft. Wir essen ein wenig Reis.

So schön es ist, dass sich alle um einen kümmern und viele den ganzen Tag zu Hause sind und nicht arbeiten, so schwierig ist es, wenn man krank ist. Ständig kommen Familienmitglieder vorbei, um zu sehen, wie es uns geht. Der Fernseher läuft den ganzen Tag, bis nachts um eins, die Kinder kreischen und schreien. Und alles spielt sich eben in einem großen Raum ab. Dabei seine Kopfschmerzen loszuwerden, ist ein schwieriges Unterfangen.

Loyal schafft es am Donnerstag schließlich, zur mauretanischen Botschaft zu fahren und unsere Pässe abzuholen. Wir bleiben noch bis Freitag bei Rachid und machen uns dann auf den Weg nach Casablanca. So nett es auch ist, von so vielen lieben Menschen umgeben zu sein, die alle um unser Wohl besorgt sind, so ist mir doch klar, dass ich zum Genesen mehr Ruhe brauche.

Nach etwa dreistündiger Fahrt kommen wir in Casablanca bei einer Schulfreundin von Loyal an, die mit ihrem senegalesischen Mann in Casablanca lebt. Ihre Wohnung liegt in einem ruhigen Viertel. Nach dem ganzen Trubel in Salé tut uns die Ruhe enorm gut. Allerdings hat Loyal nun wieder Fieber bekommen und muss den ganzen Tag im Bett verbringen. Die Krankheit und die Sorge um das Ansehen Rachids in der Nachbarschaft hat ihn wohl in den letzten Tagen durchhalten lassen, nun kann aber auch er nicht mehr.

Schwanger in Casablanca

Fast eine Woche verbringen wir in Casablanca, bevor wir weiterfahren. Leider sehen wir während dieser Zeit kaum etwas von der Stadt. Ich schaue mir allein ein bisschen die Altstadt und die imposante und beeindruckende Moschee an. Allerdings merke ich schnell, dass das Herumschlendern ohne Mann an meiner Seite sehr anstrengend ist: Ich werde ständig von einheimischen Männern angesprochen und in Geschäfte gezerrt. Im Vergleich zu Casablanca habe ich Rabat und Salé als viel angenehmer empfunden, wo wir völlig ungestört durch die Straßen schlendern konnten. Ob das am höheren Touristenaufkommen in Casablanca oder an der fehlenden männlichen Begleitperson liegt, kann ich nicht einschätzen.

Wir besuchen in einem Küstenvorort Casablancas Mounia, eine junge Marokkanerin Mitte zwanzig, die ihre eigene Karriere zugunsten der Pflege ihrer Großmutter aufgegeben hat. Seit mehreren

Unsere Freundin Mounia mit ihrem Hund. Ich trage die traditionelle marokkanische Djellaba.

Jahren wohnt sie ganz allein mit der alten Frau in einer kleinen Wohnung unweit des Strandes. Hier einen Partner zu finden, ist sehr unwahrscheinlich. Allerdings scheint sich Mounia mit ihrer Situation abgefunden zu haben. Wir sind beeindruckt von ihrer Herzlichkeit und ihrem Willen, ihrer Großmutter, mit der sie sehr liebevoll umgeht, ein würdiges Altern zu bescheren.

Leider geht es Loyal immer noch nicht besser und wir beschließen, nun doch ein weiteres Mal einen Arzt aufzusuchen. »Die Ärzte hier sind gar nicht schlecht, weil hier vor allem sehr reiche Marokkaner ihre Feriendomizile haben«, informiert uns Mounia. Also auf geht's.

Als seine Ehefrau darf ich Loyal zu seiner Visite begleiten und muss dabei natürlich als Übersetzerin fungieren. Ich erkläre dem Arzt Loyals Symptome. Loyal kann sich während meiner Ausführungen kaum auf seinem Stuhl halten. Er ist kreideweiß, Schweißperlen stehen auf seiner Stirn, seine Augen glänzen fiebrig. Er ist so schwach, dass sein Oberkörper leicht nach vorn übergekippt ist.

»Aber Ihr Mann sieht doch kerngesund aus!«, ist das erste, was der Arzt nach meinen Erklärungen von sich gibt. Wie bitte? Habe ich ihn vielleicht falsch verstanden? Ich frage nach. Er sagt nochmal das gleiche. Ich versuche vergeblich, Ironie aus seinen Augen herauszulesen. Der Mann meint es todernst. Ich übersetze für Loyal, der protestiert. »Habt ihr den Impfausweis dabei?«, will der Arzt wissen. Ich reiche ihm den Pass, er studiert ihn ausgiebig. »Alle Impfungen sind vorhanden. Ihr Mann ist sehr gesund!« Er wartet darauf, dass wir aufstehen und sein Untersuchungszimmer verlassen.

»Können Sie meinen Mann bitte untersuchen? Es geht ihm wirklich nicht gut«, versuche ich es erneut.

»Na, dann müssen wir einen Bluttest machen. Am besten, Sie fahren morgen früh nach Casablanca ins Labor. Dort werden die das machen.« Er steht auf.

»Aber bitte untersuchen Sie ihn doch einmal!«, wende ich schüchtern und doch fordernd ein. Er schaut Loyal lange an und bittet ihn danach, sich auf seine Untersuchungsbank zu legen. Dann holt er ein Ultraschallgerät und verteilt Gel auf Loyals Bauch. Mit dem Schallkopf fährt er über die Bauchdecke.

Loyal ist sehr irritiert. »Bin ich etwa schwanger?«, fragt er den Arzt mit einem Grinsen, um die Situation aufzulockern.

Der Mann bleibt todernst: »Ja, Sie sind schwanger!«, ist seine Antwort.

Nun ist Loyal geschockt. »Lass uns gehen«, meint er auf Deutsch zu mir, als der Arzt das Gel von seinem Bauch abwischt. Als wir wieder auf der Straße sind, kriegen wir uns nicht ein vor Lachen. Loyal ist schwanger: Jetzt haben wir endlich eine Erklärung für seinen Zustand! Der Bluttest am nächsten Tag ergibt nichts Auffälliges und bald geht es Loyal tatsächlich besser, sodass wir weiterfahren können.

Touristenhochburg Essaouira

Nach den vielen Tagen sehr marokkanischen Lebens freue ich mich auf das 400 Kilometer weiter südlich gelegene Essaouira, wo wir einfach mal »normale Touris« sein können. Loyal hat gespaltene Gefühle: »Irgendwie ist das komisch für mich, mit dir einfach Touri zu sein. Bisher sind wir immer so anders gereist.«

Wir parken direkt vor der Medina und bezahlen die Parkgebühr für eine Nacht. Das Umherschlendern in dieser sehr alternativen Stadt ist völlig anders, als ich es mir in einer Touristenstadt vorgestellt habe. Wir werden weder belästigt, noch in Läden gezerrt. Manchmal zischt uns ein Einheimischer leise ein »You want hasch?« zu, aber es ist ja irgendwie verständlich, dass sie auf ihr Angebot aufmerksam machen wollen und dafür kein Schild aufhängen können. Leider haben alle Restaurants bei unserer Ankunft geschlossen. Es ist 16 Uhr und sie machen erst wieder zwischen 19 und 20 Uhr auf. Wir haben aber beide riesigen Hunger. Irgendwann finden wir doch einen kleinen Touriladen und essen eine Pizza gegen den ersten Hunger. Abends sind wir die ersten im Restaurant und das Essen ist wirklich sehr lecker.

Als wir zu unserem Auto zurückkommen, merken wir, dass alle anderen Wohnmobile weg sind und nur noch wenige Autos dort parken, aber der »Aufpasser« ist da und so gehen wir schlafen. »Vielleicht darf man hier gar nicht campen, sondern nur parken, wenn man in der Medina in einem Hotel schläft!«, fällt mir plötzlich ein.

Naja, egal. Wir schlafen sehr gut direkt vor der Medina und haben es am nächsten Tag nicht weit zu einem Frühstückslokal.

Das Drogenhotel

Auf der Weiterfahrt in die Westsahara merken wir, dass es wirklich ein ziemlich langer Weg dorthin ist, zumal es geregnet hat und viele Straßen völlig überschwemmt sind. Oft können wir nur im Schritttempo fahren. Wir fahren über 600 Kilometer und schaffen es dann noch vor dem Dunkelwerden nach Tarfaya, den Ort, in dem auch der Autor von *Der Kleine Prinz*, Antoine de Saint-Exupéry, einige Jahre verbracht hat. Der nächste Ort liegt 200 Kilometer weit entfernt.

Obwohl Tarfaya der »große« Stützpunkt der Gegend ist, ist der Ort eher klein und sehr übersichtlich. Es gibt nicht einmal einen Campingplatz und wir beschließen, in einem Hotel zu übernachten, weil wir nach vier Tagen Fahrt durch die Hitze gern mal wieder duschen möchten. Wir fragen einen der Einwohner nach einer günstigen Unterkunft und werden ans Hotel Bahja verwiesen, das in einer kleinen Nebenstraße liegt. Als wir ankommen, wimmelt es von Menschen auf der Straße. Viele erledigen ihre Einkäufe erst bei Einbruch der Dunkelheit, weil es dann wesentlich kühler ist. Vor uns steht ein Pickup, der mehrere lebende Kamele geladen hat, direkt vor einem Metzgerladen, in dem ein geschlachtetes Kamel am Fenster hängt! Ein makabrer Anblick.

Ich gehe mich erkundigen, wie teuer die Zimmer im Hotel sind. Weil das Gebiet der Westsahara früher eine spanische Kolonie war, geht hier alles nur noch auf Spanisch, niemand spricht französisch. Wie gut, dass ich so viele Sprachen studiert habe! Die Zimmer kosten umgerechnet sechs Euro und da mir das sehr günstig erscheint, möchte ich erst ein Zimmer besichtigen, bevor wir einchecken. Es ist eine sehr einfache Unterkunft mit Plumpsklo und »Dusche« auf dem Flur, aber es ist okay. Wir gehen in einem anderen Hotel etwas essen, denn so vertrauenerweckend wirkt unsere Unterkunft nicht, als dass wir dort die Küche ausprobieren wollen.

Als wir gegen 22 Uhr zurückkommen, hat sich unser Hotel gefüllt. Wir checken den Stellplatz direkt vor dem Eingang – unser Landy scheint in Sicherheit. Dann beziehen wir unser Zimmer. Schon im ersten Stock schlägt uns dichter Rauch entgegen. Viele Männer sitzen herum und rauchen. Wir steigen weiter nach oben. Auch hier ist der Flur von süßlichem Rauch erfüllt. Die Zimmertür, die gegenüber unserer liegt, ist offen. Drei Männer rauchen Hasch, ein riesiger Berg an Kräutern liegt vor ihnen auf dem Tisch. Schnell verschwinden wir in unser Zimmer. Der Rauch quillt unter unserer Tür hindurch. Draußen auf dem Gang herrscht reger Verkehr. Wir trauen uns nicht mehr aus dem Zimmer. Reißen das Fenster weit auf und versuchen einfach zu schlafen. Am nächsten Morgen machen wir uns früh aus dem Staub: Der Anblick einer riesigen Kakerlake auf unserem Bettzeug gibt uns den Rest. Auf dem Weg nach unten müssen wir an schlafenden Männern vorbei, die überall herumliegen.

»Wo sind wir hier nur gelandet?«, frage ich Loyal. Schnell bezahlen wir und fahren zum Strand, um das Saint-Exupéry-Denkmal zu besichtigen. Trotz der miesen Hotelausstattung muss man sagen, dass das Hotelpersonal wirklich sehr nett war. »Wahrscheinlich waren die froh, dass mal ›echte‹ Touris da waren, dann müssen sie bei der Polizei weniger Schmiergeld bezahlen«, meint Loyal dazu.

Auf der Suche nach Gas in der Westsahara

In der Westsahara gibt es viel von nichts. Es gibt einfach gar nichts. Den ganzen Tag fahren wir durch eine insgesamt öde Landschaft. Zwischendurch kann man das Meer und wunderschöne Küsten und Strände sehen. Ansonsten kommt aber kilometerlang einfach gar nichts, an dem das Auge hängenbleibt! Nur karge Landschaft, Geröll, trockene Erde und Staub, soweit man blicken kann. Man sieht keinen Hügel, keinen Baum oder Strauch, kein Tier. Die Umgebung wirkt regelrecht tot, nichts bewegt sich. Oft flackert die heiße Luft über dem Boden – hier ist es 40 bis 50 Grad heiß und kein Schatten verspricht Abkühlung. Wir zählen die Kilometer und warten darauf, dass endlich etwas vor uns liegt.

In der Westsahara gibt es viel von nichts.

Die erste Stadt nach der alten Grenze – inzwischen gehört die Westsahara ja zu Marokko – ist Laâyoune. Nach insgesamt anderthalb Stunden Fahrt durch die Wüste wirkt sie fast wie eine Fata Morgana, als sie vor uns auftaucht. Die Stadt ist auf nunmehr 200 000 Einwohner angewachsen und wirkt sehr modern. Die Straßen sind breit und sehr sauber. Es gibt einen großen Park. Vor der Stadt liegt die Kaserne, die äußerlich einem Schloss gleicht. Überhaupt scheint jeder zweite Mann hier ein Soldat zu sein. Das Stadtbild ist geprägt von Männern in Uniformen. Alle sind sehr freundlich und helfen uns weiter, wenn wir sie ansprechen.

Unser Ziel ist es, in dieser Stadt unsere Gaskartusche auffüllen zu lassen. Ein sehr schwieriges Unterfangen. Ein Mann an einer

Tankstelle meint, wir sollten nach »Laâyoune Plage«, also an den Strand, weiterfahren. Da wir keinen anderen hilfreichen Hinweis erhalten, fahren wir dorthin weiter. Es liegt etwa 25 Kilometer entfernt. Der Polizist an der Kreuzung meint aber: »Am Strand gibt es nur Boutiquen! Wartet mal einen Moment!« Danach telefoniert er mit zwei Handys gleichzeitig und kommt dann freudestrahlend zu unserem Auto zurück: »Ihr müsst zum Laden mit dem Namen ›Atlas‹ in ›Laâyoune Port‹ fahren.« Wir bedanken uns und fahren los.

Am Hafen gibt es eine Tankstelle mit dem Namen »Atlas« – aber da gibt es kein Gas. Auf dem Markt finde ich einen Verkaufsstand für Gaskartuschen. Sie wollen mir gleich drei verkaufen, schicken mich aber ins Industriegebiet, nachdem ich etwa zehn Minuten mit Händen und Füßen diskutiert habe, denn die Leute sprechen weder französisch, noch spanisch, noch irgendeine andere Sprache, die eine Schnittmenge mit meinen Kenntnissen ergibt.

»Hier stinkt´s aber!«, beschwert sich Loyal, als wir an den ganzen Fischverarbeitungsfabriken vorbeifahren. Unter anderem ist dort das Werk für Iglu-Ware!

Bei der »Atlas-Fabrik« gibt´s zwar Gas, sie füllen es aber nicht ab. Wir sind enttäuscht. »Aber«, meint der Gendarm, der die Fabrik bewacht, »bei PNA machen die das!«

»Und wo finden wir PNA?«

»Auch hier im Industriegebiet, irgendwo dahinten«, und er zeigt wage in eine Richtung.

»Das sieht aus, als ob wir dahin fliegen sollen, er macht immer so 'ne Rampe mit seiner Hand nach!«, mokiert sich Loyal.

Wir kurven mindestens eine halbe Stunde durch die Gegend. Der Gestank ist unerträglich. Unser Landy füllt sich unaufhaltsam mit Fliegen. Wir finden PNA tatsächlich und ich klingele an einem riesigen Tor. Nach fünf Minuten öffnet es sich einen Spalt breit, ein Mann nimmt mir unseren Gaskocher aus der Hand und ruft mir »zehn Dinhar« zu, bevor er wieder verschwindet und das Tor schließt. Während ich vor dem Tor warte, kämpft Loyal mit dem Gestank und den Fliegen. Er hält es kaum noch aus und ich habe Angst, dass er mir ein: »Ich hole dich später hier wieder ab!«, zurufen und verschwinden könnte. Der Fabrikwart, der kurz danach vor das Tor tritt und mir mitteilt, dass es einen »Stromausfall« gibt, der bestimmt gleich (afrikanische Zeitangabe!) wieder vorbei wäre, steigert unseren Frust. Nach mindestens einer halben Stunde Warten, während der ich in der Sonne brate und Loyal im Auto mit den Fliegen kämpft, bekommen wir endlich unseren Gaskocher zurück. In unserem Landy befinden sich zu diesem Zeitpunkt mindestens Hundert Fliegen und ein extrem genervter Loyal. Wir fahren los, aber es dauert etwa drei Stunden, bis wir alle Fliegen wieder los sind. »Die merken, dass hier nicht mehr ihr Zuhause ist und wollen deshalb nicht ins Freie«, meint Loyal dazu.

»Verstehe ich nicht!«, zeige ich mich erstaunt, «hier stinkt es doch überall. Da finden die sicherlich bald ein neues Zuhause!«

In der Westsahara stinkt es wirklich alle paar Kilometer erbärmlich und das, obwohl da überhaupt keine Menschen wohnen! Es ist kein Fischgestank, sondern es riecht eher nach Müll beziehungsweise undefinierbar. Wir wundern uns.

Mauretanien

Der steinige Weg über die Grenze

Schon morgens machen wir uns von der südlichsten marokkanischen Stadt, Dakhla in der Westsahara, auf in Richtung mauretanische Grenze. Anfangs ist es noch bewölkt und kühl, bald aber schon werden wir im Auto gebraten. Ich habe extra meine marokkanische langärmelige Djellaba angezogen, um uns die Polizeichecks zu erleichtern. Und tatsächlich: Alle sprechen mich auf meine Kleidung an und lassen uns schnell weiterfahren. Allerdings helfen die Komplimente nicht gegen meine Hitzewallungen.

Nach fast vier Stunden Fahrt durch eine karge Gegend ohne nennenswerte »Sehenswürdigkeiten« am Straßenrand kommen wir an die Grenze. Hier spricht man wieder französisch, weil die Beamten, die das Gebiet und die Grenze kontrollieren, Marokkaner sind. Da Marokko das Territorium 1976 beziehungsweise 1979 annektiert hat und seitdem für sich beansprucht, versucht die Regierung mit attraktiven Angeboten für Staatsbeamte möglichst viele Marokkaner zu einem Umzug in das Gebiet der Westsahara zu bewegen, um den marokkanischen Bevölkerungsanteil dort zu erhöhen. Die Ureinwohner, Saharauis genannt, kämpfen weiterhin für ihre Unabhängigkeit. Die Vereinten Nationen verlangen seit vielen Jahren ein Referendum über den endgültigen völkerrechtlichen Status des Gebiets. Bisher hat dieses aber nicht stattgefunden und ein hoher marokkanischer Bevölkerungsanteil in der Westsahara kann dem Bestreben der marokkanischen Regierung nur zuträglich sein.

Zum ersten Mal werden wir nach einem »cadeau« (Französisch für Geschenk) gefragt. Der Beamte will »Alkohol bitte! Hmm, Parfum wäre auch okay.« Wir erklären ihm, dass wir beides nicht haben. Beleidigt dreht er uns den Rücken zu und lässt uns fahren.

Leider ist das Passlesegerät »en panne« und wir müssen warten, bis es repariert ist. Im Schatten sitzen schon andere Autofahrer und warten. Das Gerät scheint schon mehrere Stunden kaputt zu sein. Wir gesellen uns dazu und lernen Omar kennen, einen in Italien lebenden Senegalesen. Er kennt die Grenze gut und bietet uns an, uns sicher durch das verminte Niemandsland zur mauretanischen Grenze zu bringen. Dankbar nehmen wir sein Angebot an und eine Stunde später haben wir die marokkanischen Grenzformalitäten hinter uns gebracht.

Auf der Internetseite des Auswärtigen Amts steht, dass im Niemandsland eine Piste »geschoben« wurde, die man auf keinen Fall verlassen darf. Schon ein halber Meter kann tödlich sein. Langsam fährt Omar vor uns her. Eine geschobene Piste ist nicht erkennbar. Vielmehr handelt es sich um mehrere steinige Wege über Felsen. Mit seinem Dacia bleibt Omar immer wieder hängen. Wir bleiben genau in seiner Spur. Immer wieder liegen rechts und links alte ausgeschlachtete und verrostete Autos herum. Auch alte Reifen werden hier entsorgt. Ich schwitze aufgrund der Tatsache, dass es hier überhaupt nicht »den einen« Weg gibt, dem wir angeblich folgen sollen. Wir brauchen etwa eine Dreiviertelstunde für die vier bis fünf Kilometer, dann sind wir da.

An der mauretanischen Grenze ist der Ton sehr rau, ich fühle mich wie ein kleines Grundschulmädchen, als ich dem Polizisten folge. Die Männer sind genervt, dass sie mit mir sprechen sollen. »Wo ist dein Mann?«, werde ich angeherrscht.

»Im Auto. Er spricht kein Französisch.« Die Antwort stimmt die Männer sehr unzufrieden.

Die Einreiseformalitäten dauern ewig. Ständig wird nach Geschenken gefragt, auf die ich plötzlich mit Französisch-Amnesie reagiere. Kekse kann ich anbieten – aber die will keiner. Einer der Beamten erklärt mir: »Diesmal verstehe ich das, weil ihr noch nicht hier wart. Nächstes Mal wisst ihr, dass man nach Afrika immer Geschenke mitbringen muss!« Als der nächste bei uns »betteln« will, pfeift er ihn zurück und macht ihm klar, dass wir die »dummen Ersties« sind.

Da uns beim Zoll plötzlich nur sieben Tage Aufenthalt für unser Auto gewährt werden, unser Visum aber 30 Tage gilt, mache ich einen riesigen Aufstand. Ich werde zum obersten Chef gebracht, der sich dann mein »Problem« anhört und mich in väterlichem Ton fragt: »Würden dich zwei Wochen glücklicher machen?«

»Ja!« Ich strahle!

Nach etwa 1,5 Stunden sind wir durch, sogar ohne die Gebühr für den »zusätzlichen Arbeitsaufwand« bezahlt zu haben. Meine ständig wiederholte Frage nach einer Quittung macht den Beamten wütend, schimpfend schmeißt er mir das Geld entgegen und weist mir die Tür. Ich kann mir ein Grinsen nicht verkneifen.

Auch Loyal wird draußen am Auto belagert und nach Geschenken gefragt. Er stellt sich dumm. Wir sind froh, als wir endlich weiterfahren können.

Wasser oder Strom?

In Mauretanien gibt es zwei größere Städte: Nouâdhibou und Nouakchott, beide liegen direkt an der Küste. In Nouâdhibou wohnen wir bei Laurent, den wir über eine Internetreiseplattform kennengelernt haben. Er ist Franzose und lebt seit neun Monaten hier. Laurent kümmert sich um die Windräder, die seine Firma in Nouâdhibou am Cap Blanc aufgestellt hat. Er ist für die Wartung zuständig und für die Ausbildung von Einheimischen. Er wohnt gleichzeitig in zwei Häusern: In einer schicken Wohnung im Zentrum der Stadt und nur wenige Meter entfernt in einem relativ großen Häuschen. Wir wundern uns. Aber es gibt dafür einen Grund: Als wir ankommen, bringt er uns erst zu seinem Apartment. »Wartet bitte im Auto«, meint er zu uns, bevor er ins Haus verschwindet. Kurz danach kommt er zurück. »Es gibt keinen Strom. Versuchen wir's in meinem Haus.« Und tatsächlich: Dort gibt es Strom, aber kein Wasser. Das bedeutet für uns, dass wir nach einer langen Fahrt durch die Hitze durchgeschwitzt ins Bett müssen.

Am nächsten Morgen begrüßt uns Laurent beim Aufstehen folgendermaßen: »Es gab Wasser. Aber nur zur Gebetszeit um sechs Uhr morgens. Nun ist es wieder weg.« Wir warten weiter. Als ich seine Waschmaschine sehe, kommt mir die glorreiche Idee, Wäsche zu waschen. Wir stellen alles an der Maschine ein, das Wasser kommt tatsächlich wieder, aber zehn Minuten später ist der Strom weg. Die Maschine läuft natürlich nicht mehr. Einige Stunden später gibt es auch kein Wasser mehr. Und, man kann es sich schon denken, irgendwann gibt's wieder Strom. Der hilft uns aber nicht, wenn es kein Wasser gibt. So dauert es fast einen ganzen Tag, bis endlich die Wäsche gewaschen ist. Wirklich gut riechen tut sie dann allerdings nicht.

Das Wasser wird übrigens meistens zu den Gebetszeiten angestellt, damit die gläubigen Muslime sich für das Gebet reinigen können. Irgendwie gelingt es uns aber nicht, genau dann wach beziehungsweise im Haus zu sein. Während unserer Zeit in Nouâdhibou dreht sich übrigens nur ein Windrad, weil die Stadt angeblich nicht so viel Energie braucht. Und warum haben wir dann ständig Stromausfall? Das ist für Laurent auch unerklärlich. Und das Wasser fällt ständig aus, weil die Bauarbeiter hier in der Gegend ständig aus Versehen irgendwelche Leitungen kappen. Aber morgen gibt's wieder Wasser, inch´allah!

Wir sind insgesamt fünf Tage bei Laurent, während denen es mir nur zweimal gelingt,»richtig« zu duschen und nur einmal ist dabei auch Strom da, das heißt, das Wasser warm. »Wenn ich hier wohnen würde, würde ich als erstes einen Wassertank auf dem Dach installieren«, meint Loyal auf der Weiterfahrt,»so ist das Ganze ja wirklich kaum zu ertragen!« Wir freuen uns schon auf Nouakchott. Dort soll die Wasser- und Stromversorgung stabiler sein.

Mangelware Kondom

Da wir bei Laurent leben, der einer der wenigen Expats in der Stadt ist, erleben wir Mauretanien erstmals von der »weißen« Seite. Wir gehen in den besten Restaurants der Stadt essen. Was das Angebot und die Qualität des Essens betrifft, entspricht beides europäischem Standard.

Am Freitagabend gehen Laurent und sein Kollege Paul, der für eine Woche zum Arbeiten nach Mauretanien gekommen ist, aus. Da das islamische Wochenende schon am Freitag beginnt, entspricht der Freitagabend dem deutschen Samstagabend. Sonntag ist dann wieder ein ganz normaler Arbeitstag. In Nouâdhibou gibt es sogar eine Disko. Loyal und ich wollen nicht mitgehen. Wir müssen uns ausruhen, denn die ungewohnte Hitze und die langen Fahrten machen uns sehr müde. Am nächsten Tag berichten die beiden von ihrer »heißen« Nacht. »Die anwesenden einheimischen Frauen waren alle Prostituierte«, zeigt sich Paul von seinem Erlebnis geschockt.

»Eine Frau, die etwas auf sich hält, würde hier auch nicht ausgehen«, erklärt uns Laurent. »Wobei man hier schon relativ schnell als Nutte gilt«, fügt er hinzu. »Es genügt schon, dass die Polizei Kondome bei einer Frau findet. Sie gilt dann automatisch als Prostituierte. Die Polizisten belegen sie dann mit einer hohen Strafgebühr. Da sie die meistens nicht zahlen kann, vergehen sie sich an ihr. Danach passiert es oft, dass sie von ihrer Familie verstoßen wird und wirklich als Prostituierte ihren Lebensunterhalt verdienen muss, weil ihr niemand mehr einen normalen Job geben wird.« Wir sind geschockt.

Einige seiner Mitarbeiter, die ihre ohnehin angespannte finanzielle Situation nicht mit noch mehr Kindern belasten wollen, bitten Laurent regelmäßig, ihnen von seinem Heimaturlaub Kondome mitzubringen. »Die kann man hier nämlich auch nirgends kaufen.«

»Hier in Nouakchott findet man schon Kondome«, berichtet uns Barbara ein paar Tage später in der Hauptstadt. »Allerdings muss man nachweisen, dass man verheiratet ist, sonst werden einem keine verkauft!« Barbara ist Österreicherin und ist gerade mit ihrem mauretanischen Mann in Nouakchott. Sie ist selbst durch Afrika gereist. 2009 ist sie von Europa bis Kapstadt gefahren, übrigens auch in einem Land Rover, der aber leider in Angola den Geist aufgegeben hat. Ihre Erlebnisse hat sie in einem Buch veröffentlicht, das ich vor unserer Reise gelesen habe. Sie hat bei ihrer Tour ihren heutigen Mann Sidi kennengelernt, der ihr damals sein Land näher gebracht hat.

»Leider bleiben die Touristen aus, weil alle Angst haben«, klagt er über die momentan laue Touristenbranche, »dabei ist hier alles ruhig. Die Leute sind nicht einmal wegen des amerikanischen Films auf die Straße gegangen.« Loyal und ich fühlen uns wohl. Wir haben nicht das Gefühl, dass es für uns in Mauretanien in irgendeiner Weise gefährlich ist. Im Gegenteil: Wir denken darüber nach, mit Sidi eine Tour in seine Heimatstadt Chingueti zu machen. Allerdings ist bald klar, dass uns dazu keine Zeit bleibt.

An der Grenze zu Senegal wartet schon unser Freund Sani auf uns. Er kommt aus dem Niger und will uns auf unserer Reise durch

Westafrika begleiten. Ich kenne Sani seit mehr als zehn Jahren und bin mit ihm auch schon in anderen Ländern gereist. Sani spricht nicht nur mehr als zehn einheimische Sprachen, sonden kennt sich auch super in Westafrika aus, weil er schon in mehreren Ländern gelebt hat. Sein Geld verdient er als Imam und traditioneller Heiler. Er ist in der Gegend bekannt und wird manchmal von reichen Afrikanern in andere Länder eingeladen, damit er sie von ihren Krankheiten und Gebrechen heilt. Sani ist tief in der afrikanischen Kultur verwurzelt und kennt sich aus, was afrikanische Gepflogenheiten, Traditionen und Erwartungen angeht. Wir hoffen, dass wir mit ihm der afrikanischen Kultur noch ein Stückchen näher kommen können.

»Habt ihr *Fisch*?«

Während unserer Fahrt durch die Westsahara und nun auch in Mauretanien müssen wir an Straßensperren halten. Eigentlich kein Problem, wäre da nicht die ständig wiederholte Frage:»Habt ihr *Fisch*?« (»Vous avez fiche?«), die wir jedes Mal erneut verneinen. Gemeint ist, ob wir ein Blatt Papier bereithalten, das alle wichtigen Informationen über uns ordentlich auflistet. Ich habe schon zuvor davon gelesen, aber keine Lust, jedem Polizisten und Gendarmen soviel über mich mitzuteilen (Adresse, Familienstand, Namen der Eltern…). Wir versuchen ohne durchzukommen und erhalten unterschiedliche Reaktionen:»Ihr habt bestimmt einen Stift und Papier! Schreibt auf!« (Der Polizist beginnt zu diktieren, was er für wichtig hält.) – »Dann mitkommen!« (Im Polizeihäuschen erwartet uns ein Tee.) – »Einen Moment bitte!« (Der Beamte verschwindet und schreibt sein »fiche« einfach selbst.) – »Ihr habt kein ›fiche‹? Oh ihr Armen! Hat euch niemand gesagt, dass ihr das braucht? Oh je!« (Er winkt uns durch.) – »Könnt ihr schreiben? Ja? Dann gut. Dann schreibt bitte ab, was auf euren Pässen steht!«

Keine dieser Straßensperren dauert länger als fünf Minuten und nie werden wir nach Geschenken gefragt. Der Regierung ist in der Bekämpfung der Korruption wirklich ein großer Schritt nach vorn gelungen. Jetzt müssen nur noch die Grenzbeamten belehrt werden. Auffällig ist auch, dass die Polizisten alle sehr höflich sind. Viele versuchen, mit Loyal auf Englisch zu kommunizieren. Als ich mich einmal dumm stelle und vortäusche, kein Französisch zu können, um nicht schon wieder nach Geschenken gefragt zu werden, bemitleiden uns die Beamten: »Wie könnt ihr nur ohne Französisch in Mauretanien reisen? Das wird sehr schwierig für euch. Hoffentlich kommt ihr gut durch!« Bei der Weiterfahrt ein paar Tage später sehen wir die gleichen Beamten, die sich sofort erkundigen: »Geht's euch gut? Alles klar?« Ich will schon zu einer Antwort ansetzen, als Loyal mich stoppt: »Denk dran, du kannst kein Französisch!«, zischt er mir zu. So beschränke ich mich aufs Lächeln und weiter geht's in Richtung Nouakchott.

Die Innenstadt Nouakchotts mit der Großen Moschee.

Geiler Polizist

Auf der Hauptstrecke durch Mauretanien hat Loyal ein Erlebnis, von dem er sich lange nicht erholen kann. Alles beginnt an einer normalen Straßensperre. »Bitte nimm deine Pässe und geh zum Büro des Chefs, um dort eure Personalien eintragen zu lassen«, meint der Beamte und zeigt auf einen kleinen Bretterverschlag. Loyal ist genervt, weil wir befürchten, dass das bedeutet etwas zahlen zu müssen. Noch nie mussten wir bisher bei einer Kontrolle aussteigen. Was uns auch misstrauisch werden lässt, ist die Tatsache, dass Loyal allein gehen soll und ich ihn nicht begleiten darf. Meist heißt das, dass Männer unter sich die »Gebühr« regeln wollen.

Etwas schlecht gelaunt läuft Loyal zum »Büro«, öffnet die Tür, hebt den Blick und läuft rückwärts gleich wieder aus der Hütte heraus. Er wartet, danach sehe ich, wie er wieder im Innern des Verschlags verschwindet. Es dauert fast eine Viertelstunde, bis er zum Auto zurückkommt. »Bitte gib mir schnell ein feuchtes Hygienetuch und fass die Pässe nicht an!«, ruft er mir durchs Fenster entgegen und steigt in den Landy.

»Was ist denn los?«, wundere ich mich über seine Aufregung.

»Bitte, das Tuch! Danach erzähle ich dir alles. Und lass uns schnell weiterfahren!« Nachdem er ausführlich seine Hände gereinigt hat, beginnt er endlich zu erzählen. »Als ich die Tür geöffnet habe, saß der Mann mit heruntergelassener Hose da und war gerade dabei, es sich selbst zu besorgen! Ich bin natürlich gleich wieder rausgegangen, aber der Typ hat mich sofort wieder reingerufen. Er hat nicht einmal seine Hose hochgezogen, sondern nur sein T-Shirt über seinen Ständer gestreift! Kannst du dir das vorstellen?«, erzählt er weiter.

Ich kann es nicht glauben. Hier in der Islamischen Republik Mauretanien soll das passiert sein? Das ist unmöglich!

»Stell dir vor, er hat mir dann die Hand gegeben und unsere Pässe in Empfang genommen!«

Mich schüttelt es, als ich das höre und angewidert schaue ich auf unsere Pässe. Der Beamte hat sich ungeachtet seiner heruntergelassenen Hose völlig normal mit Loyal unterhalten und unsere Passdaten kopiert.

Westafrika

Senegal

Die schwierigste Grenze Westafrikas

Rosso – die Grenze zwischen Mauretanien und Senegal – ist die schwierigste Grenze ganz Westafrikas, da sind sich alle Reisenden einig. Entsprechend unruhig machen wir uns morgens in Nouakchott auf den Weg in den Süden. Die Landschaft ist völlig anders als im Norden des Landes: grün, hügelig und stark besiedelt. Nichts ist mehr zu sehen von unendlicher Weite. Auch hier gibt es mehrere Straßensperren mit freundlichen Polizisten. Zahlen müssen wir nichts. War es schon in Nouakchott in den letzten Tagen sehr heiß (35 Grad und mehr), so scheint es uns, als würde es immer heißer werden je weiter wir gen Süden fahren. 42 Grad sind an diesem Tag für Rosso vorhergesagt. Das kann ja heiter werden!

Um halb drei erreichen wir die geschlossene Grenze. Es gibt ein großes Wiedersehen mit Sani, meinem nigrischen Freund, der uns in den nächsten Wochen durch Westafrika begleiten wird. Gemeinsam stehen wir nun um unseren Land Rover herum und warten darauf, dass die Grenze wieder geöffnet wird. Mehrere »Schlepper« bieten uns ihre Dienste an, aber Sani hat uns schon »Helfer« besorgt, ohne die man nicht über die Grenze kommt. Die Beamten ignorieren jeden, der ohne Einheimischen auftaucht.

Um halb vier öffnet sich endlich die Grenze und das »Geld-Abdrücken« beginnt. Jeder Stempel kostet umgerechnet fünf Euro. Sonst machen die Beamten nichts! Ich treffe einen Franzosen, der im Senegal lebt und meint: »Das ist einer der teuersten Grenzübergänge überhaupt. Und meistens dauert es zwischen drei und sechs Stunden!« Ich kann es kaum glauben.

Nach einer Stunde habe ich endlich alle Ausreisestempel. Loyal ist ausgereist, ohne dass ihn die Mauretanier zu Gesicht bekommen haben. Fünf Euro reichen für den Stempel in seinem Pass. Er sitzt bei etwa 50 Grad im Auto und wartet – er ist pitschnass. Beide Fähren über den Senegal-Fluss liegen auf mauretanischer Seite. Aber die Mauretanier haben keine Lust sie zu beladen, wie Sani auf Nachfrage erfährt. Alle müssen warten. Wir stöhnen innerlich, wagen aber nicht, uns zu beschweren, weil es dann sicherlich noch länger dauern würde. Erst um fünf Uhr geht es los. Loyal steht kurz vor dem Zusammenbruch. So schnell kann man gar nicht trinken, wie man schwitzt. Um auf die Fähre zu kommen, muss man durch den Fluss fahren. Normale Pkw laufen dabei halb voll Wasser. Das scheint die Fahrer aber nicht zu stören.

Auf senegalesischer Seite geht es etwas schneller, aber genauso teuer zu. Immerhin gelingt es mir, drei Wochen Aufenthalt für unser Auto rauszuschlagen. Normalerweise bekommt man nur 48 Stunden, die man dann in der Hauptstadt Dakar verlängern muss. Sogar unser Schlepper ist beeindruckt. Insgesamt kostet der Grenzübergang vier Stunden und 80 Euro.

Es wird schon dunkel, als wir durch das große Tor ins senegalesische Leben entlassen werden. An der ersten Straßensperre fragt der Polizist Loyal:»Was hast du denn gemacht? Wieso siehst du so aus?«

»Ich war an der Grenze und habe geschwitzt«, übersetze ich für ihn. Der Polizist und die Umstehenden glauben uns nicht. Kein Wunder: Loyal ist patschnass und tropft. So können wir nicht weiterfahren. Zum Glück kennt Sani einen Freund im 20 Kilometer entfernten Richard Toll. Dort können wir vor dem Haus unser Auto parken und über Nacht bleiben. In der Nacht verwandelt sich unser Landy in eine Sauna, an Schlaf ist kaum zu denken. Loyal gibt nach zwei Stunden auf und setzt sich ins Freie. Er bekommt in dieser Nacht kein Auge zu.

Das »echte« afrikanische Leben

Schon der erste Morgen im Senegal zeigt, dass wir im »echten« afrikanischen Leben angekommen sind. Die Eimerdusche hinter dem Lehmhaus bietet Abkühlung, die »Mama« des Hauses läuft oben ohne herum. Und das, obwohl auch hier der Islam die vorherrschende Religion ist. Auch an die »Gießkannentoilette« müssen wir uns ab jetzt wieder gewöhnen. Darunter versteht man einen Toilettengang ohne Toilettenpapier, nur mit einer mit Wasser gefüllten Gießkanne bewaffnet, entweder zu einem Plumpsklo oder direkt mitten in die Botanik. Zudem hat sich das Straßenbild völlig gewandelt: Es herrscht buntes Treiben, statt Eselkarren stehen bunt geschmückte »Pferdetaxis« bereit und von überall her dröhnt Musik. Endlich. Ich bin angekommen. Das ist das afrikanische Leben, wie ich es gesucht habe. Loyal sieht das nicht ganz so positiv wie ich: Er leidet sehr unter der Hitze und den vielen Fliegen und so beeilen wir uns, nach St. Louis zu kommen.

Fast eine ganze Woche verbringen wir auf einem Campingplatz direkt am Strand. Was sich im ersten Moment romantisch anhört, entpuppt sich schnell als ungemütlich: Bald haben wir alle drei Durchfall vom Meerwasser. Leider sind auch die Mücken in St. Louis besonders aktiv. Schon am ersten Tag ernte ich an jedem Fuß circa 20 Mückenstiche, weil ich meine Socken nicht finden kann. Wie gut, dass wir unsere Malariaprophylaxe regelmäßig nehmen.

In St. Louis treffen wir Rama, eine junge Senegalesin, die ich 2010 auf dem Afrikafestival in Karlsruhe kennengelernt habe. Sie hat im Stadtzentrum eine Modeboutique und reist jedes Jahr mehrere Monate nach Europa, um dort ihre Kleidung zu verkaufen. Wenn wir in ihren Laden kommen, werden wir jedes Mal zum Mittagessen eingeladen. Mitten im Laden wird eine Bastmatte ausgebreitet, auf der wir dann alle zusammen essen. So etwas würde ich mir in Deutschland auch gerne gefallen lassen.

Nach dem Essen probiere ich stundenlang Kleider an und Loyal berät mich. Sani ist verwundert, dass ich auf das Urteil meines

Ab Senegal begleitet uns unser Freund Sani aus dem Niger zwei Monate auf unserer Tour. Da er ein traditioneller muslimischer Heiler ist, versucht er auch Menschen, denen wir begegnen, zu helfen. Hier ist er gerade dabei, mit Zaubertinte (links im Bild) einen beschützenden Text für den Wachmann des Campingplatzes zu schreiben. Aus diesem wird dann ein Gri-Gri gebastelt.

Mannes Wert lege.»Das wäre bei einer afrikanischen Frau auf keinen Fall so!«, meint er.

Nach einer Woche auf dem Campingplatz haben wir drei uns aneinander gewöhnt und wollen nun das Reisen zu dritt versuchen. Eine Nacht verbringen wir auf dem Marktplatz in einem kleinen Dorf. Drei Bewohner sind besonders neugierig und kommen, um uns zu interviewen. Sie wollen wirklich alles von uns wissen. Irgendwann reicht es mir und ich versuche, sie mit ihren eigenen Waffen zu schlagen. Nach einem Hinweis an Loyal, dass er ein böses Gesicht machen soll, sage ich:»Mein Mann spricht kein Französisch und er sieht es nicht gern, wenn ich mit fremden Männern spreche!« Dazu räuspert sich Loyal. Es wirkt prompt. Die drei verschwinden.

Ein Scheidenpilzmedikament gegen Malaria

Leider geht es Sani nicht besonders gut. Die vielen Mückenstiche fordern ihren Tribut: Wir gehen davon aus, dass er Malaria hat. Allerdings ist es in diesem Land außerhalb der Hauptstadt unglaublich schwierig, Medikamente gegen Malaria aufzutreiben.

In der ersten Apotheke, in der wir nach einem Schnelltest und einem Malariamittel fragen, erhalten wir zwei Medikamentenpackungen. Eine lässt sich schnell zuordnen: Paracetamol. Das haben wir selbst dabei. Als ich mir die Packungsbeilage des zweiten Medikaments genauer anschaue, stellt sich heraus, dass es ein Mittel gegen Scheidenpilz ist. Und das soll gegen Malaria helfen? Bei einem Mann? Verärgert verlassen wir die Apotheke.

In der nächsten sagen sie uns, wir bekämen das Medikament erst, wenn wir den Arzt gesehen hätten. Als wir drankommen, heißt es: »Wir führen keine Tests durch und ein Medikament gegen Malaria verschreiben wir auch nicht!« Der Arzt verweist uns ans Krankenhaus.

Sani hat genug und drängt uns zu fahren. Da es ihm wieder etwas besser geht, beschließen wir, erst am nächsten Tag in der Hauptstadt Dakar einen Arzt aufzusuchen.

»Es gibt hier nichts, was mir nicht gefällt!«

Wir fahren nach Lompoul, die sogenannte »senegalesische Wüste«. Auf etwa 15 Quadratkilometern befinden sich bis zu 50 Meter hohe Wanderdünen. Wegen der Hitze warten wir bis zum Abend, bevor wir herumlaufen. Angesichts der hohen Dünen fühlen wir uns ganz klein. Eine senegalesische Familie wohnt unweit unseres Übernachtungsplatzes und lädt uns zum Essen ein.

»Was gefällt dir denn besonders gut hier an der Region?«, frage ich den Sohn, der etwa 20 Jahre alt ist.

»Es gibt hier nichts, was mir nicht gefällt!«, antwortet er, ohne groß drüber nachzudenken. Seine Antwort stimmt mich nachdenklich: Ob man eine solche Antwort auch von deutschen Jugendlichen über ihre Region erhalten würde?

Die Wüste Lompoul ist eine 18 Quadratkilometer große Wüste am Meer zwischen St. Louis und Dakar.

Spende für das Tabaski-Fest

In der Hauptstadt Dakar fahren wir gleich ins Zentrum, um einen Malariatest zu machen. Dieser kostet etwa zwölf Euro und ist, wie die Malariamedikamente, die wir danach kaufen, für viele Einheimische unerschwinglich teuer. Auf dem Weg aus dem Zentrum in die Vororte werden wir von einem finster dreinblickenden Polizisten aus dem Verkehr gezogen. »Papiere!«, schreit er mir am Fenster entgegen. Wir händigen ihm alles aus und er findet nichts zu beanstanden. Danach schaut er ins Innere des Wagens. Erneut kommt er ans Fahrerfenster. »Führerschein!«

»Warum?«, will ich wissen.

»Im Auto darf kein Gepäck transportiert werden!« Über soviel Fantasie bin ich kurz überrascht, dann verärgert. Er kassiert Loyals Führerschein ein und stellt uns einen Strafzettel aus. »Morgen um vier Uhr müsst ihr in der Zentrale erscheinen und zahlen!« Und weg ist er. Sofort laufe ich ihm hinterher, um den Führerschein zurückzubekommen. Über eine halbe Stunde reden Sani und ich mitten im Verkehr auf einer großen Kreuzung auf ihn ein. Als er kurz mit Sani alleine ist, zeigt er seine wahren Beweggründe: »Mein Bruder, die Schule hat gerade angefangen und in wenigen Tagen ist das Tabaski-Fest. Da werde ich diese fette Beute doch nicht einfach so ziehen lassen!«

Das Tabaski-Fest erinnert ein bisschen an das deutsche Weihnachtsfest: Die Großfamilien treffen sich, es werden Schafe geschlachtet, es wird viel (Fleisch) gegessen und ein großes Fest veranstaltet. Je größer das Schaf ist, das eine Familie schlachtet und mit den Nachbarn teilt, desto höher wird das Ansehen dieser Familie in der Nachbarschaft. Vor Festen wie diesem steigt in afrikanischen Ländern sehr oft die Korruption. Notgedrungen beteiligen wir uns mit einer kleinen Spende am Schaf, das der Verkehrspolizist zum Fest schlachten will. Sofort bekommen wir den Führerschein wieder und können weiter.

Wir sind alle drei völlig fertig mit den Nerven, dazu hat Sani

Malaria-Fieber. Ins Zentrum von Dakar fahren wir auf keinen Fall nochmal mit dem Auto.

Visa-Formalitäten: Drei Tage Stress pur

Das Leben hier in Dakar ist alles andere als günstig. Es fängt schon damit an, dass es keinen einzigen Campingplatz gibt und die Hotelpreise deutschem Niveau entsprechen. Das reißt neben all den nötigen Visa ein ziemliches Loch in unsere Reisekasse. Weil wir aber auf früheren Afrikareisen erlebt haben, dass die Preise für ein Visum an der Grenze selbst völlig vom diensthabenden Grenzbeamten abhängen und wir diesem dann ausgeliefert sind, haben wir beschlossen, alle Visa schon im Vorfeld bei den Botschaften zu beantragen, damit die Grenzüberquerungen weniger stressig werden.

Jeder, der schon einmal in Westafrika unterwegs gewesen ist, weiß, dass sich das Besorgen der Visa regelrecht zur Plage entwickeln kann und mit vielen Botschaften nicht zu spaßen ist. Deshalb nehmen wir uns vor, gleich mehrere Visa in Dakar zu beantragen, um folglich nur an wenigen Tagen genervt zu sein.

Am ersten Tag starten wir mit der Botschaft Guinea-Bissaus. Sie liegt im Viertel Point E und man muss an den Garagen vorbei an die Hintertür, um ein Visum zu beantragen. Wir werden »am Schalter« gleich bedient und füllen das Formular aus. Die Visa kosten je 45 000 CFA, umgerechnet etwa 70 Euro. Am nächsten Tag sollen wir sie abholen. Weiter geht's zur Botschaft von Guinea, die wenige Straßen entfernt liegt. Es handelt sich um ein etwas heruntergekommenes Haus. Wir werden durch mehrere Gänge geführt. Beim Blick durch offene Türen bekommen wir das dahinterliegende Chaos zu Gesicht. In einem fensterlosen, zwei mal zwei Meter großen Raum in der hintersten Ecke des Gebäudes werden die Visa beantragt. Die zuständige Dame ist sehr freundlich und sympathisch. Für Loyal kostet das Visum 65 000 CFA (100 Euro) für mich nur 30 000 CFA (45 Euro). Wie wir erfahren, orientieren sich die Visakosten der afrikanischen Länder an dem Betrag, den ihre Landsmänner in »unseren« Ländern dafür entrichten müssen. Immer wieder fluchen wir, weil Loyal als Amerikaner ständig den Höchstsatz zahlen muss. Auch hier sollen wir die Visa am nächsten Tag abholen.

Die Botschaft für die Elfenbeinküste liegt in der Nähe. Es handelt sich um ein sehr schickes Haus, das im Gegensatz zu den vorherigen Botschaften klimatisiert ist. Wir fühlen uns gleich wohl. Der zuständige Konsul ist sehr nett und macht uns Hoffnung, dass wir das Visum noch am gleichen Tag bekommen würden. Allerdings müssten wir zuvor noch online das Geld für das Visum (110 Euro pro Person!) überweisen.

Nur ungern verlassen wir die kühle Oase, um weiter zur liberianischen Botschaft zu fahren. Wir versuchen es mit den öffentlichen Bussen, müssen danach aber noch endlos durch die Mittagshitze stapfen. Puh! Wir sehen die Fahne, aber keine Botschaft. Auf Nachfrage werden wir an den Seiteneingang eines Hauses geführt und erklimmen den zweiten Stock. Im Zimmer der zuständigen Konsulin ist es angenehm kühl und wir werden äußerst freundlich empfangen. Die Informationen, die wir erhalten, gefallen uns dagegen gar nicht: Ein Touristenvisum kostet 150 Euro! Für ein »normales« Visum, das schon für die Hälfte zu bekommen ist, brauchen wir eine offizielle Einladung einer Person, die im Land lebt. Wir erhalten zudem die bunt gedruckten Antragsformulare, die nur in diesem Original akzeptiert werden. Etwas ernüchtert verlassen wir die Botschaft.

Als Letztes schaffen wir es an diesem Tag zum Konsulat von Sierra Leone. Bei der im Internet angegebenen Adresse befindet sich keine Botschaft mehr. Allerdings kann uns der sehr nette Türsteher weiterhelfen: Das Konsulat ist umgezogen und befindet sich nun in einem Hochhaus. Wir finden das Gebäude schnell und fahren mit dem Aufzug in den neunten Stock. Die zwei Räume der Botschaft sind völlig heruntergekommen. Außer zwei Schreibtischen und einem kaputten Fernseher befindet sich nichts darin. Die beiden anwesenden Männer begrüßen uns freundlich. Der eine ist gerade dabei, sein Handy mit einer neuen Schutzfolie zu bekleben. Auf einem etwa drei mal drei Zentimeter kleinen Zettel erhalten wir die ausgedruckten (!) Informationen für ein Visum. Das Geld für das Visum (ca. 90 Euro pro Person) muss zuvor bei einer bestimmten Bank eingezahlt werden. Erst mit dem Einzahlungsformular kann das Visum beantragt werden.

Ich freue mich, dass wir so viel an diesem Tag erledigen konnten. Für afrikanische Verhältnisse eher ungewöhnlich. Aber ich scheine mich zu früh gefreut zu haben. Am nächsten Tag fahren wir morgens zur Botschaft von Guinea-Bissau und werden dort erstmal ignoriert. Mehrmals rufe ich der anwesenden Frau durchs Fenster ein »Guten Morgen« zu, aber sie reagiert nicht. Nach etwa zehn Minuten sage ich laut: »Entschuldigung, sind wir hier richtig? Uns wurde gesagt, wir sollten hier unsere Visa abholen!«

»Ja, das ist hier«, antwortet sie, ohne aufzuschauen. Wir warten also weiter. Irgendwann unternimmt sie die große Anstrengung, öffnet die Schublade ihres Schreibtischs und entnimmt dieser unsere Pässe. Danach beginnt sie, alle darin enthaltenen Informationen in ein Schulheft abzuschreiben. Anschließend kommt sie auf die Idee, dass sie diese auch kopieren könnte, was sie dann auch tut. Das Ende vom Lied: Nach langer Wartezeit schiebt sie uns endlich unsere Pässe zu und setzt sich wieder. Als ich meinen öffne, stelle ich fest, dass das Visum nicht auf meinen Namen, sondern auf Großbuchstaben ausgestellt wurde, die sich auf verschiedene Angaben in meinem Pass beziehen. Aber egal: Das Visum ist in meinem Pass und damit kommen wir sicherlich über die Grenze.

Weiter zur guineischen Botschaft. Wir kennen nun schon den Weg durch die Gänge, der Wachmann ist erleichtert, weil er uns nicht bringen muss. Die freundliche Dame hält uns gleich unsere Pässe hin. »Viel Spaß in Guinea«, gibt sie uns noch mit auf den Weg. Nach fünf Minuten sind wir wieder auf der Straße.

In der Botschaft der Elfenbeinküste freuen wir uns wie am Vortag über den klimatisierten Warteraum und werden nach kurzer Zeit zum Konsul gebracht. Dieser wirkt gar nicht mehr so locker wie am Tag zuvor, sondern eher angespannt und nervös. Glücklicherweise sind unsere Unterlagen alle in Ordnung und werden abgezeichnet. Leider wird von einer anderen Mitarbeiterin moniert, dass wir keine Aufenthaltsadresse in der Elfenbeinküste angegeben haben. Nach langer Diskussion trägt sie unter Adresse »Land Rover Defender« ein. Sie geht mit uns zusammen in einen dritten (Konferenz-) Raum, wo sie uns fotografiert und unsere Fingerabdrücke nimmt. Vereinzelt sitzen Männer und Frauen herum und scheinen auf etwas zu warten. »Irgendwie erinnert mich das an eine Schulklasse, wenn der Lehrer noch nicht da ist«, sage ich zu Loyal. Und kaum habe ich das gesagt, erscheint eine Kamera, alle stehen auf, sind plötzlich still und herein kommt niemand anderes als der Botschafter persönlich. Gefolgt von einer Kamera läuft er direkt auf uns zu und gibt uns die Hand. Danach setzt er sich an den großen runden Tisch und gibt eine Pressekonferenz. Und wir sind live dabei! Wir können es kaum glauben. Beim Fußballspiel zwischen Senegal und der Elfenbeinküste ist es am Abend zuvor zu Ausschreitungen gekommen und der Botschafter muss nun Stellung beziehen. Wir verlassen auf Zehenspitzen den Raum und warten erneut. Leider wieder umsonst: Nach fünf Stunden verlassen wir frustriert und hungrig die Botschaft – diesmal hat die Technik gestreikt.

Mit dem Taxi schaffen wir es in die Innenstadt und zu einer Bank, die eigentlich schon geschlossen hat. Netterweise lassen uns die Wächter durch den Hintereingang herein. So etwas geht eben auch nur in Afrika! Wir zahlen die Visumgebühren auf das Botschaftskonto von Sierra Leone ein und sausen so schnell es geht zum Konsulat. Glücklicherweise ist noch jemand dort und wir können unsere Unterlagen inklusive des »Bewerbungsschreibens« an den Konsul abgeben. Nach dem frustrierenden Erlebnis mit dem Visum für die Elfenbeinküste hat nun doch noch etwas geklappt.

Am nächsten Morgen machen wir uns gegen Mittag erneut auf den Weg zur Botschaft der Elfenbeinküste. Unsere Pässe liegen dort schon für uns bereit. Mit dem Taxi fahren wir weiter zum Konsulat von Sierra Leone. Dort fehlt angeblich nur noch die Unterschrift des Konsuls, der aber »bald« zurückkäme. Wir warten etwa eine Stunde, bis er kommt. Eine Minute später bekommen wir unsere Pässe. Wir überprüfen unsere Visa und sind geschockt: Scheinbar gibt es in der Botschaft keine Aufkleber beziehungsweise Vordrucke für Visa mehr, deshalb kopieren sie ein Visum, das schon einmal vergeben wurde, machen die Eintragungen mit Tipp-Ex unsichtbar und schreiben danach die neuen Nummern und Namen darüber. Neben das Visum kleben sie einen vier mal vier Zentimeter großen weißen Zettel mit dem Hinweis, dass es sich nicht um ein gefälschtes Visum handelt, sondern dass es im Konsulat technische Probleme beim Bedrucken gegeben hätte. Leider haben sie es aber auch nicht geschafft, die »neuen Eintragungen« richtig zu machen: Meine Nationalität ist plötzlich »niederländisch«, Loyals Visum ist in einem anderen Zeitraum gültig als meines. Mit diesen Visa könnten wir nicht gemeinsam einreisen. Die Beamten lächeln, benutzen ein zweites Mal Tipp-Ex und verbessern erneut das Visum. »Ob wir damit über die Grenze kommen?«, zweifelt Loyal, »das Visum sieht so was von gefälscht aus!«

»Ja, gerade deshalb!«, bin ich mir sicher. »So schlecht würde man ein Visum niemals fälschen. Das könnten wir ja sogar besser!«

Als Letztes wollen wir an diesem Tag noch unsere Autoversicherung für Westafrika verlängern. Leider dauert das Ausstellen des neuen Versicherungsscheins ewig, weil die Dame die Informationen von meinem Pass und dem Fahrzeugschein immer wieder falsch abschreibt. Irgendwann ist sie genervt: »Ich verbrauche viel zu viele Kopien für euch!«, schimpft sie.

Ich reagiere sauer: »Ich kann doch nichts dafür, dass Sie alles falsch abschreiben!«

Sie verliert die Geduld und lässt beim nächsten Ausdruck einfach mehrere Kästchen frei, unterschreibt und sagt uns auf Wiedersehen. Auf meinen fragenden Blick hin erhalte ich noch die Erklärung: »Den Rest füllt ihr einfach selbst aus.«

Der Süden Senegals – die Casamance

Wir machen uns von Dakar aus auf in Richtung Guinea-Bissau und wählen die lange Route durch die Casamance, um Gambia zu meiden, wovon wir bisher von allen Reisenden nur Korruptionshorrorstories gehört haben. Die Casamance ist landschaftlich sehr beeindruckend: Alles ist grün, viele Seen und Reisanbau prägen die Umgebung. Übernachtungsplätze finden wir in kleinen Dörfern, bei denen wir direkt beim Dorfchef im Hof unser Zelt aufschlagen können. »Hier sind wir viel sicherer vor den Rebellen, als wenn wir wild mitten im Busch übernachten würden«, zeigt sich Sani erleichtert.

Von Rebellen sehen wir auf unserer Reise Gott sei Dank nichts. »Hier ist seit Langem alles ruhig«, beruhigen uns die Dorfbewohner.

»Leider haben viele die Region verlassen, weil es in den Jahren vorher so häufig Zusammenstöße zwischen den Rebellen und dem Militär gab«, bedauert der Dorfchef, »Touristen kommen fast keine mehr hierher. Die letzten waren 1997 bei uns!«

Zu Besuch beim Dorfchef in einem kleinen Dorf in der Casamance.

Seit den 80er-Jahren kämpfen die MFDC-Rebellen (Mouvement des forces démocratiques de la Casamance) für die Unabhängigkeit der Casamance. Inzwischen haben sie aber kaum mehr Unterstützung in der Bevölkerung. Immer wieder kommen wir in Militärkontrollen beziehungsweise kommen uns auf dem Weg Truppen und Panzer entgegen, wobei wir uns fragen, wie die überhaupt vorankommen, ähnelt die Straße doch eher einer Kraterlandschaft. Stundenlang geht es nur im Schritttempo vorwärts. Die Leute, die uns begegnen, sind durchweg freundlich und wir sind sehr froh, diese Route gewählt zu haben.

Alle wollen ständig unsere Handynummer

Auf unserer Fahrt durch die Casamance kommen wir durch sehr abgelegene Gebiete. Ortsschilder sind meist nur dann vorhanden, wenn eine Hilfsorganisation ein solches gefertigt und aufgestellt hat. Beim Anblick der vielen Schilder der NGOs mit den unterschiedlichen Länderflaggen könnte man fast meinen, Südsenegal sei unter westlichen Ländern aufgeteilt worden. Irgendwie haben »die Weißen« überall ihre Flaggen, das heißt Hilfsorganisationsschilder, aufgestellt. Jedes noch so kleine Dorf wird von Europäern unterstützt. Ein großes Projekt der EU in der Gegend scheint das Trinkwasserprojekt zu sein. Überall stehen Wassertürme und EU-Hinweisschilder herum.

Neben den Wassertürmen fallen die vielen Handymasten auf. In den Dörfern gibt es meist keinen Strom und oft haben die Bewohner nicht einmal ein Plumpsklo, sondern verziehen sich regelmäßig in die Botanik. Wohin man aber kommt, trifft man Menschen mit ein, zwei oder auch mehr Handys. Und Netz hat man fast überall. Wie die Geräte ohne Strom aufgeladen werden, können wir nicht herausfinden.

Egal wen wir treffen, alle wollen immer unsere Handynummer haben. Wenn wir sagen, dass wir gar kein Handy haben, glauben sie uns nicht. Ständig wird telefoniert, werden Nachrichten geschrieben. Dabei ist das hier viel teurer als bei uns. Zwei Euro reichen gerade mal für fünf Minuten Sprechen. Die Leute geben ihr letztes Geld dafür aus.

Guinea-Bissau

Misslungener Putsch

Wenn überhapt, dann ist Guinea-Bissau bekannt für seine vielen Putsche und seine sehr friedliche und hilfsbereite Bevölkerung. Zuletzt wurde im März 2012 auf diese Weise die Regierung gewechselt. Während wir noch in der Casamance unterwegs sind, versucht wieder einmal das Militär zu putschen – was allerdings misslingt. Es gibt Tote und Verletzte und die Grenzen zu den Nachbarländern werden bis auf Weiteres geschlossen. Ich habe die Hoffnung, dass dies nicht für lange Zeit ist, und als wir zwei Tage später an der Grenze ankommen, ist diese seit wenigen Stunden tatsächlich wieder offen. Da die Dunkelheit aber schon hereinbricht, wollen wir nicht weiter und schlagen unser Zelt direkt an der Grenze nur wenige Meter vom Schlagbaum entfernt auf. Hier, direkt bei der Grenzpolizei, können uns die Rebellen, die es angeblich in der Region gibt, nichts antun.

Sprachbarriere

Sind wir bisher mit meinen Französischkenntnissen ganz gut durchgekommen, wird es nun schwierig. Da die Portugiesen das Land kolonialisiert hatten, spricht die Bevölkerung heute Kreol, eine Mischung aus den ursprünglichen afrikanischen Sprachen und Portugiesisch. Ich spreche fließend Spanisch, zudem ein paar Brocken Portugiesisch, aber das, was aus den Mündern der Leute kommt, ist für mich nicht einmal ansatzweise zu verstehen. Es geht also mit Händen und Füßen weiter.

Patschnass und mit Ohrstöpseln

Schlafen ist hier manchmal keine Frage der Müdigkeit, sondern vor allem der Helligkeit. Die Sonne geht um etwa sieben Uhr unter und danach ist es stockdunkel. Wenn wir in Dörfern übernachten, gibt es keinen Strom und damit nichts außer Mondlicht und Feuerschein, wenn überhaupt. Meistens schaffen wir es, vor sieben Uhr mit dem Essen fertig zu werden. Geduscht wird dann im Schein der Kurbellampe – da sieht man den Dreck nicht so. Danach aber ist Sense.

Was tun, wenn man kein Licht mehr hat? Sich zu unterhalten wäre eine Möglichkeit der Beschäftigung. Allerdings sind wir häufig schon den ganzen Tag im Auto unterwegs gewesen und haben geredet. Mitten im Dorf den Laptop herauszuholen ist auch keine gute Idee. Aufgrund der vielen Insekten ist es sowieso angebracht, ab Einbruch der Dunkelheit im Zelt/Moskitonetz zu sein. Somit gehen wir hier häufig schon zwischen acht und neun Uhr schlafen – und es fühlt sich an wie Mitternacht. Aber angenehmes, langes Schlafen ist etwas anderes. Wir liegen fast immer auf dem nackten, harten Boden, unter uns nur eine dünne Decke. Nach nunmehr einigen Wochen tun uns alle Knochen weh. Trotzdem sind wir zu faul, die extra für das Auto genähten Matratzen ins Zelt zu schleppen. Das würde nämlich bedeuten, dass wir jedes Mal das halbe Auto ausräumen müssten.

Dazu kommen die Geräusche der Tiere: Hier in Guinea-Bissau sind die Insekten so laut, dass ich ab Einbruch der Dunkelheit Ohrstöpsel benutzen muss. Anders ist der Geräuschpegel mit den sehr hohen Tönen nicht zu ertragen. Ich habe so etwas bisher noch nie erlebt! Dazu kommen manchmal die Stimmen wilder Tiere, die Loyal zum Beispiel bei unserer Übernachtung an der Grenze vom

Schlafen abgehalten haben. Da viele Familien viele Tiere (Kühe, Schafe, Ziegen, Hühner) haben und diese direkt bei ihnen mit in den Höfen wohnen, kommt es immer wieder vor, dass neugierige Ziegen nachts versuchen, in unser Zelt zu kommen oder sich von außen an uns kuscheln. In Strandnähe klettern meist Krebse auf unserem Netz herum. Unser größtes Problem sind aber die vielen Moskitos, die aufgrund des nahen Wassers – wir versuchen ja immer in der Nähe der Küste zu fahren, meist verlaufen dort auch die größeren Straßen – in Scharen um unser Zelt schwirren. Sobald wir auch nur mit einer Hand das Netz berühren, finden sich am nächsten Tag etwa zehn Stiche an genau dieser Stelle. Das führt dazu, dass wir uns bemühen, die ganze Nacht ruhig zu liegen.

Ein weiteres Problem sind die unerwarteten Regengüsse in der Nacht (noch ist ja Regenzeit). So passiert es immer wieder, dass wir entweder von Windböen oder einsetzendem Regen geweckt werden und in Windeseile in eine Hütte umziehen müssen. Auch wenn es nicht regnet, wird es nachts aufgrund der hohen Luftfeuchtigkeit so feucht, dass unsere Laken und Kissen wie auch wir selbst morgens patschnass sind.

Man könnte meinen, wir seien »im Urlaub«, bekämen viel Schlaf und ruhten uns jeden Tag aus. Aber weit gefehlt! Erholung ist wirklich etwas anderes.

Tabaski – das große Fest

Wir wollen nicht gleich in die Hauptstadt des Landes, sondern die Feiertage – das große Tabaskifest steht kurz bevor – am Strand verbringen und der Politik Zeit geben, wieder Ruhe im Land einkehren zu lassen. Varela heißt der Ort am 20 Kilometer langen Sandstrand, der Ruhe verspricht. Zu Varela steht in meinem Reiseführer von 1999 (ein neuer ist nicht mehr aufgelegt worden): *»Kleine Ansiedlung, die sukzessive zum Zentrum des Tourismus an der Nordküste ausgebaut werden soll.«* Wir sind gespannt und träumen von einem

Kurzurlaub unter Palmen. Doch schon der Weg holt uns schnell in die heutige Realität zurück. Die Piste ist fast nicht passierbar. Stellenweise steht das Wasser beziehungsweise sind die Schlaglöcher so tief, dass wir selbst mit unserem Land Rover kaum durchkommen. Von Touristen weit und breit keine Spur. Wir brauchen drei Stunden für die knapp 50 Kilometer lange Strecke. Immer wieder denken wir daran umzukehren, aber die Neugier treibt uns weiter. Schließlich stehen wir mit unserem Landy direkt am Strand. Von Menschen keine Spur. Da wir die Sicherheitslage nicht so gut einschätzen können, machen wir uns auf die Suche nach Menschen und kommen so zum Hof von Souleymane und seiner Familie.

Souleymane ist selbst erst 24, doch momentan das älteste anwesende männliche Familienmitglied und hat damit über alle Familienbelange zu entscheiden. Er heißt uns willkommen und weist uns sogleich auf das nahende Tabaskifest hin: »Morgen gibt es hier eine große Feier mit viel Fleisch und ihr seid herzlich dazu eingeladen!« Dabei waren wir uns bisher noch gar nicht sicher, ob wir hier bleiben wollen. Nun sind wir uns sicher! Ich strahle. Loyal strahlt auch. Fleisch hört sich wirklich gut an. Seit längerem hatten wir nur noch Gemüse auf dem Teller.

Seit Senegal drehen sich die Gespräche um das große Tabaskifest, das »bald« gefeiert wird. Irgendwie wusste aber kaum jemand, wann genau dieses »bald« ist. Erst eine Woche vor dem Fest hörten wir zum ersten Mal das Datum: Freitag, der 26. Oktober.

Das islamische Tabaskifest entspricht in seiner Wichtigkeit und dem Festcharakter dem christlichen Weihnachtsfest. Schon wochenlang vorher wird eingekauft. Die Verwandten kommen alle an einem Ort zusammen. Gefeiert wird die Geschichte Abrahams, in der er sich bereit erklärt, Gott seinen Sohn zu opfern. Gott lehnt dieses Opfer aber schließlich kurz vor der Tat ab und Abraham bringt schließlich ein Schaf als Opfer dar. Die Geschichte gibt es auch in der Bibel, im Koran wird sie übernommen. Um daran zu erinnern, werden überall in der muslimischen Welt Schafe geschlachtet. Und jeder versucht natürlich, das prächtigste, größte und somit teuerste

Schaf in der ganzen Gegend zu schlachten. Oder auch zwei. Oder drei. Grenzen werden keine gesetzt und die Korruption unter den Staatsbeamten steigt kurz vor dem Fest enorm, wie wir es in Dakar selbst erlebt haben. Jeder warnt uns, nicht in der Zeit vor dem Tabaskifest unterwegs zu sein.

Wir sehen auf unserer Reise riesige Schafmärkte mit über tausend Schafen. Auf den meisten Bussen und Pkw fahren Schafe auf dem Dach mit. Schafe, wohin man blickt. Auf riesigen Plakaten wird mit einer gegrillten Schafskeule für das Fest geworben, die unseren Hunger auf Schaf in all den Wochen mächtig schürt. »Vielleicht sollten wir auch ein Schaf kaufen«, meint Loyal nachdenklich, »das sieht so lecker aus!«

Sani beruhigt uns: »Die Tradition verlangt, dass man nur ein Drittel des geschlachteten Schafs für sich behalten darf, das zweite Drittel geht an die Nachbarn und das dritte Drittel an Leute, die kein Geld haben.« Von nun an hoffen wir, das Fest in »netter Nachbarschaft« zu verbringen und unseren Teil vom Schaf abzukriegen.

Der große Tag kommt und der Moment, da die Ziegen geschlachtet werden. Da die Familie kein Geld hat, um ein Schaf zu kaufen, opfert sie zwei ihrer Ziegen. Da sie als Fulbe mit den Tieren zusammenleben, fällt es ihnen sehr schwer, sie zu töten. Das merkt man den Männern beim Schlachten an. Fasziniert und gleichzeitig angeekelt schaue ich zu, vor allem, als die Tiere danach gehäutet werden. Ich versuche weiterhin meiner Devise treu zu bleiben, dass ich nur dann Fleisch essen darf, wenn ich es auch ertrage, bei der Zubereitung zuzusehen.

Für uns »Westler« ist das Schlachten eines Tieres immer noch ein eher unangenehmer Anblick. Ich habe selbst schon Hühner geschlachtet, aber bei Ziegen fließt viel mehr Blut. In Afrika dagegen ist es weitgehend normal, dass man zu Hause ein Tier schlachtet. Nur so kann man die Frische des Fleischs garantieren. Da es in den meisten afrikanischen Städten kein stabiles Stromnetz gibt, werden auch immer nur so viele Tiere geschlachtet, wie man bei einem Essen verspeisen kann. Auch in den Städten ist das oft noch so:

Das Wasser wird aus einem Brunnen hochgezogen. Die Familie rät uns allerdings, es nicht zu trinken, weil wir sonst krank würden.

Man kauft die Tiere lebend auf dem Markt und bereitet sie dann zu Hause zu. Hühner und andere kleinere Tiere werden vor allem von Frauen geschlachtet, das Schlachten von Ziegen, Schafen und Rindern ist dagegen Männersache. Der Anblick ist für die Einheimischen so normal, dass die Familienmitglieder normalerweise nicht immer dabeistehen und zuschauen. Auch für Kinder ist Schlachten kein besonderes Erlebnis. Wenn allerdings Fremde aus Europa dabei sind und offensichtlich Schwierigkeiten haben, den Anblick des Schlachtens zu ertragen, ist dies für alle ein Grund zusammenzukommen, sich zu amüsieren und vor allem sich zu wundern. Wie soll man Einheimischen auch erklären, dass man bei uns Tierteile im Supermarkt in einer Plastikfolie verpackt kauft?

Am späten Nachmittag ist das Essen endlich fertig. Ich gehe zu den Frauen, um mit ihnen zu essen. Loyal bleibt bei den Männern. Der Topf wird gebracht und in unsere Mitte gestellt. Meine Augen suchen das Fleisch. Reis, Reis, Reis... Zwiebeln, Zwiebeln, Zwiebeln... Das ganz in der Mitte könnte vielleicht ein bisschen Fleisch sein. Tapfer fange ich an zu essen. Ich hoffe, man sieht mir meine Enttäuschung nicht an. Ich probiere trockenen Reis. Danach ein bisschen von der Soße. Schmeckt säuerlich, ein bisschen wir Sauerkraut. Eine der Frauen schiebt mir ein Stück Fleisch hin. Und irgendwie ahne ich es schon, aber erst in meiner Mundhöhle wird meine Ahnung zur Gewissheit: Innereien. Am liebsten würde ich das Stück wieder ausspucken. Aber ich lächle, ein sehr bitteres Lächeln. Noch drei Bissen, die ich aufgedrängt bekomme, kann ich ertragen. Dann streike ich, esse Reis mit Zwiebeln. Wie sonst auch. Das schmeckt wenigstens. Als ich Loyal wiedertreffe, frage ich: »Und wie war es bei dir?«

»Das war total eklig«, berichtet er, »es gab nur Innereien. Die schmecken so, wie das, was hinten bei uns rauskommt!« Hatten sogar die Männer nur Innereien bekommen?

Nach dem Essen sitzen alle müßig herum. So wie sonst auch. Besonders gekleidet sind sie nicht. Sie tragen teilweise dasselbe wie auch am Tag zuvor. Nichts deutet auf ein großes Fest hin. Zwei, drei Nachbarn kommen und sitzen mit uns im Kreis. Niemand spricht. Man hat sich scheinbar nichts zu erzählen. Ein eher langweiliger Nachmittag. Nach den vielen Gesprächen über »das große Fest« in den letzten Wochen und den vielen Vergleichen mit Weihnachten haben wir etwas ganz anderes erwartet.

Abends bringt Sani noch eine kleine Schüssel mit Fleisch, ein Geschenk der Familie. Als ich ein Stück Beinfleisch erkenne, freue ich mich. Sani hält ein weiteres Stück hoch. »Schaut mal, das hier ist die Leber und das die Lunge ...« Wir machen ihm klar, dass wir nur Beinfleisch und weder Leber noch Lunge essen wollen. Diesmal will er kochen.

Nach drei Stunden ist das Essen fertig. Endlich gibt's richtiges Fleisch. Ich freue mich. Doch schon der erste Bissen bleibt mir im Mund stecken. Warum schmeckt das so eklig? Sani hat alles Fleisch einfach klein geschnitten und zusammen gekocht. »Ach, ihr wolltet *gar keine* Leber? Ich dachte, so ein bisschen klein geschnitten findet ihr gut!« Ich versuche einen zweiten Bissen. Wieder ein schrecklicher Geschmack. Ich habe genug. Hungrig gehe ich ins Bett. Auch wenn ich eigentlich weiß, dass an einer Ziege nicht viel dran ist und dass, wenn diese auch noch gedrittelt und zwei Teile weggegeben werden, von ihr nicht mehr viel übrig bleibt, hatte ich doch irgendwie gehofft, dass nicht das in meinen Augen »gute« Fleisch verschenkt würde, sondern eher die Innereien. Allerdings hoffen die Muslime auf ein paradiesisches Leben nach dem Tod und indem sie im Diesseits besonders viel weggeben, kommen sie ihrer Meinung nach diesem Paradies ein Stückchen näher. Unser Tabaskifest war deswegen weitgehend fleischlos – eine bittere Enttäuschung.

Da ein paar der Familienmitglieder französisch sprechen, führen wir lange Unterhaltungen. Es stellt sich heraus, dass eine der Töchter »vom Teufel besessen« ist und Sani, der ein traditioneller Heiler ist, ihr helfen kann. So können wir einer traditionellen Heilung beiwohnen, die für uns »Weiße«, wie wir von den Afrikanern genannt werden, neu ist. Da die Familie kein Bargeld besitzt, erhält Sani als Bezahlung eine Ziege, die wir dann auch gleich schlachten und grillen – das zweite Mal Fleisch in wenigen Tagen.

Bevor die Ziege geschlachtet wird, liest Sani als Imam einige Suren aus dem Koran.

Seit wir in Afrika unterwegs sind, ist es für uns schon fast normal, beim Schlachten dabei zu sein oder selbst zu schlachten. Meist wird das Tier direkt vor das Haus oder die Hütte gebracht und von ein bis zwei Männern oder Frauen festgehalten. Danach betet man für das Tier, in unserem Fall hier eine Ziege. An diesem Tag verliest Sani einige Suren aus dem Koran. Man gewinnt den Eindruck, dass die Menschen sehr viel Respekt vor ihren Tieren haben, auch wenn sie als Nahrungsmittel dienen. Mit einem Messer wird anschließend die Kehle der Ziege durchtrennt. Das Tier schreit kurz. Interessanterweise schauen alle anderen Tiere neugierig zu. Das Blut sickert in den sandigen Boden. Nun werden seine Beine mit einem Strick zusammengebunden und das Tier zum Ausbluten aufgehängt. Vorsichtig und sauber wird dann die Haut mit dem Fell vom Körper abgelöst und das Tier zerlegt. Einzelne Teile werden gegrillt, andere zu einer Suppe beziehungsweise Soße im Kochtopf verkocht. Da es in Afrika zu heiß ist, um rohes Fleisch aufzubewahren, wird immer nur so viel geschlachtet, wie noch am gleichen Tag gegessen werden kann. Nur in seltenen Fällen wird die Soße oder Suppe vom Vortag aufgewärmt.

Aus diesen Gründen ist es für uns auf dem Land fast unmöglich, frisches Fleisch zu kaufen, da die Tiere normalerweise nur zu Festen geschlachtet und dann auch gleich ganz aufgegessen werden. Bis auf die Innereien an Tabaski haben wir lange kein Fleisch gegessen. Nach der Enttäuschung beim Fest freuen wir uns, nun endlich wieder welches auf den Teller zu bekommen! Gleichzeitig merken wir aber auch, wie wenig an solch einer afrikanischen Ziege dran ist. Wir werden zu dritt nur knapp satt, wobei wir die Eingeweide nicht essen.

Auf den Hund gekommen

Während unseres Aufenthalts bei Souleymane haben wir unser Lager direkt neben der Hütte der Familie aufgeschlagen. Unser Land

Rover parkt unter einem großen Baum und wird dadurch vor der Sonne geschützt. Es ist in Varela sehr heiß und kühlt nachts kaum ab. Deshalb schlafen wir in unserem Moskitonetzzelt im Hof der Familie, der mit einem Zaun versehen ist und so größere Tiere abhält. Im Hof sind auch die Ziegen, die nachts umherlaufen und manchmal versuchen, in unser Zelt zu gelangen, beziehungsweise sich von außen an uns kuscheln. Außerdem flattern Hühner um uns herum. Morgens müssen wir unseren Platz immer erst einmal vom Kot der Tiere säubern.

Als wir den Hof zum ersten Mal betraten, sprang uns ein kleiner Hundewelpe entgegen, der uns gleich als »Dog« vorgestellt wurde. »Ach ist der niedlich!« Ich bückte mich, um ihn zu streicheln. »Du magst den Hund? Dann ist es dein Hund. Er fährt dann mit dir nach Europa!«, sagte Souleymane gleich zu mir. Irritiert schaute ich zu Loyal und stand auf.

Dog scheint den Kommentar seines Herrchens nicht vergessen zu haben: Seitdem weicht er uns kaum mehr von der Seite. Wenn er einmal nicht bei uns ist, dauert es keine Stunde, bis er uns von einem der Kinder gebracht wird. Nachts versucht der Kleine, in unser Zelt zu klettern. Als das nicht gelingt, macht er es sich vor dem Eingang bequem und hält die Ziegen fern, die ansonsten nachts an unserem Zelt herumknabbern. Nach drei Tagen wird uns diese Situation langsam unheimlich: »Du, ich glaube, die meinen das mit dem Hund ernst«, sage ich beim Frühstück zu Loyal. »Die wollen, dass wir den Kleinen mitnehmen!«

»Das ist ganz und gar unmöglich!«, macht Loyal seinen Standpunkt klar. »Wir haben schon genug Schwierigkeiten auf dieser Reise. Wir können in unserem Land Rover nicht auch noch einen Hund mitnehmen. Das macht nur Probleme!« Da der Kleine uns aber immer mehr auf die Pelle rückt, beschließen wir, ihn in unserem Wäschefalteimer einer ausgiebigen Wäsche zu unterziehen. Die Familienmitglieder beobachten unsere Waschaktivitäten und amüsieren sich. Nach dem Baden rückt Loyal den Zecken mit der Pinzette auf die Pelle. In zweieinhalb Stunden findet er etwa 80 von

Der kleine Hund »Dog« wird von uns erstmal ausgiebig im Falteimer gewaschen – die Kinder der Familie schauen uns dabei neugierig zu.

diesen Mistviechern. Dog scheint die ungewohnte Aufmerksamkeit zu genießen und die Schmerzen, die das Entfernen der Zecken sicherlich mit sich bringt, zu verdrängen. Am Ende ist er auf Loyals Schoß eingeschlafen.

»Der sieht jetzt ja richtig gut aus!«, sage ich anerkennend. »Können wir es ihm überhaupt noch antun, ihn hier zu lassen?«

In den nächsten Tagen kreisen unsere Gespräche um den kleinen Hund. »Ihn mitzunehmen, wäre total verrückt!«, meint Loyal.

»Aber wir wollten doch eigentlich immer einen Hund!«, wende ich ein.

»Wirklich?«, Loyal spitzt die Ohren. Das wären ja ganz neue Töne von mir. »Okay. Dann machen wir das!«, sagt er entschlossen. Unsere Entscheidung ist getroffen. Nun gilt es, mit der Familie zu sprechen. Vielleicht wollen sie ihn jetzt, wo er so sauber ist, doch nicht mehr abgeben.

Wer jetzt empört ist und denkt: »Krass! Die wollen der Familie einfach ihren Hund wegnehmen!«, muss wissen, dass die Familie zur Ethnie der Fulbe gehört. Dieses traditionell nomadische Volk, das im Zuge der Islamisierung sesshaft wurde, schätzt Tiere zwar und leitet von ihnen auch ihr Ansehen ab, hängt ihr Herz allerdings nicht an Hunde, weil diese nur als Wächter der anderen Tiere eingesetzt werden. Das heißt, dass der kleine Hund mehr zum Grundstück als zur Familie gehört. Auch die Kinder scheinen nicht traurig bei dem Gedanken, dass Dog mit uns reisen wird. Vielmehr beneiden ihn alle darum, dass er ihren eigenen Traum, nach Europa zu reisen, realisieren wird.

Um alles wird hier in Afrika gefeilscht und diskutiert. Das gehört dazu. Auch um diesen kleinen Mischling. Er sieht aus wie alle Hunde, die wir hier sehen: Braunrötliches Fell, schmales Gesicht. Dazu hat er einen dunklen Streifen auf dem Rücken. So sehr sich die Familie wundert, dass wir gerade diesen Hund haben wollen, wo doch alle gleich aussehen, wie Souleymane uns versichert, so sehr hofft die Familie nun auf ein Jahreseinkommen angesichts unserer Hautfarbe, was für sie bedeutet: Wir haben ja Geld. Wir

Wir schenken Souleymane schließlich ein Suppenservice und knapp 50 Euro für den kleinen Hund. Für beide Seiten ein guter Tausch.

81

wollen nicht den Eindruck vermitteln, dass wir nichts für den Kleinen zahlen wollen. Trotzdem wollen wir uns auch nicht abzocken lassen. Am Ende zahlen wir etwa 50 Euro und schenken dazu das Suppenservice aus Marokko. Souleymane strahlt. Mit dem Geld kann er sicherlich drei neue Hunde im Nachbardorf kaufen. Wir machen ein Abschlussbild. Alle sind glücklich mit dem Tausch.

Doch was in Europa organisatorisch ganz einfach ist – man kauft einen Hund, geht in ein Tiergeschäft und kauft Accessoires und Hundefutter –, ist hier in Westafrika äußerst kompliziert. Es scheitert schon an einer Leine, weil man in Guinea-Bissau nirgends ein Seil oder ähnliches kaufen kann. Notgedrungen opfern wir einen Teil unserer Abschleppleine und binden sie dem Kleinen um. Das muss für die nächsten Tage reichen.

Essen im Kreise der guineischen Frauen

Da wir einige Tage in Valera auf dem Hof von Souleymane und seiner Familie verbringen, werden wir von der Familie mehrmals zum Essen eingeladen. Bei den Fulbe ist es Tradition, dass Frauen und Männer getrennt essen. Zusammen mit den Frauen sitze ich also auf Hockern oder Bastmatten, je nachdem, was gerade vorhanden ist, mitten im Hof im Kreis. Eine Schüssel mit Wasser zum Händewaschen wird herumgereicht. Danach wird mit der rechten Hand aus einer Schüssel in der Mitte des Kreises gegessen. Mit der Hand greift man in den (heißen) Reis, matscht ihn in der Handfläche zusammen und schiebt den entstandenen Brei in den Mund.

Kinder essen getrennt aus einer anderen Schüssel. Die Babys sind allerdings bei den Frauen und werden gleichzeitig während des Essens gestillt. So kommt es vor, dass manchmal auch eine Brust über der Schüssel hängt, weil die Babys zwischendrin immer mal wieder zu trinken aufhören. Falls aus einem alten Transistorradio Musik ertönt, kann es vorkommen, dass eine Frau mittendrin aufspringt, ein paar Takte tanzt und danach wieder weiterisst. Zwischen uns

Frauen laufen Hühner herum und versuchen, an die Schüssel zu kommen beziehungsweise die heruntergefallenen Brocken aufzupicken. Die Frauen schnappen diese Hühner mit der linken Hand und werfen sie in die Luft. Die Hühner flattern davon und hinterlassen eine feine Schicht Federn in unserer Schüssel. Unsere Gruppe wird währenddessen von den Hunden umkreist, die darauf warten, dass die Frauen Knochen oder Knorpel wieder ausspucken und hinter sich werfen.

Nach dem Essen, also dann, wenn die Schüssel leer ist, wird wieder eine Schüssel, diesmal mit Seifenwasser, gereicht, mit dem man sich die rechte Hand wäscht. Zum Schluss wird der Boden gefegt und von heruntergefallenen Essensresten befreit. Die zusammengefegten Reiskörner werden an die Hunde und Hühner verfüttert.

Auch beim Tabaskifest essen Männer und Frauen getrennt. Zur Feier des Tages werden sogar ein paar Stühle herangetragen.

Leere Regale in Bissau

Wir bleiben fast eine Woche an der Küste, bevor wir uns auf den Weg in die Hautstadt Bissau machen. Als wir das Zelt abbauen und alles ins Auto packen, ist Dog immer um uns und weicht uns nicht von der Seite. Bei der Abfahrt liegt er auf meinen Beinen und schaut aus dem Fenster. Wir lassen den Hof hinter uns. Unser Abenteuer zu dritt beziehungsweise zu viert beginnt. Unser Freund Sani sieht dem neuen Reisezuwachs weniger positiv entgegen. Als Moslem hat er starke Vorbehalte gegen Hunde. Seiner Meinung nach gehören sie in den Stall oder auf die Weide zu den Tieren, nicht aber in eine Hütte, ein Haus oder gar ein Auto. In den nächsten Wochen müssen wir aufpassen, dass Paule, wie wir ihn ab jetzt nennen, nicht an Sanis Sachen geht. Es wäre verheerend, wenn Sani auf seinem Gebetsteppich Hundehaare finden würde. »Moslems mögen keine Hunde, das steht auch so im Koran«, verkündet er uns schmollend darüber, dass Paule im Landy mitfährt. Ihm wäre es lieber, wenn wir den kleinen Hund auf dem Dach festbinden würden, wie es hier in Afrika mit Tieren üblich ist. Das können wir uns aber nicht vorstellen. Dafür sind wir wohl einfach zu europäisch.

Bissau wirkt sehr heruntergekommen. Bei genauerem Hinschauen erkennt man aber, wie prunkvoll die Kolonialbauten früher gewesen sein müssen. Für eine Hauptstadt ist Bissau mit seinen 410 000 Einwohnern sehr klein und übersichtlich. Man hat gar nicht das Gefühl, in einer großen Stadt zu sein. Sogar in der Innenstadt sind nur wenige Menschen auf der Straße und nur wenige Fahrzeuge unterwegs, was auch daran liegen kann, dass fast alles überflutet ist, weil es in den letzten Wochen sehr viel geregnet hat. Das Wasser steht kniehoch in den – nur teilweise asphaltierten – Straßen und mit normalen Fahrzeugen scheint kein Durchkommen.

Als wir im Supermarkt einkaufen, erfahren wir, dass die Regale deswegen so leer sind, weil momentan scheinbar kein Import möglich ist. Das letzte Mal wurde im Dezember 2011 geliefert. Dafür nennt der Besitzer des Ladens zwei Gründe: Zum einen die häufig wechselnde Regierung, die ständig neue Importge- und -verbote einführt und zum anderen die Tatsache, dass viele Länder die durch einen Putsch an die Macht gekommenen Politiker Guinea-Bissaus nicht anerkennen und deshalb ein Exportverbot verhängt haben.

Als Händler leidet er sehr unter diesen schlechten Voraussetzungen. Die Preise in Bissau sind allgemein exorbitant hoch, heruntergekommene Hotels verlangen deutsche Preise, ein Kilogramm Kartoffeln oder Zwiebeln kostet zwei Euro. Viele Einheimische können diese Preise nicht bezahlen und sind auf Nahrungsmittelhilfslieferungen angewiesen. Wir sehen viele US-Aid-Schilder im Land. Wir bleiben nur zwei Tage und machen uns dann auf die Weiterfahrt nach Guinea. Hoffentlich kommen wir durch. Seit mehreren Tagen regnet es jede Nacht, das Wasser fällt buchstäblich vom Himmel. Bei den ohnehin schlechten Straßenverhältnissen ist das verheerend.

Beschwerliche Reise nach Guinea

Ich schrecke hoch. Etwas hat direkt in mein linkes Ohr gekräht. Und tatsächlich: Als ich die Augen öffne, sehe ich nur wenige Zentimeter neben mir einen Hahn stehen, der gerade zum zweiten Mal ansetzt. Ein Blick auf die Uhr zeigt mir, dass es gerade mal Viertel vor sieben ist. Ich liege auf dem harten Boden in meinem Moskitonetz. Genervt drehe ich mich um und versuche den Hahn zu ignorieren. Leider klappt das nicht, weil nun auch seine Freunde zu unserem Moskitonetz kommen und mit Krähen beginnen. Ich verscheuche sie und da ich nun schon einmal aufrecht sitze, kann ich auch gleich aufstehen.

Beim Zähneputzen ertönt ein lauter Knall. »Das hat sich nach einer echten Waffe angehört«, meine ich zu Loyal.

»Ja, das war eine echte. Gibt es hier vielleicht doch Rebellen?« Wir sind etwas verunsichert.

Auf dem Weg zur Toilette zeigt mir unser Gastgeber Augusto, bei dem wir die Nacht im Hof verbracht haben, stolz sein erlegtes Tier. Es sieht aus wie eine riesige Buschratte. Das erklärt den Gewehrschuss. »Wir jagen hier alle!«, erzählt er mir stolz.

Augusto lebt mit seiner Frau in einer Holzhütte im Busch, den man sich wie einen tropischen deutschen Wald vorstellen kann. Das Dorf heißt Mansoa und besteht aus mehreren solcher Hütten. Die Menschen sind einander gute Nachbarn und helfen sich gegenseitig, wenn Hilfe nötig ist. Die meisten bauen dasselbe an, in diesem Fall Mangos. »Leider kann ich meine Mangos wegen unserer Regierung nicht nach Europa exportieren. Auch die Lieferung in andere afrikanische Länder ist schwierig«, erzählt uns Augusto. »Da hier in Guinea-Bissau aber viele Mangos anbauen, gibt es in der Erntezeit keine einheimischen Käufer. Meine Frau und ich essen also so viele Mangos wie möglich selbst und haben deshalb wochenlang Durchfall.« In einem kleinen Garten hat Augustos Frau Gemüse angepflanzt. Die Leute sind Bauern, die Jagd ist nicht der Hauptverdienst der Männer, sondern dient lediglich der eigenen Versorgung. Sie selbst halten keine Tiere.

Das »Badezimmer« der Familie ist für mich eine große Überraschung. Mitten im Busch, im Nirgendwo, gibt es eine ordentlich in den Boden eingelassene Porzellan-Stehtoilette. Der Bereich ist tipptopp sauber. So etwas habe ich im afrikanischen Busch noch nie gesehen. Das lässt den Tag gleich gut beginnen. Zum Frühstück gibt es für mich Nudeln, Sani isst Hirse und Loyal die Reste vom Abendessen. Häufig finden wir kein Brot, vor allem dann nicht, wenn wir in sehr kleinen Dörfern im Busch übernachten, und essen deshalb gleich ein warmes Essen. Das hält auch länger vor. Wir werden es an diesem Tag noch brauchen.

Nach einem langen und sehr herzlichen Abschied von unseren beiden Gastgebern sind wir gegen zehn wieder auf der Straße. Im nächsten Ort werden wir kontrolliert. Im Gegensatz zu Europa, wo man meist ein Schild mit dem Ortsnamen findet, wissen wir hier meist nicht, wie der Ort oder die Gegend heißt, weil es keine Hinweisschilder gibt. Außerdem sind sich selbst die Einheimischen nicht immer einig, wie ein Ort heißt. Das haben wir häufiger festgestellt, wenn wir Anwohner nach dem Namen gefragt haben. Ich reiche dem Straßenpolizisten durchs Autofenster die Papiere.

»Alles in Ordnung«, meint dieser, nachdem er einen kurzen Blick darauf geworfen hat. »Aber nun hätte ich gern etwas Geld für Saft oder Bier. Heute ist Freitag und da will ich mit meinen Kumpels ausgehen!« »Wir haben nichts für dich«, sagen wir einmal und danach noch etwa zehn Mal. Enttäuscht gibt der Polizist am Ende auf. »Na gut. Dann fahrt weiter!«

Die Straße verschlechtert sich, irgendwann kommen wir nur noch im Schnitt mit 30 Stundenkilometern voran. Die nächste Kontrolle. Diesmal die Gendarmerie. Da es wenige Tage zuvor einen Putschversuch gegeben hat, werden alle Fahrzeuge besonders genau kontrolliert. Die Beamten wollen alles sehen. Sogar in den Kühlschrank fassen sie hinein. Danach sollen wir Geld abdrücken. »Warum sollten wir diese Gebühr bezahlen?«, stellt sich Loyal blöd.

»Weil wir euch kontrolliert haben!«, kommt es prompt zurück.

»Wir wollten aber gar nicht kontrolliert werden. Für uns hättet ihr den Aufwand nicht betreiben müssen.«

Als die Gendarmen merken, dass wir nicht zahlen wollen, fordern sie: »Okay, dann müsst ihr jetzt alles zeigen, was ihr auf dem Dach habt.«

»So eine Schikane!« Loyal ist frustriert, dass er in der Mittagshitze aufs Dach muss. Er macht ganz langsam. Nach 15 Minuten haben die Männer (die nun auch alle in der Hitze stehen) genug.

»Fahrt weiter!«

Die Grenze zwischen Guinea-Bissau und Guinea liegt etwa 150 Kilometer von unserem Übernachtungsort entfernt. Unser Plan war es, mittags die Grenze zu überqueren und dann noch ein ganzes Stück in Guinea voranzukommen. Aufgrund der Straßensituation schwinden unsere Hoffnungen. Inzwischen liegt unsere Maximalgeschwindigkeit bei 25, meist kurven wir sogar mit nur zehn Stundenkilometern um die tiefen Schlaglöcher herum. Stellenweise ist die unbefestigte und aus festgefahrener Erde bestehende Piste völlig überflutet. »Seid ihr sicher, dass das der Hauptgrenzübergang nach Guinea ist?«, wundert sich Sani. »Ich sehe gar keine Menschen hier. Da müssen die Beziehungen zwischen den beiden Ländern ja echt ziemlich schlecht sein!« Und tatsächlich: Stundenlang sehen wir keine Menschen und auch keine Dörfer.

»Seid ihr sicher, dass wir nicht gerade über die grüne Grenze fahren?«, fragt Sani nach einiger Zeit vorsichtig. Sicher sind wir uns gar nicht. Aber zurück wollen wir auch nicht. Die Richtung ist eigentlich schon richtig.

Und tatsächlich, gegen Abend erreichen wir endlich den sehr kleinen Ort Buruntuma, die offizielle Grenze. Die übliche Frage des Beamten: »Wo wollt ihr hin?«, nervt mich ziemlich. Damit wollen wir uns nicht aufhalten. Die Sonne wird bald untergehen.

»Über die Grenze natürlich!«

»Ja, aber wohin?«

»Nach Guinea natürlich!« Ein anderes Land gibt es hier ja nicht. Ich verschlucke diesen zweiten Teil.

»Ach, nach Guinea wollt ihr? Nach Guinea-Conakry?«

Jetzt bin ich richtig genervt. »Ja! Wohin denn sonst?«

»Ich weiß ja nicht, wohin ihr wollt«, zeigt sich der Beamte erstaunt über meinen Unmut. Immerhin gelingt es erneut, dass Loyal im Auto sitzend ausreist, ohne dass ihn jemand zu Gesicht bekommen hat.

In vielen westafrikanischen Ländern ist es für Ausländer wie auch für Einheimische an den Grenzen völlig normal, dass eine Person beim Auto bleibt, sofern mehrere Leute zusammen in einem Gefährt reisen, was oft der Fall ist. Interessanterweise interessieren sich die Grenzbeamten für diese Person meist nicht. Manchmal wollen die Zöllner das Auto durchsuchen und versuchen dabei, ein paar Geschenke zu ergattern. In den meisten Fällen hat Loyal aber eine relativ ruhige Zeit im Landy, während ich mir in der jeweiligen Landessprache den Mund fusslig rede, um die Beamten zu überzeugen uns durchzulassen.

Obwohl wir alle Papiere haben, ist jeder Grenzübergang eine Zitterpartie, weil man völlig der Willkür der anwesenden Grenzer ausgeliefert ist. Falls ein Fest oder das Wochenende ansteht, kann man davon ausgehen, dass viele, die an diesem Tag an der Grenze arbeiten, versuchen werden, etwas Geld zu bekommen. Manchmal wollen einzelne Beamte auch einfach nur ihre Macht demonstrieren und lassen uns stundenlang in der Hitze warten. Hier an der Grenze haben wir Glück: Es ist nicht viel los. Nur einzelne Einheimische hängen herum. Von der Geschäftigkeit anderer Grenzen ist nichts zu spüren. Ein Blick ins »goldene Buch«, in dem alle Grenzgänger eingetragen werden, zeigt mir, dass wir an diesem Tag die Einzigen sind, die nach Guinea wollen. Am Tag vorher gab es nur einen Reisenden, davor sogar gar keinen. Es scheint wirklich keinen regen Austausch zwischen den beiden Ländern zu geben! Beim Zoll stellt sich heraus, dass der Mann nicht schreiben kann. Ich zeige ihm, was er wo hinschreiben soll. Er will mir das Dokument zurückgeben. »Und die Unterschrift?«, frage ich und zeige auf das Zollheft. Fragend schaut er mich an. Ein Zuschauer malt Kreise in die Luft. Der Beamte lächelt, nimmt den Stift und malt Kreise über den Stempel. Puh, geschafft! Weiter geht's! Wir starten den Motor, die Grenzleine senkt sich, wir verlassen Guinea-Bissau. Guinea, wir kommen, denke ich, als Loyal auch schon wieder anhält. Das vor uns ist kein Weg, sondern nur riesige Steine.

»Gut, dass wir unseren Geländewagen haben, sonst wäre jetzt Schluss!«, meint Loyal und langsam schaffen wir es voranzukommen.

Beim guineischen Beamten stehen geladene Waffen locker in der Ecke, etwa einen Meter von mir entfernt. Er wie auch die anderen Grenzbeamten sind sehr freundlich und heißen mich – Loyal reist mal wieder im Auto sitzend , ohne den Grenzbeamten zu treffen, ein – in Guinea willkommen. »Woher kommt ihr?«

Ich *liebe* diese Frage. »Aus Bissau.«

»Aus Guinea-Bissau?« Ich würde gerne mitten in die hochgezogene Augenbraue schlagen. Aber: Ich lächle. »Ja, aus Guinea-Bissau.«

Beim Zoll die gleiche Frage: »Woher?« Ich atme tief ein. Der Mann erlöst mich: »Aus Guinea-Bissau?«

»Ja.« Ich bin erleichtert, aber es geht weiter: »Und wohin?«

»Nach Guinea natürlich!«

»Guinea-Conakry?« Ich atme und nicke. Versuche, mich auf etwas anderes zu konzentrieren. Höre Geräusche über mir. Mein fragender Blick nach oben wird folgendermaßen beantwortet: »Das sind alles Ratten. Die leben hier. Kennen Sie Ratten?« Ich bejahe. »Conakry?«, fragt er erneut. Ich versuche, einen Witz zu machen. »Ja, aber nicht mehr heute!« Er schaut auf die Uhr, die Sonne geht gerade unter, und antwortet todernst: »Das könnte knapp werden!«

Nun haben wir noch maximal 30 Minuten Licht. Wir fahren los beziehungsweise bewegen uns, denn fahren kann man auf diesem »Weg« vor uns nicht. Dachten wir zuvor, dass die Straße bis zur Grenze schlecht ist, wird uns nun klar, dass die Straße auf guinea-bissauischer Seite großartig war. Hier kommen wir nur noch im Schritttempo voran. Ich mache mir Sorgen, wo wir die Nacht verbringen werden. Alles ist überschwemmt, Menschen sind nicht zu sehen. Gerade als es dunkel wird, erkennen wir ein Dorf und dürfen bleiben.

Guinea

Wir sind die Attraktion

Im Dorf gibt es keinen Strom und kein fließend Wasser (außer am Fluss) und auch kein Fernsehen wie in Deutschland, das den Menschen den Abend versüßen könnte. Das ist an diesem Abend anders, denn wir sind da. Das beste Unterhaltungsprogramm überhaupt. Ich beginne mit dem Abendessen und um mich herum baut sich eine Mauer aus Menschen auf. Wer früh genug gekommen ist, hat einen Platz in der ersten Reihe ergattert, die anderen stehen dahinter. Es werden sogar ein paar Hocker herbeigetragen. Ich selbst sitze im Licht, sonst kann ich nicht kochen, kann aber die anderen nicht sehen. Ich höre sie, da sie alles, was ich tue, kommentieren und danach über die Kommentare lachen.

Da sie in ihrer einheimischen Sprache miteinander sprechen, kann ich sie nicht verstehen. Überhaupt ist die Verständigung nicht so einfach, weil nur sehr wenige (Männer) französisch sprechen. Mit den anderen Dorfbewohnern kann man sich mit Händen und Füßen verständigen, aber das geht eigentlich nur bei Tageslicht. Auffällig ist auch, dass vor allem Frauen und Kinder im Dorf leben. »Viele Männer sind in die Stadt gezogen, um dort Arbeit zu suchen«, berichtet uns ein alter Mann. »Sie kommen manchmal nur alle zwei Jahre zurück ins Dorf«, erfahren wir weiter.

Das erste Dorf in Guinea, das wir nach der Grenze entdecken. Hier leben vor allem Frauen, weil die Männer in der Stadt arbeiten.

Mehrere Stunden beobachten uns die Einheimischen. Wir sind völlig geschafft vom Tag und nun auch noch das. Als Loyal duscht (auf freiem Feld) kommen immer wieder Menschen vorbei, die ihn anleuchten und beim Duschen beobachten. Loyal ist sehr müde von der langen Fahrt und will schlafen. Er legt sich ins Moskitonetzzelt, ohne Licht. Das führt dazu, dass die Dorfbewohner ihm ständig mit ihren Taschenlampen – Handys sind auch in den Dörfern an-

Diese Dorfbewohnerin präsentiert uns stolz ihre Ziegen.

gekommen, selbst wenn es dort kein Handynetz gibt – ins Gesicht leuchten, um zu sehen, ob er schon schläft. Die Leute lassen sich nicht vertreiben. Irgendwann spricht ein alter Mann, den wir für uns gewinnen können, ein Machtwort und die Leute gehen murrend nach Hause. Wir schlafen direkt unterm Sternenhimmel, sind aber so fertig, dass wir die Romantik des Abends nicht genießen können. Ein ganz normaler Tag in Westafrika?!

Der Norden Guineas

Unser Plan ist, in ein bis zwei Tagen bis zur Küste Guineas voranzukommen. Die Realität sieht völlig anders aus. Wir sind im absoluten Nichts gelandet. Die Piste ist so schlecht, dass wir teilweise nur 40 Kilometer am Tag vorankommen. Und das, obwohl wir den ganzen Tag unterwegs sind. Und es gibt so gut wie keine Menschen. Stundenlang nur Landschaft. Schöne, fruchtbare Landschaft, alles ist grün und tropisch feucht. Wir sehen wilde Bananenstauden, hohe Palmen, kleine Wasserläufe und Schilf. Da in dieser Gegend kaum Menschen leben, wirkt der Busch rechts und links der Straße undurchdringlich, wir sehen keine Pfade oder ähnliches. Auch Tiere sieht man von der Piste aus nicht, was aber kein Wunder ist, da die Sträucher sehr dicht sind und man nicht sehr weit sehen kann. Sani versichert uns, dass es in dieser Gegend auf jeden Fall gefährliche Tiere gibt. Allerdings kann er nicht konkretisieren, um welche gefährlichen Tiere es sich handeln könnte.

Die Pistenverhältnisse in Westguinea sind katastrophal, weil es wochenlang geregnet hat.

Afrika wie im Bilderbuch. Die Gegend ist kaum besiedelt und sehr fruchtbar.

Bei der Fahrt durch diesen Busch haben wir das Gefühl, völlig allein in der Wildnis zu sein. Nicht einmal andere Autofahrer überholen uns oder kommen uns entgegen. Als es dämmert, machen wir uns Sorgen, wo wir die Nacht verbringen können. Es wäre nicht einmal möglich, den Landy neben der Piste zu parken, weil der Busch eben undurchdringlich ist. Andererseits können wir den Wagen auch nicht in völliger Dunkelheit mitten auf dem Weg stehen lassen. Nicht auszudenken, wenn doch noch ein anderes Fahrzeug hier vorbeikäme... Wir sind sehr froh, als wir schließlich ein Dorf entdecken, in dem wir bleiben dürfen. Glück gehabt.

So geht es mehrere Tage und insgesamt brauchen wir fünf Tage bis Kindia, das noch weitere 140 Kilometer von der Küste entfernt liegt.

Wir sind alle drei ziemlich angespannt. Paule macht die langen Autofahrten übrigens problemlos mit. Ganz entspannt liegt er stundenlang auf meinem Schoß in der Sonne. Er scheint sogar die große Hitze zu genießen. Wir müssen nur selten anhalten, um mit ihm Gassi zu gehen und sogar dann ist er manchmal nur schwer dazu zu bewegen, meinen Schoß zu verlassen und ein paar Schritte zu laufen.

Die Gastfreundschaft, die uns von den Dorfbewohnern in diesen Tagen entgegengebracht wird, ist umwerfend. Egal, wo wir fragen – und es ist meist das einzige Dorf weit und breit –, werden wir immer mit offenen Armen empfangen. Jedes Mal wird ein Platz für uns hergerichtet, wird uns Wasser gebracht – in abgelegenen Gebieten besonders rar und wertvoll –, dürfen wir häufig sogar das »Bad« benutzen.

Ein Besuch in der Dorfdisko

Seit drei Tagen sind wir schon in Guineas Norden unterwegs und bisher nur wenigen Menschen begegnet. Nun verbringen wir die Nacht in einem kleinen Dorf. Unser Auto hat gerade so durch den Dorfzaun aus Holz gepasst.

Die Nähe zu den Hütten der Menschen soll uns vor einem Angriff von wilden Tieren schützen.

Loyal geht es nicht so gut, er ist sehr müde. Im Dunkeln bereite ich unser Abendessen zu. »Heute Abend gibt es hier eine Dorfdisko!«, berichtet Sani beim Essen. Ach ja, wir haben ja Samstag. Obwohl ich den ganzen Tag gefahren bin, kribbelt es in meinen Beinen und ich will mir die Gelegenheit, eine Dorfdisko kennenzulernen, nicht entgehen lassen.

Um elf Uhr ziehen wir zu zweit los. Loyal möchte sich lieber ausruhen. Wir laufen die Piste entlang, um ins »Dorfzentrum« zu kommen. Die »Disko« befindet sich in einer Lehmhütte mit Strohdach. Vor dem Eingang hängt eine Glühbirne. Außerdem dröhnt ein Motor, der den Strom liefert. »Was ist denn hier los?«, frage ich Sani, als wir näher kommen. Vor dem Eingang hängen etwa 20 Kinder im Alter von sechs bis vierzehn Jahren rum. Aber Sani reagiert irgendwie nicht auf meine Frage. Der Eingang besteht aus einem Vorhang, hinter dem laute Musik dröhnt. Sani bezahlt den Eintritt, umgerechnet 30 Cent. Wir treten ein und mich trifft der Schlag: Ich sehe Kinder, genauso wie vor der Hütte! Mir wird eine Bank gebracht, auf die ich mich setze. Ein paar Jungs haben mich entdeckt und beginnen, direkt vor mir wild zu tanzen. Es sieht gar nicht so schlecht aus, aber es gibt einen Haken: Die Jungs sind im Grundschulalter, auf keinen Fall älter. Ich habe das Gefühl, im falschen Film zu sein!

Sani verschwindet, um Wasser zu kaufen. Er kommt ewig nicht zurück. Die Jungs überschlagen sich, mir ihre Tanzkünste vorzuführen. Nebendran tanzen die Mädchen und schauen manchmal zu mir rüber. Alle tragen lange Röcke. Das scheint aber nur Tarnung zu sein, denn plötzlich beginnen die Mädchen, ihre umgewickelten Tücher abzunehmen und zum Vorschein kommen Hosen. »Die haben sie wohl vor ihren Eltern versteckt!«, erklärt mir Sani, der inzwischen zurück ist. Ich beobachte eine etwa 13-Jährige, die hochschwanger ist und mit den anderen tanzt. Die Älteren sind alle Mädchen. »Das liegt daran, dass ihnen ihre Freunde den Eintritt bezahlt haben, aber für sich selbst kein Geld mehr haben. Die Jungs warten draußen, bis die Mädchen fertig mit Tanzen sind!« Sani scheint sich auszukennen.

Gegen Mitternacht kommen etwas ältere Mädchen. Sie sind vielleicht 15 oder 16 Jahre alt. Ich schöpfe Hoffnung, dass sich das Alter des Publikums etwas ändern wird. Plötzlich verlässt eines der Mädchen die Hütte. Sie kommt zurück mit einem Kind auf dem Arm. Sie setzt sich neben mich auf die Bank, holt ihre Brust raus und beginnt, den Kleinen zu füttern. Dabei bewegt sie sich im Rhythmus der Musik. Als ein Lied kommt, das ihr gefällt, steckt sie dem Kleinen ihren eigenen Lolli in den Mund, setzt ihn auf die Bank – er kann sich kaum alleine dort halten –, und tanzt. Ich beobachte das Ganze und weiß nicht recht, ob ich amüsiert oder geschockt sein soll. Irgendwann kommt eine Mutter, sie ist vielleicht Anfang 20, und holt ihr vielleicht sechsjähriges Kind ab. Ich habe auch keine Lust mehr zu tanzen. Die Kinder reichen mir gerade mal bis zur Brust und alle starren mich an. Dazu kommt die schreckliche Musik, die ständig abbricht, neu beginnt, sich ändert und vor allem aus dem Lautsprecher dröhnt.

Um halb eins machen wir uns auf den Heimweg und ich wundere mich, dass ich es überhaupt so lange ausgehalten habe. »Wo sind denn die Älteren?«, will ich von Sani wissen.

»Die sind verheiratet und wer etwas auf sich hält, geht dann nicht mehr aus!«

Geldwechsel in Guinea

Im Gegensatz zu den anderen Ländern in Westafrika, die alle den CFA (westafrikanischer Franc, der einen festen Kurs hat, weil er sich am Euro orientiert) haben, gibt es in Guinea eine eigene Währung, den guineischen Franc (FG). Dieser ist weder ein- noch ausführbar und, was viel interessanter ist, nicht in Devisen wechselbar. Das heißt, Einheimische, die FG verdient haben, dürfen ihr Geld nicht in Euro, US-Dollar oder CFA tauschen. Jeder Tausch ist illegal. Das bedeutet für uns aber auch, dass wir eigentlich auch kein Geld wechseln können, weil uns dann ja jemand FG für unser

Geld geben müsste. Da aber viele Guineer reisen, vor allem, weil sie Handel mit den Nachbarländern treiben oder auch, weil sie in den Städten Arbeit suchen, bedeutet das, dass alle illegal Geld wechseln müssen. Deshalb findet man auf dem Schwarzmarkt immer Leute, die einem »behilflich« sind.

Schulbesuch in Kindia

Nach Tagen in der nordguineischen Einöde kommen wir in Kindia an, wo wir bei Hélène und ihrem Mann Balla wohnen. Die beiden sind Bekannte von Freunden und wir hatten bisher nur über das Internet Kontakt. Hélène und Balla haben einen sechs Monate alten Sohn und wohnen am Rand der Stadt in einer Zwei-Zimmer-Wohnung. Diese teilen sie nun mit uns. Wir freuen uns, auf diese Weise das Leben von Einheimischen erleben zu können. Hélène, die für eine europäische Hilfsorganisation vor Ort arbeitet, hat sich für die Tage unseres Aufenthalts extra frei genommen, was uns sehr ehrt. Auch ihr Mann möchte sich frei nehmen, aber er ist Lehrer. »Ich werde morgen um Sonderurlaub bitten«, meint er zu uns.

»Geht das so einfach?«, wundere ich mich, »ich bin auch Lehrerin und bei mir wäre das nicht möglich!«

Am nächsten Morgen schlafen wir bis neun Uhr. Beim Frühstück ist auch Balla mit dabei. »Ich habe angerufen und gesagt, dass ich heute nicht kommen kann und Urlaub nehme«, informiert er uns.

»Und was machen deine Schüler?«, will ich wissen.

»Die werden nach Hause geschickt, weil ich ja nicht komme.« So einfach ist die Sache hier scheinbar. Balla unterrichtet die Schüler der ersten Klasse, die erst seit etwa fünf Wochen in die Schule gehen.

Gegen elf machen wir uns zu viert auf den Weg in die Schule, um sie zu besichtigen. Die Direktorin ist über Ballas Auftauchen verwundert, aber als sie uns sieht, scheint alles in Ordnung. Nun beginnen wir, alle Klassen der Schule »zu stören« (so empfinde ich es als Lehrerin zumindest). Wir betreten die Klassen, alle 60 (und mehr) Schüler stehen auf und schreien uns regelrecht den Leitsatz Guineas entgegen: »Arbeit – Gerechtigkeit – Solidarität«, ein ohrenbetäubender Lärm. Wir geben der anwesenden Lehrkraft die Hand. Es unterrichten etwa gleich viele Frauen wie Männer. Eine Lehrerin hat ihr Kind auf den Rücken gebunden. Wenn es anfängt zu quengeln, gibt sie es den Schulkindern, die es manchmal (mitten im Unterricht) auch in eine andere Klasse tragen, wo andere Kinder mit ihm spielen. Hier in Guinea scheint das alles kein Problem zu sein.

Auf Französisch stelle ich Loyal und mich kurz vor und die Kinder können Fragen stellen. Manche sind leicht zu beantworten, wie zum Beispiel: »Gibt es in Deutschland auch Reis?«, andere wiederum bringen mich etwas in Bedrängnis: »Wie geht es in Deutschland lebenden Afrikanern?« Diese Frage kommt häufiger. So gut es geht, berichte ich von meinem Heimatland.

Als Loyal später auf dem Schulhof die Kamera rausholt, rennen die Kinder plötzlich von allen Seiten in die Mitte des Hofs, um auf das Bild zu kommen. Ich selbst kann mich dabei kaum in der Menge halten. Schnell packt Loyal den Fotoapparat wieder weg. Als wir das Gelände verlassen, werden wir wie Rockstars verfolgt. Ein paar Kinder hängen sich von hinten an den Wagen. Erst als Balla aussteigt und mit dem Stock die Kinder vom Auto fernhält, können wir fahren. Er rennt hinter uns her und springt in den Wagen. »Fahr los! Fahr los! Bevor die Meute uns wieder einholt!«

Am nächsten Tag stehe ich um Viertel vor sieben auf. Ich habe beschlossen, einen Tag beim Unterricht zuzuschauen. Einmal Lehrerin – immer Lehrerin ... Um kurz nach halb acht machen wir uns mit dem Mototaxi auf den Weg.

Mototaxis sind in vielen afrikanischen Ländern die günstige Alternative zu »richtigen« Taxis. Es handelt sich dabei um einen Fahrer mit einem Moped, auf dem er hinten Fahrgäste mitnimmt. Taxifahrer ist in Afrika übrigens ein Männerberuf. Ich habe bei all meinen Reisen noch nie eine Frau als Fahrerin gesehen. Vor der

Fahrt wird der Preis ausgehandelt, danach schwingt sich der Mitfahrer hinter den Fahrer auf den Sattel und los geht die Fahrt. Dabei hält man sich nicht am Fahrer fest, sondern legt seine Hände lässig auf seine (eigenen) Oberschenkel. Indem man ein Hohlkreuz macht, kann man vermeiden, beim abrupten Anfahren hinten vom Moped herunterzufallen.

Bei meiner ersten Fahrt vor vielen Jahren wusste ich noch nicht, dass man sich bei einer Mototaxi-Fahrt nicht am Fahrer festhält: Ich klammerte mich regelrecht fest, weil ich bei der rasanten Fahrt über Schlaglöcher und durch dichten Verkehr große Angst hatte. Als wir ankamen, machte mir der Mann gleich einen Heiratsantrag. Als ich diesen überrascht ablehnte, war der Fahrer traurig. Er konnte nicht verstehen, warum ich seine Nähe gesucht hatte, obwohl ich doch gar nichts von ihm wollte. Es dauerte etwas, bis ich ihm erklärt hatte, warum ich ihn angefasst hatte.

Auf einem Mototaxi können ähnlich wie in einem normalen Taxi in Afrika beliebig viele Menschen mitfahren. Den Rekord, den ich auf der Reise gesehen habe, waren zwei Erwachsene und vier Kinder auf *einem* Moped. Manche Regierungen versuchen nun die Unfallgefahr etwas zu minimieren, indem sie offiziell nur einen Mitfahrer erlauben und eine Helmpflicht eingeführt haben. Beides wird allerdings weitgehend ignoriert.

An diesem Morgen ist es bewölkt und maximal 15 Grad warm. Für afrikanische Verhältnisse also ziemlich kühl. Ich fröstele. »Hoffentlich schaffen wir es bis zur Schule, bevor es zu regnen beginnt«, meint Balla zu mir, als ich auch schon die ersten Tropfen spüre.

Wir schaffen es gerade so unter einen Dachvorsprung, als es auch schon schüttet. Mit uns haben sich auch viele Schüler unter das Dach gerettet. »Haben die denn keine Schirme dabei?«, wundere ich mich.

»Nein, denn die Regenzeit ist ja eigentlich schon vorbei«, erklärt mir der Taxifahrer. »In der Regenzeit haben die Schüler drei Monate Ferien, deshalb brauchen sie keinen Schirm.« Ich schaue auf die Uhr. Es ist Viertel nach acht. Wir kommen gnadenlos zu spät.

Wenn wir uns aber jetzt auf den Weg machen, werden wir bis auf die Haut nass.

Als es nur noch schwach regnet, geht's mit dem Mototaxi weiter. Das letzte Stück müssen wir allerdings zu Fuß laufen. Kleine und größere Bäche fließen über den Weg, an manchen Stellen muss man über Baumstämme balancieren, um weiterzukommen. Ich ziehe meine Flip-Flops aus, um auf den glitschigen Stämmen nicht auszurutschen. Nass und matschverschmiert kommen wir schließlich um neun in der Schule an. Wir betreten die Klasse und ohrenbetäubend schallt es mir 60-stimmig entgegen: »Arbeit – Gerechtigkeit – Solidarität!«

Ich setze mich in die letzte Reihe. Direkt vor mir übergibt sich ein Mädchen auf den Boden, was keinen außer mich zu stören scheint. Der Gestank wird nur noch gegen Ende des Unterrichts von einem anderen Mädchen übertönt, das wohl Durchfall hat, aber die Toilette meidet. Ich leide still mit. Vier Stunden lang!

Der Unterricht beginnt damit, dass der Lehrer die Themen des Tages an die Tafel schreibt. Während dieser zehn Minuten machen alle Schüler, was sie wollen. Manche essen, manche schlafen, andere trinken oder schlagen sich, fast alle schreien und rufen durcheinander. Langsam wird mir bewusst, auf was ich mich eingelassen habe. Irgendwann ist Balla fertig und dreht sich um: »Mund!«, ruft er, »Zu!«, schreien ihm die Schüler entgegen. Und wieder tönt es: »Mund« – »Zu!« Meistens kommt das dreimal hintereinander. Es führt keineswegs dazu, dass die Kinder ruhiger werden. Vielmehr macht ihnen dieses »Rufspielchen« Spaß. Immer wieder unterbricht sich der Lehrer sogar mitten im Satz, um »Mund!« zu rufen. Das geht den ganzen Vormittag so.

Neuer Stoff wird aus meiner Sicht an diesem Vormittag nicht vermittelt. Vielmehr müssen die Kids ständig vorgesprochene Sätze wiederholen. Hat ein Kind richtig geantwortet, ruft der Lehrer: »Applaus!«, und alle Schüler applaudieren. Bei einer falschen Antwort ruft der Lehrer: »Blödmann!« oder auch »Dummkopf!« Daraus besteht der ganze Unterricht. Alle Schüler machen, was sie

wollen. Der Lehrer ruft zwischendurch: »Mund!« oder »Aufstehen!«
Die Schüler stehen so lange, wie der Lehrer sie stehen lässt, der Unterricht geht weiter, irgendwann heißt es dann: »Setzen!«, woraufhin die Schüler sich bedanken (und dabei jede Silbe schreien). Immer wieder petzen einige Schüler etwas und die Verpetzten werden dann bestraft. Sie werden erst mit: »Dummkopf«, angeschrien und müssen dann mit dem Gesicht zur Tafel knien. So lange, bis der Lehrer ihnen erlaubt, sich wieder auf ihren Platz zu setzen. Es gibt an diesem Vormittag eine einzige Pause um zehn Uhr. Während dieser zeigt Balla der Direktorin seinen Unterrichtsplan des Vormittags und diese zeichnet ihn ab. Ich stelle mir vor, wie viel der Direktor meiner Schule zu tun hätte, wenn ihm alle Lehrer jeden Morgen ihre Unterrichtsvorbereitungen zeigen müssten. Das würde Stunden dauern!

In Guinea sitzen 60 Schüler in einer Klasse. Balla präsentiert mir stolz seinen Unterrichtsplan.

Balla ist eineinhalb Stunden vor Unterrichtsende mit dem »Stoff« durch und setzt sich zu mir nach hinten, um sich mit mir zu unterhalten. »Der Unterricht geht noch bis 13 Uhr«, informiert er mich. Ich frage mich, wie ich die nächsten eineinhalb Stunden bei dem ohrenbetäubenden Lärm und dem Gestank überstehen soll. Aber irgendwie kriegen wir die Zeit rum. Die Schüler toben, werden bestraft, reagieren darauf fast nicht. Endlich wird das Ende vom Schulbesuch gepfiffen. Ich bin sehr erleichtert. Zu Hause angekommen, schlafe ich zwei Stunden. Ich bin so fertig vom Schultag. Als Balla mich fragt, ob ich am nächsten Tag wieder dabei bin, winke ich ab. Noch einmal will ich mir das nicht antun.

Afrikanische Läufer

Loyal hat in Kindia endlich einen Sportler kennengelernt, der ihn morgens noch vor sieben Uhr zum gemeinsamen Laufen abholt. Loyal ist Langstreckenläufer und war 2010 beim TransAlpin-Lauf dabei. Daher will er auch auf unserer Afrikareise trainieren. Was das Laufen angeht, haben die Afrikaner uns einiges voraus, und Loyal hofft, von den Einheimischen noch etwas lernen zu können. Keita ist Mittelstreckenläufer und Sprinter und bereitet sich gerade auf internationale Wettkämpfe vor. »Der läuft, als ob die ganze Strecke ein Sprint wäre«, erzählt mir Loyal nach dem ersten Lauf. »Ich glaube, ich bin für die zehn Kilometer gerade fast meine Bestzeit gelaufen!«

Drei Tage treffen sich die beiden am frühen Morgen. Loyal spürt das ungewohnt harte Training schnell. Dazu kommt, dass er in den letzten Wochen fast fünf Kilogramm verloren hat. Seine Energie ist deutlich gedrosselt. »Schade, dass Keita nicht in Deutschland wohnt. Sonst könnte ich dort regelmäßig mit ihm trainieren gehen.« Wir sind gespannt, ob wir auf unserer weiteren Reise noch andere Läufer kennenlernen werden.

Reis zweimal täglich

Da wir hier in Kindia nicht neben Hélène und Ballas Haus campieren, sondern bei ihnen wohnen und zu Gast sind, nehmen wir auch an den gemeinsamen Mahlzeiten teil. In der Regel wird zweimal am Tag gegessen, am späten Vormittag und am Abend. Zu allen Mahlzeiten gibt es das Gleiche: Reis mit zwei Löffeln Öl, das über den Reis gegossen wird, eine gebratene Zwiebel und eine gekochte Kartoffel. Die Zwiebel und die Kartoffel werden klein geschnitten und über der Reisplatte verteilt. Wir sind eine ganze Woche in Kindia und ernähren uns die ganze Zeit von Reis mit Öl. Bei einer Mahlzeit bereitet Hélène uns zu Ehren zwei Hähnchenschlegel vor, die unter sechs Erwachsenen geteilt werden.

Sani isst interessanterweise nur in den ersten zwei Tagen mit uns. Danach gibt er vor, bei den Mahlzeiten keinen Hunger zu haben. Erst als ich koche, setzt er sich wieder zu uns um die Essensplatte. Ich spreche ihn darauf an. »Ich kann auf keinen Fall ständig Reis essen!«, gesteht er mir. »Deshalb fahre ich jeden Tag ins Stadtzentrum und kaufe mir dort etwas zu essen.«

Ich bin überrascht, da ich automatisch davon ausgegangen bin, dass diese einseitige Ernährungsweise nur für Loyal und mich schwierig sei. »Kannst du uns nicht auch etwas aus der Stadt zu essen mitbringen?«, bitte ich ihn.

»Nein, das geht nicht. Ihr seid hier die weißen Gäste und deshalb solltet ihr das angebotene Essen auch mitessen. Ihr seid die Hauptgäste, was ich mache, interessiert niemanden so sehr.«

Während der weiteren gemeinsamen Reise läuft es ähnlich: Haben wir von der einseitigen Ernährung manchmal regelrechte Mangelerscheinungen, isst Sani offen und für alle sichtbar Dinge, die er sich auf der Straße kauft. Niemand scheint sich daran zu stören, nur wir beneiden ihn im Geheimen.

Hähnchen aus Europa

Wir wollen für Hélène und ihre Familie kochen, um ihnen auch ein bisschen von unserer Kultur zu zeigen. Das ist gar nicht so einfach, weil es auf dem Markt andere Dinge als in Deutschland zu kaufen gibt. Glücklicherweise finde ich ein paar bekannte Gemüsearten. Weil Fleisch in Afrika bei allen immer besonders gut ankommt, will ich zum Schluss noch Hähnchen kaufen. »Aber nicht die lebendigen, das dauert immer so lange mit dem Schlachten. Ich will die fertigen kaufen! Die gleichen wie gestern Abend.«

»Du meinst also die aus Europa?«, fragt Sani nach.

»Woher willst du wissen, ob die Hähnchenschlegel, die wir gestern Abend gegessen haben, aus Europa waren?«

»Das schmeckt man doch! Afrikanische Hähnchen sind nicht zart, sondern zäh. Außerdem ist an denen nicht viel Fleisch dran!«

Beim Gedanken daran, dass mein Abendessen etwa drei Wochen in geschlachtetem Zustand von Europa bis ins Landesinnere Guineas unterwegs gewesen ist, wird mir schlecht. »Alles vom Hähnchen, das die Europäer nicht wollen, schicken sie inzwischen hier zu uns nach Westafrika. Deshalb haben viele einheimische Hühnerfarmen schließen müssen. Die Hähnchenteile aus Europa sind billiger als unsere Hühner hier!«, erklärt mir Sani.

Obwohl wir im ersten Moment geschockt sind, gewöhnen wir uns schnell an die Tatsache. In Westafrika bekommt man fast überall nur noch europäische Hühnchenteile vorgesetzt. »An denen ist wenigstens überhaupt Fleisch dran, die einheimischen bestehen nur aus Haut und Knochen!«, zeigt sich auch Loyal mit der Zeit überzeugt vom europäischen Importfleisch.

Besonders günstig sind auf dem Markt Hühnerkrallen, die in vielen westafrikanischen Suppen herumschwimmen. »Stimmt es, dass man die bei euch in Europa gar nicht isst?«, will Hélène von mir wissen und beisst genüsslich in eine Kralle. Es macht ein krachendes Geräusch und ich verziehe etwas angeekelt das Gesicht.

Bisher wusste ich gar nicht, dass man die Krallen auch essen kann.

Kinder in Westafrika

Nach einer Woche heißt es Abschied nehmen, was uns nicht leicht fällt. Wir fahren weiter an die Küste.

Guineas Hauptstadt Conakry empfängt uns völlig überschwemmt. Die ganze Stadt scheint unter Wasser zu stehen. Wir schaffen es nur mühsam zum Haus von Mohammeds Familie. Es ist nicht leicht, das Haus der Familie zu finden, da es keine Straßennamen gibt. Wir fragen uns durch und Handys erledigen den Rest. Irgendwann sind wir da. Mohammed ist Musiker und lebt in Freiburg. Ich kenne ihn seit meiner Studienzeit. Mohammed war selbst seit fünf Jahren nicht mehr bei seiner Familie.

Uns fällt gleich auf, dass sich bis auf einen Mann nur Frauen im Hof aufhalten. Frauen und Kinder. Der Familienvater ist gestorben, Mohammed hat nur Schwestern und deren Kinder sind auch hauptsächlich Mädchen. In den nächsten Tagen finden wir heraus, welche Kinder zu wem gehören. Mohammed hat sieben Schwestern! Glücklicherweise sprechen die Frauen alle französisch und wir können uns ganz gut verständigen. Mariam, die Tochter seiner ältesten Schwester, begleitet uns am zweiten Tag. Sie ist zwanzig. Am vierten Tag taucht der vierjährige Mamoudou auf, der mir von ihr als ihr Sohn vorgestellt wird. Ich bin überrascht. »Und wo wohnt der?«

»Bei meiner Mutter im Dorf. Er ist jetzt auf Besuch hier!«

Kein Vater zeigt sich in der Woche, die wir in Conakry verbringen, auf dem Hof. Auf die Männer angesprochen, winken die Frauen immer wieder ab. Meist kennen die Kinder ihre Väter gar nicht. Nach einem halben Tag beginnt der kleine Mamoudou, Loyal Papa zu nennen. Ein kleines Mädchen zieht gleich nach und tut dasselbe. Die Kinder haben es noch nicht erlebt, dass ein Mann mit ihnen spielt, sich mit ihnen beschäftigt. Während unserer Zeit in der Hauptstadt sieht man Loyal immer umrundet von Kindern. Wenn wir einkaufen gehen, nehmen sie ihn an der Hand oder sitzen auf seinen Schultern. Bei der zehnjährigen Cankou ist der Anblick für mich besonders ungewöhnlich, weil sie kein richtiges Kind mehr ist. In Afrika sind die Mädchen meist früh sehr viel weiter als bei uns entwickelt. Viele sind mit zehn Jahren schon geschlechtsreif und körperlich voll entwickelt. Manche sind schon sexuell aktiv. Häufig bekommen Mädchen schon mit 12 oder 13 Jahren ihr erstes Kind. Nun spaziert Cankou Hand in Hand mit Loyal durch die Gegend. Ich laufe hinterher.

Auf unserer gesamten bisherigen Reise durch Westafrika erscheint es uns so, als ob hier momentan überall Kinder gezeugt werden, ohne dass dafür Verantwortung übernommen wird. Irgendjemand wird das Kind schon aufziehen, ihm Essen geben, auf es aufpassen, die Kosten übernehmen, so erscheint uns die Einstellung der jungen Eltern. Die Väter, die manchmal in der gleichen Stadt, häufig aber weit weg und sogar in einem anderen Land leben, wissen, dass sie Väter sind, kümmern sich aber weder persönlich noch finanziell um ihr Kind. Wir treffen kaum jemanden Anfang zwanzig, der noch nicht Vater ist. Auf die Kinder angesprochen, zucken sie die Schultern. »Das Kind ist bei der Mutter!«, ist die Standardantwort. Der Fall der zwanzigjährigen Mariam ist also kein Einzelfall. Die meisten Frauen Anfang zwanzig haben Kinder. Verheiratet sind sie nicht. Manchmal sind die Kinder bei ihnen, manchmal leben sie bei den Großmüttern oder anderen Verwandten. Verantwortlich fühlen sich die jungen Frauen nicht. Sie verdienen kein Geld als Marktfrauen, Köchinnen oder Bedienungen in Restaurants, sehen dafür aber auch keine Erfordernis. Ein Handy haben alle. Erziehung in unserer westlichen Bedeutung können wir nirgends beobachten.

Quo vadis Afrika? Wohin gehst du, Afrika? Das ist für mich die große Frage. Immer mehr Kinder laufen durch die Gegend, für die sich niemand verantwortlich zu fühlen scheint. Aus Kostengründen werden vor allem Dorfkinder von den Eltern zu Imamen in die Städte gebracht, in der Hoffnung, dass diese die Kinder zu guten Moslems ausbilden. Immerhin müssen die Eltern dafür nichts zahlen. Diese Imame (religiöse Oberhäupter der Muslime) schicken die Kinder allerdings zum Betteln auf die Straße. Das Erbettelte müssen sie abends abliefern. Der Imam zieht sich eine richtige Räuberbande heran: Kinder, die nichts anderes als Betteln lernen.

Früher war es Tradition, dass Mädchen (und Jungen) früh verheiratet und dementsprechend früh Eltern wurden. Allerdings ist das Leben auf dem Land hart und die Ansprüche gestiegen. Ein Grund dafür scheint uns der häufige Gebrauch von Handys zu sein. Das Telefonieren mit dem Handy ist hier viel teurer als in Deutschland. Trotzdem wird ständig herumtelefoniert, um:»Wie geht´s?«, zu fragen. Ein teures Vergnügen.

Die jungen Männer verlassen die Dörfer, um in der Stadt »Business«, also das große Geld zu machen. Danach wollen sie zurückkehren und heiraten. Die Stadt bietet ihnen viel Anonymität. Die meisten Rückkehrer sind mehrfache Väter von Kindern, die irgendwo wohnen. Sie haben die Freiheit, die ihnen das Leben in der Stadt und das Herumreisen bietet, genossen und hinterlassen eine Spur von Kindern, die ohne Vater groß werden müssen. Manche kehren nie in ihre Dörfer zurück. Moderne Nomaden.

Maßnahmen gegen Extremisten

Während Loyal und ich im »Elternzimmer« der Familie übernachten, schläft Sani mit dem einzigen anwesenden männlichen Familienmitglied in einem Zimmer. Am ersten Abend verlässt er im Dunkeln noch einmal den Hof, um in der Moschee des Viertels zu beten. Um zehn Uhr wird das große Hoftor aus Sicherheitsgründen von innen abgeschlossen, aber Sani ist noch nicht zurück. Die anderen Familienmitglieder zucken mit den Schultern, wir machen uns Sorgen. Aber es bleibt uns nichts anderes übrig, als bis zum nächsten Morgen zu warten, um nach ihm zu suchen. Beim Frühstück ist Sani allerdings wieder da. »Was ist passiert? Warum hast du nicht hier übernachtet?«, will ich als erstes von ihm wissen. »Du wirst es nicht glauben!«, beginnt Sani und ich merke ihm an, dass er richtig sauer ist. »Als ich gestern zum Beten in der Moschee war, wollten der Imam und einige andere Männer meinen Ausweis sehen, den ich nicht dabei hatte. Sie stellten mir viele Fragen und wollten wissen, woher ich käme und was ich bei ihnen in der Moschee wolle.« Als Sani seinen Pass holen wollte, war das Tor schon verschlossen und er musste mit leeren Händen zurückkehren. Die Männer in der Moschee waren misstrauisch und verlangten, dass er dort übernachtete und ihnen gleich am frühen Morgen seinen Pass vorzeigte. »Die Männer kennen nun meine Passdaten, aber ich treffe mich nachher mit den Ältesten des Viertels, weil sie einige Fragen an mich haben.« Sani ist sichtlich erbost und fühlt sich nicht als gleichwertiger Imam respektiert. Bei dem Gespräch stellt sich allerdings heraus, dass die Männer Angst vor Extremisten haben und verhindern wollen, dass bei ihnen junge Männer für den Djihad rekrutiert werden. Sanis Auftreten und konservative muslimische Kleidung sowie seine Herkunft aus dem Niger hatten das Misstrauen der Männer hervorgerufen. Schon bald versöhnt sich Sani mit ihnen und scheint nun jeden zweiten im Viertel zu kennen. Wir sind immer wieder überrascht, wie schnell das bei ihm geht.

Kochen unter afrikanischen Bedingungen

Wie in Kindia möchte ich auch hier abends für die ganze Familie kochen. Alle scheinen sich sehr über meine Ankündigung zu freuen und so mache ich mich gegen Nachmittag auf den Weg zum Markt. Das Einkaufen ist hier gar nicht so einfach, da es erstens völlig andere Dinge als bei uns gibt und zweitens die Preise abhängig vom Käufer sind. Das heißt, es ist stundenlanges Handeln angesagt, da meine Hautfarbe die Preise in ungeahnte Höhen schießen lässt. Zudem sind die Preise allgemein nicht besonders günstig: Fast überall zahlt man zum Beispiel für drei bis vier (halb vergammelte!) Tomaten etwa 1,50 Euro. Da ich der Familie etwas Gutes tun will, möchte ich anderthalb Kilogramm Fleisch kaufen – das kommt hier meist nur an Feiertagen auf den Tisch. Der Metzger freut sich über meinen Anblick, denkt, ich sei blöd, verstellt die Waage und will mir ein Kilogramm als anderthalb verkaufen. Nee, nee, nee – nicht mit mir. Ich schiebe mich hinter seinen Tisch, schaue ihm auf die Finger. Wieder will er tricksen und wirft einen Knochen zum Fleisch dazu. Langsam verliere ich die Geduld. Ich zahle sowieso schon den »weißen Sonderpreis«, da soll er mir zumindest die richtige Menge geben. Ich trage meine Einkäufe wie die Afrikanerinnen auf dem Kopf den Berg hinauf nach Hause. Dort komme ich schweißgebadet an und habe eigentlich keine Lust mehr zu kochen. Ich will nur noch schlafen. Es ist nun etwa 17 Uhr. »Hast du alles eingekauft?«, wollen die Frauen wissen.

»Ja!« Ich brauche dringend eine Pause. Aber weiter geht´s!

»Soll ich das Feuer anmachen?«

»Ja.« Ich freue mich über die Hilfsbereitschaft.

»Wo ist die Kohle?« Kohle? Muss ich die auch kaufen? Haben die so was nicht da?

»Nein!«, erfahre ich. Sie kaufen sie für jedes Essen neu! Für jedes Mittagessen, für jedes Abendessen … Loyal läuft los, um die Kohle zu besorgen.

Ich setze mich, um das Fleisch in kleine Stücke zu schneiden, damit wir es weich kochen können. Leichter gedacht, als getan. Es gibt kein Messer, das als solches bezeichnet werden könnte. Endlich findet sich eines bei den Nachbarn, das auf der Treppe neu geschliffen wird. Danach kann es trotzdem nicht als scharf bezeichnet werden. Vor mir liegt ein Fleischkloß, ein halbes Bein mit Knochen, Sehnen … Mühsam säble und reiße ich das Fleisch in Stücke. Die Fliegen umschwirren das frische Fleisch. Mein Schweiß fließt in Strömen. Ich brauche über eine Stunde. Danach bin ich völlig platt. Aber die Kohlen sind heiß, das Fleisch kann angebraten werden. Auch die Zwiebeln »schneide« ich mit dem stumpfen Messer – meine Tränen und mein Schweiß fließen um die Wette! Es wird dunkel. Ich stelle mich mit einer langen Tafelkerze neben den Kochtopf. Wachs tropft auf meine Finger, ich bemühe mich, meine Kleidung zu retten. Der Wind droht meine Kerze auszublasen. Das Feuer ist heiß, ich verbrenne mir die Füße. Am Topfdeckel auch noch die Finger. Der Deckel poltert zu Boden. Die Kerze geht aus. Mist. Ich sehe gar nichts. Ist die Soße schon gut? Keine Ahnung. Es donnert und zu allem Übel fängt es eine Minute später zu regnen an. Auf Afrikanisch bedeutet das: Das Wasser fällt vom Himmel. Ich drücke mich unter das kleine Dach, unter dem gekocht wird. Loyal kommt. »Kann ich dir helfen?«

»Ja, bitte. Ich brauche Licht.« Ich entfache eine zweite Kochstelle, um Nudeln zu kochen. Es dauert ewig, bis das Wasser kocht. Es regnet, ich bin völlig verschwitzt und vor allem: Ich habe Hunger! Keine gute Kombination! Inzwischen ist es kurz vor acht. Ein Familienmitglied kommt, um sich die Weiße – *la blanche*, wie ich auf Französisch immer genannt werde –, beim Kochen anzuschauen. »Ich bin fast fertig!« Sie geht wieder.

So, die Nudeln sind fertig. Aber, oh nein, die Soße ist kalt, weil das Feuer ausgegangen ist! Und wo sind die scharfen Chilis für die Soße? Es stellt sich heraus, dass die Familie sie benutzt hat, weil sie dachten, ich bräuchte sie nicht mehr. Und wo kriege ich jetzt welche her? »Erst morgen früh wieder, wenn Markt ist!«, ist die Antwort. Ich bin völlig fertig. Sani gelingt es, getrocknete Chilis aufzutreiben.

Unterdessen beobachte ich, wie die Familie Reis isst. Alle essen. Aber nicht mein Essen, sondern etwas anderes! »Die essen schon, dabei bin ich ja fast fertig!«, jammere ich bei Sani und Loyal.

»Keine Angst, das ist nur ihre Vorspeise«, tröstet mich Sani. Zehn Minuten später ist mein Essen fertig. Ich habe fast keinen Hunger mehr, so fertig bin ich.

Sani bekommt Besuch von einem alten Mann. »Kannst du ihm bitte einen Teller extra machen?«, bittet mich Sani.

»Wieso das denn, der kann doch mit uns essen!«

»Nee, das kannst du nicht von ihm verlangen. Der isst nicht mit Frauen!«

»Wenn ich ihm einen anderen Teller mache, wollen die anderen drei Männer auch für sich essen. Das fände ich sehr schade!«

»Du hast keinen Respekt vor dem Alter!«, schimpft Sani und dampft ab. Ich muss ziemlich schlucken. Danach bereite ich zwei große Platten vor. Eine für alle und die andere für die Kinder. Ich habe Nudeln mit Gulasch gekocht.

Ich bringe die Platte zum Essplatz. Keiner kommt. Ich setze mich völlig erschöpft auf die Bastmatte vor die Platte. Das Essen dampft. Eine Viertelstunde später dampft es kaum noch. »Wir sollten essen. Das Essen wird kalt!«, fordere ich alle auf.

»Fang doch schon mal alleine an!«, antworten sie mir. Ich warte weiter und kämpfe mit den Tränen. Loyal liegt krank im Bett, ihm geht es gar nicht gut. Hoffentlich ist es kein Sonnenstich. Er kann mir jetzt nicht helfen. Sani ist beleidigt und hat mit dem alten Mann den Hof verlassen. Beim zweiten: »Du solltest essen!«, antworte ich: »Aber das ist doch für uns alle und viel zu viel nur für mich. Das habe ich doch für euch gekocht!« Aber scheinbar hat niemand mehr Hunger. Ohne gegessen zu haben, stehe ich auf und gehe ins Haus. Neben Loyals Bett breche ich in Tränen aus. Da habe ich mich den ganzen Tag abgemüht und es ist allen völlig egal. Niemand will es essen!

Als Sani zurückkommt und hört, was bei mir los ist, will er mit der Familie sprechen. »Astrid ist heute sehr gestresst. Das ist bei Frauen manchmal so!«

Als ich das höre, fühle ich mich noch elender. »Sag ihnen bitte, was wirklich los ist!«, bitte ich ihn. Naja, so schnell habe ich keine Lust mehr, für eine afrikanische Familie zu kochen!

Am nächsten Morgen gibt es übrigens mein Essen. Ich freue mich, schiebe einen Löffel in den Mund und speie Feuer! Die Familie hat gut nachgewürzt. Auch Sani, der normalerweise sehr scharf isst, legt den Löffel weg. Naja, aber immerhin wird das Essen nun von den anderen gegessen. Danke sagt niemand.

Öffentliche Verkehrsmittel: Auf Kuschelkurs

In Conakry lassen wir unser Auto im Innenhof von Mohammeds Familie stehen. Zu groß ist unsere Angst, wieder von korrupten Polizisten angehalten zu werden. Alle paar Meter regeln nämlich Polizisten und Polizistinnen – Frauen in Uniform sehen wir hier in Guinea zum ersten Mal! – den trotz ihrer Anwesenheit sehr chaotischen Verkehr.

Da uns nach ein paar Tagen das Geld ausgeht, will ich zum Automaten. Das ist viel komplizierter als gedacht und »geht nur in der Innenstadt«, wie mich ein Einheimischer aufklärt. Ich mache mich mit Sani auf den Weg. Loyal geht es immer noch nicht besser. Wieder scheint ihn die Grippe oder eine starke Erkältung erwischt zu haben. Es ist Samstagmorgen, halb zehn. Die Sonne steht noch nicht so hoch, trotzdem ist es schon weit über 30 Grad warm und schwül. Schon der Weg zur Sammeltaxistation treibt mir den Schweiß in die Poren. Wir erwischen ein Minitaxi, wie die VW-Busse, die als Linienbusse fungieren, hier heißen. In diesen Bussen sind die normalen Sitze ausgebaut und rund herum befindet sich eine schmale Holzpritsche. Darauf passt etwa der halbe Po. Nun heißt es quetschen, denn voll ist so ein Bus aus afrikanischer Perspektive wirklich nie. Ich habe noch nie erlebt, dass der Fahrer keine Fahrgäste mehr mitnimmt. Kinder kommen meist in die Mitte auf den Boden, ihnen steht kein Sitzplatz zu. Wer zu spät kommt, muss auch in der Mitte »stehen«, das heißt, in gebückter Haltung ausharren, da VW-Busse ja nicht sehr hoch sind.

In genau so einem Bus fahren wir los – und kommen nach wenigen Metern auch schon wieder zum Stehen. Die rechte Fahrspur ist gesperrt und der ganze Verkehr muss mit einer Fahrspur auskommen. Ein Ding der Unmöglichkeit! Es geht nichts mehr. Weder vor noch zurück. Es ist heiß. Die Sonne brennt erbarmungslos auf unseren Bus herab. Uns allen läuft der Schweiß. Rechts und links von mir sitzen zwei dicke Mamas, deren Oberschenkelspeck es sich auf meinem Schoß bequem macht. Normalerweise haben so dicke

Frauen neben mir den Vorteil, dass sie die Schlaglöcher abfedern. Da wir aber stehen, verfluche ich meinen Platz. Wir brauchen fast zwei Stunden in die Stadt, weil alle Straßen völlig verstopft sind. Es fühlt sich an wie zwei Stunden Sauna. Ohne Abkühlung. Ich bin total nass, als wir ankommen. Auf dem Boden des Wagens haben sich unglaublicherweise Pfützen gebildet. Die beiden dicken Mamas neben mir haben nicht unwesentlich dazu beigetragen.

Es gelingt uns, in der Stadt eine Bank zu finden, bei der man mit einer Kreditkarte Geld abheben kann. Allerdings nur maximal 30 Euro auf einmal. Der Stapel an Scheinen passt danach gerade so durch den Ausgabeschlitz. Also ziehe ich Geld – wieder und wieder und wieder. Allein für eine Tankfüllung (wir haben einen Zusatztank und können deshalb 110 Liter tanken) brauchen wir 120 Euro. Mein Bauchgurt ist danach so voll, dass ich aussehe wie im fünften Monat schwanger.

Wir machen uns auf den Rückweg. Diesmal mit einem teureren Taxi, das heißt einem normalen Pkw. In diesem fahren »nur« sieben Personen mit, allerdings wird es zusammen mit drei dicken Mamas auf der Rückbank auch kuschelig warm. Sobald Kinder dabei sind, kann die Fahrgastanzahl auch auf zehn Personen (Sind Kinder Personen? Die Afrikaner sagen: Nein!) ansteigen. In Guinea haben wir Kombis gesehen, in und auf denen 20 Personen mitgefahren sind. Ich musste dabei immer an meine Klasse denken. Wie meine Schüler wohl gucken würden, wenn ich für einen Klassenausflug einen einzigen Kombiwagen bestellen würde! Auch für die Rückfahrt brauchen wir zwei Stunden. Zum Glück kommt durch die Fenster Luft ins Innere. Als wir zu Hause ankommen, bin ich völlig fertig mit der Welt. Ich will nur noch duschen und schlafen!

Auf dem Markt

Am nächsten Tag bin ich wieder ausgeruht und mache mich voller Energie mit einigen Frauen aus der Nachbarschaft auf den Weg zum Stoffmarkt im Zentrum von Conakry. Westafrikas Märkte allgemein und Guineas im Besonderen sind bekannt für die bunten afrikanischen Stoffe, die es in allen Farben und verschiedener Qualität an jeder Ecke zu kaufen gibt. Die traditionellen und relativ teuren WAX-Stoffe kommen aus Holland und Belgien, die günstigen werden inzwischen aus Asien geliefert. In einigen afrikanischen Ländern werden auch Stoffe bedruckt, allerdings wird die Produktion hierzulande immer weniger, weil die Unternehmen mit den Preisen der asiatischen Stoffimporte nicht mithalten können.

Die Märkte in Guinea sind bekannt für ihre hochqualitativen Stoffe. Bei der großen Auswahl fällt die Entscheidung schwer.

Vor allem in den französischsprachigen Ländern Westafrikas sieht man überall Menschen in Gewändern aus den meist bunten afrikanischen Stoffen. Was die Mode angeht, ist in den letzten Jahren vieles im Umbruch, weil die Kleiderspenden aus dem Westen die Märkte überfluten und die gebrauchten Klamotten aus Europa und Amerika deutlich günstiger sind, als sich Stoff zu kaufen und diesen beim Schneider um die Ecke zurechtschneiden und zu Kleidern nähen zu lassen. Viele Schneider haben deshalb inzwischen ihren Job verloren und müssen anderweitig Geld verdienen.

Seit Jahren wird die Frage, ob man der afrikanischen Textilindustrie mit Altkleiderspenden schadet, in Deutschland diskutiert. Fakt ist, dass auch das Rote Kreuz Deutschland sich aus dem Millionengeschäft mit Altkleiderexporten nicht heraushält und tonnenweise Kleidung nach Afrika verschifft. Schon häufig habe ich die Säcke mit dem markanten roten Kreuz auf afrikanischen Märkten liegen sehen. Angesichts der Tatsache, dass inzwischen viel asiatische Kleidung mangelhafter Qualität auf afrikanischen Märkten verkauft wird, kann dem Import von Second Hand-Ware aus Europa auch etwas Positives abgewonnen werden, weil diese Kleidung in den meisten Fällen qualitativ deutlich hochwertiger ist und außerdem auch auf dem afrikanischen Kontinent Arbeitsplätze geschaffen haben soll. Viele handeln nun mit der importierten Second Hand-Kleidung und verkaufen sie auf Märkten und sogar in kleinen abgelegenen Dörfern.

Im Unterschied zu Ostafrika, wo Synthetikkleidung aus Asien oder Kleidung aus europäischen Altkleidersammlungen viel weiter verbreitet sind, gibt es in Westafrika weiterhin eine vielfältige lokale Modeszene. Hier entstanden die bis heute besonders beliebten und deshalb immer wieder variierten Schnitte »Ndockette«, ein langer Rock mit einem taillierten Oberteil und »Taille basse«, ein Kleid mit tiefem Dekolleté, das häufig mit Rüschen, gebauschten Ärmeln und Stoffdrapierungen um die Hüfte versehen ist. Dieses Modell ist unter anderem deshalb weit verbreitet, weil es bei dem heißen Klima nicht einengt und man damit unter anderem auch bequem auf einem Moped sitzen kann.

Männer tragen in Westafrika häufig ein Boubou, ein wadenlanges kaftanähnliches Gewand. In vielen Ländern werden auch Kopfbedeckungen getragen, die teilweise aufwendig um den Kopf gebunden werden. Es geht dabei nicht darum, seine Haare zu verstecken, sondern vielmehr um ein weiteres schmückendes Accessoire. Die Menschen tragen diese Kleidung mit viel Stolz.

Ich selbst liebe die bunten Stoffe und habe auf all meinen Reisen bisher immer Stoff gekauft und mir Kleider nähen lassen. Hier in Afrika trage ich fast jeden Tag afrikanische Kleidung: Zum einen fällt man darin weniger auf, zum anderen kann man damit den Einheimischen Respekt zollen. Immer wieder werde ich auf mein Outfit angesprochen. Viele geben mir auf der Straße den Daumen hoch und winken mir zu. Da es in Afrika unüblich ist, seine Beine zu zeigen und dies in vielen Kulturen als Affront und Provokation verstanden wird (ähnlich wie wenn man im Westen »oben ohne« durch die Stadt laufen würde), trage ich in Afrika auch immer lange Röcke und manchmal lange Hosen. Für Loyal gilt das Gleiche, da ein Mann hier nicht mit kurzen Hosen herumlaufen würde. In manchen modernen Städten wird dies etwas lockerer gehandhabt, auf dem Land ist es jedoch undenkbar, nicht »lang« zu tragen. Aus Respekt gegenüber den afrikanischen Traditionen tragen Loyal und ich also immer »lang«, auch wenn es wahnsinnig heiß und schwül ist und wir in den langen Sachen oft unglaublich schwitzen.

Abgezockt und am Tiefpunkt

Mit den öffentlichen Verkehrsmitteln in Westafrika unterwegs zu sein, heißt nicht immer nur, auf Kuschelkurs zu sein. Da wir »Weißen« ja reich sind, können wir uns auch ein Taxi für uns allein leisten. Manchmal müssen wir das auch, denn da, wo wir »Weißen« hinwollen, wollen eben manchmal auch nur wir hin und das heißt, man kann kein »Buschtaxi« benutzen, sondern braucht einen »Private Shuttle«.

So geht es uns eines Tages in Conakry, als wir uns auf den Weg zum Supermarkt machen, um dort unsere Vorräte an Konserven etc. aufzufüllen. Aus Angst vor korrupten Polizisten lassen wir unser Auto wieder im Innenhof von Mohammeds Familie stehen und gehen zu Fuß zum »Busbahnhof«. Dort erwischen wir ein Sammeltaxi, das in die Stadt fährt. Wir wollen ins Viertel Cayenne und der

Fahrer bietet uns an, uns für 7 500 GF (ca. 90 Cent) dorthin zu bringen. Nach etwa zwei Kilometern Fahrt meint er plötzlich, dass wir mindestens 12 000 GF pro Person zahlen müssten. Wir protestieren und die anderen Fahrgäste setzen sich für uns ein, da sie mitbekommen haben, dass uns anfangs ein völlig anderer Preis genannt worden war. »Das kannst du nicht machen!«, meint der Mann auf dem Beifahrersitz, »wenn du falsch kalkuliert hast, ist das dein Fehler!« Der Taxifahrer murrt.

Auf der Strecke in die Stadt steigen die anderen aus, neue kommen dazu, irgendwann sitzen aber nur noch wir im Wagen. Der Fahrer muss wegen eines Plattens stoppen. »Ich kann nicht weiterfahren. Gebt mir 5 000 GF. Mit 10 000 GF kommt ihr bis nach Cayenne.« Er spricht mit einem anderen Taxifahrer und fügt dann hinzu: »Dieses Taxi bringt euch bis nach Cayenne!«

Wir steigen also um und es stellt sich heraus, dass es eine Lüge war. »Dahin fahre ich gar nicht!«, regt sich der Fahrer auf. Außerdem sollen wir pro Person 10 000 zahlen.

Eine Mitfahrerin stellt sich als Deutschland-Fan heraus. Stolz zeigt sie uns ihr Schengen-Visum im Pass. »Wo wollt ihr hin?«

Wir erklären ihr unseren Supermarkt-Plan und sie handelt mit dem Fahrer aus, dass uns dieser bis zum Markt bringt, dort auf uns wartet und danach nach Matoto zu Mohammeds Familie zurückfährt. Auf dem Rückweg würde er dann aber überall Fahrgäste aufgabeln. Damit wären wir kein »Private Shuttle« mehr. Trotzdem soll alles zusammen 60 000 GF kosten! (Eine normale Fahrt in die Stadt kostet nur 4 000 GF pro Person.) Wir willigen ein. Am Supermarkt angekommen, will der Fahrer die Hälfte im Voraus. »Und woher wissen wir, dass du nicht einfach abhaust?«

»Ich bin ein Peul und ein guter Mensch!« Uns bleibt nichts anderes übrig, wir zahlen.

Während der Rückfahrt wird es eng, die Fahrt dauert relativ lang, weil ständig Leute ein- und aussteigen. Als wir »zu Hause« ankommen, will der Fahrer plötzlich noch 40 000 GF (also insgesamt 70 000 GF) haben. Wir sehen das gar nicht ein. Schon 60 000 ist ein sehr guter Preis, zumal noch viele andere mitgefahren sind und er sehr gut verdient hat. Er weigert sich, unser Geld zu nehmen, einige Frauen von Mohammeds Familie kommen hinzu, um zu hören, was passiert ist. Der Taxifahrer macht einen Aufstand und die Frauen geben ihm weitere 10 000 GF, damit er Ruhe gibt. Wir sind jetzt erst recht aufgeregt, weil wir natürlich nicht wollen, dass die Familie für uns Geld ausgibt. Wir wollen aber auch nicht, dass der Fahrer,»nur« weil er einen Aufstand macht, noch mehr Geld bekommt.»Du hast zu wenig Geduld«, versucht mich eine der Frauen zu beruhigen,»das ist hier in Afrika so!«, was mir den Rest gibt. Frustriert und erbost ziehe ich mich in unser Zimmer zurück.

Ich habe so was von die Nase voll. Klar weiß ich, dass das hier in Afrika so ist, deshalb stinkt es mir aber trotzdem. Und akzeptieren will ich es keinesfalls. Ich kämpfe. Und notfalls diskutiere ich eine halbe Stunde. Dass die Frauen einfach ihr Portemonnaie herausholen und zahlen, will ich nicht akzeptieren. Aber ich muss. Ich bin immerhin Gast hier. Ich schimpfe laut vor mich hin. Auf die Afrikaner im Allgemeinen und darauf, dass man sich hier als Weißer so oft diskriminiert fühlt.»Ich habe echt keine Lust mehr auf all das hier!«, sage ich zu Loyal,»das mache ich nicht mehr mit! Jetzt reicht es!«

»Naja, *du* wolltest ja unbedingt auf diesem Kontinent reisen!«, erinnert er mich. Das kann ich nun gerade gar nicht gebrauchen. Ich bin wütend. Frustriert. Entmutigt. Gestresst. Und traurig. Alles gleichzeitig. Ich frage mich, warum ich mir das antue. Warum ich mich freiwillig seit Wochen diskriminieren und abzocken lasse. Diese Taxifahrergeschichte hat mir einfach den Rest gegeben. Das Fass zum Überlaufen gebracht. Ich will nicht mehr reden. Niemanden mehr sehen. Nichts mehr essen. Einfach nur schlafen.

Am nächsten Tag wache ich zum Glück wieder entspannt auf und kann über meinen Ausbruch lächeln. Wieder einmal wird mir bewusst, wie stark sich unsere Kulturen unterscheiden. Ich kann und will es nicht akzeptieren, ungerecht behandelt zu werden. Die Einheimischen zucken nur mit den Schultern und akzeptieren, wie es hier läuft. Auf der einen Seite schimpfen sie auf die überall grassierende Korruption, auf der anderen Seite nehmen sie diese einfach hin. Teilweise haben sie ihre eigenen Methoden, um mit Ungerechtigkeiten umzugehen: Sie gehen zum Voodoo-Priester und lassen einen Fluch aussprechen. Sie glauben fest daran, dass sie dann Gerechtigkeit erfahren werden. Abgesehen davon, dass ich mit Voodoo nicht groß geworden und deshalb auch nicht vertraut mit der Methode des Verfluchens bin, reicht mir dieses Vorgehen nicht. Aber vielleicht würde ich auch irgendwann alles mit einem Schulterzucken hinnehmen, wenn ich länger in Guinea leben würde. Wir Deutschen sind bei vielen als »Meckervolk« verrufen, weil wir uns so schnell über alles aufregen. Im Vergleich dazu sind die Menschen hier viel entspannter. Ich bin mir aber nicht sicher, ob ich das gut finde.

»Hubbel« in Guinea und Spanien

Wer schon einmal mit dem Auto in Spanien unterwegs war, weiß, dass man im Straßenverkehr nicht immer leicht durchkommt. Es gibt einfach zu viele Straßenschilder und Radfahrer auf der Autobahn. Nun sind wir in Guinea unterwegs und mir wird klar: Es geht noch schlimmer. Viel schlimmer! Habe ich mich in Spanien noch über die vielen »Hubbel« (Tempo-Stopp-Schwellen) geärgert, wodurch ich gezwungen war, bei maximal 30 Stundenkilometern die Städte zu durchqueren, würde ich mich nun freuen, überhaupt 30 fahren zu können. Fünf Tage brauchen wir im Norden Guineas für 200 Kilometer! Obwohl wir jeden Tag von morgens bis abends fahren, kommen wir nicht voran, da zu viele »Hubbel« uns den Weg versperren. Wie schön war es doch in Spanien!

Ärgerten wir uns in Spanien noch über zu wenige Ortsschilder, sehen wir in Guinea gar keine mehr. Viel schlimmer noch: Die auf unserer Karte eingezeichneten Dörfer können wir nicht finden. Ein Dorf, durch das wir kommen, ist auf unserer Karte ganz woanders

Auch im Osten Guineas ist die Regenzeit noch deutlich spürbar.

eingezeichnet, nicht da, wo wir mit dem Auto entlangzufahren glauben.

Habe ich mich in Spanien noch darüber beschwert, dass wir auf unserer Route kaum an Campingplätzen vorbeigekommen sind, scheint es nun viel problematischer, weil wir überhaupt keine Dörfer oder Menschen sehen. Rechts und links der Straße befindet sich nur undurchdringlicher Busch. Es gibt nicht einmal eine Möglichkeit anzuhalten. So fahren wir stundenlang.

Hatte ich mich in Spanien gewundert, Radfahrer und Läufer auf der Autobahn zu sehen, muss ich nun in Conakry feststellen, dass hier in Guinea auf der Autobahn nicht nur geparkt wird, sondern auch Fußgänger und fliegende Händler unterwegs sind. Es geht also immer eine Spur krasser. Mal sehen, was uns in den anderen Ländern erwartet …

Money Gram und Co.

Während wir in Conakry bei Mohammeds Familie wohnen, wird uns immer wieder stolz von Bruder Mohammed berichtet: »Er bezahlt hier alles«, erzählen sie uns und zeigen dabei mit dem Arm auf das Haus, den Hof – alles eben. »Er ist sehr reich und hat einen sehr guten Job!« Ich kenne Mohammed seit vielen Jahren und weiß, dass sein Leben als Musiker auch in Deutschland nicht immer einfach ist. Ich bin beeindruckt, dass er scheinbar Verantwortung für so viele Mitglieder seiner Familie trägt. Er selbst ist leider seit fünf Jahren nicht mehr in Guinea gewesen, um seine Familie zu besuchen.

Für Afrikaner kann ein Besuch in der Heimat sehr teuer werden, weil nicht nur alle Familienmitglieder, sondern auch Nachbarn und Bekannte große Geschenke vom Heimkehrer erwarten. Jeder, der in Europa lebt, hat es in ihren Augen geschafft und ist reich. Dieses Vorurteil zu zerstören und mit leeren Händen zu Besuch zu kommen, würde das eigene Ansehen beschädigen. Die Familie könnte nicht nachvollziehen, warum ihr Mitglied in Europa versagt hat, wo doch das Geld in Europa quasi auf der Straße herumliegt. Die Nachbarn und Bekannten würden lästern. Deshalb scheuen viele einen regelmäßigen Besuch in ihrem Heimatland oder können es sich schlichtweg nicht leisten. Sie schicken allerdings weiterhin Monat für Monat Geld, um den Lebensunterhalt, Schul- und Arztkosten etc. der Familie zu decken. Damit nähren sie natürlich weiterhin das Klischee von den reichen Europa-Immigranten.

Insgesamt scheinen in Westafrika immer mehr Familien von in Europa lebenden Familienmitgliedern abhängig zu sein. Da ist der Wunsch vieler junger Männer, es illegal mindestens bis Spanien zu schaffen, nicht verwunderlich, sondern nachvollziehbar. Wir treffen immer wieder Einheimische, die uns verkünden, dass sie sich bald auf den Weg nach Spanien machen wollen. Das Risiko der Reise und die Gefahren, denen sie sich dabei aussetzen, ist ihnen dabei durchaus bewusst. Das Ansehen, das die in Europa lebenden

Afrikaner in ihrem Heimatland genießen, ist vor allem für junge Männer ein großer Anreiz, das Risiko einzugehen.

So wenig Banken es außerhalb der Hauptstadt gibt, so viele Western Union- und Money Gram-Filialen gibt es in jedem noch so kleinen Dorf. Diese Geldausgabestellen scheinen in den letzten Jahren wie Pilze aus dem Boden geschossen zu sein. Hier haben die Menschen kein Konto auf der Bank und auch keine Bankkarte, mit der sie vom Automaten Geld abheben können. Das »afrikanische Konto« ist ein im Ausland lebender Familienangehöriger, Freund oder Bekannter, der jederzeit Geld schicken kann. Nach nur zehn Minuten kann es im Ausgabeland abgeholt werden. Dafür braucht man keine Karte, nur einen Ausweis.

Sierra Leone

Auf dem Weg nach Sierra Leone

Von Conakry aus machen wir uns auf den Weg nach Sierra Leone. Weiterhin stellen sich die Straßen in Guinea als sehr schlecht heraus und viel zu schnell wird es wieder dunkel und wir müssen uns ein Nachtquartier suchen. In einem kleinen Dorf halten wir an und werden sehr freundlich begrüßt. Der Dorfchef wird gerufen und gibt uns die Erlaubnis zu bleiben. Glücklicherweise gibt es einen Dorfbewohner, der Englisch spricht und für uns übersetzen kann, weil alle anderen kein Französisch sprechen. »Was, ihr wollt nach Sierra Leone?«, wundern sich die Leute. »Die Grenze ist momentan geschlossen. Heute waren dort doch Wahlen!«

Ach, die Wahlen sind heute? Ich hatte davon gelesen, allerdings wollten wir zu dieser Zeit eigentlich schon längst das Land durchquert haben. Deshalb hatte ich das nicht mehr im Hinterkopf. Abends beratschlagen wir darüber, ob es eine sinnvolle Idee ist, in ein immer noch nicht stabiles Land einzureisen, wenn gerade Wahlzeit ist und die Regierung mit Unruhen rechnet. Wir beschließen, das Risiko einzugehen und zur Not einfach schnell auf direktem Weg durch das Land zu fahren.

Am nächsten Morgen machen wir uns früh auf den Weg zur Grenze und haben Glück: Seit wenigen Stunden ist sie wieder geöffnet. Aber bis zur Sierra Leonischen Seite kommen wir vorerst gar nicht. Der guineische Zoll macht Probleme. Die Beamten können unser Carnet de Passage, das Zolldokument für den Land Rover, nicht stempeln, weil sie keinen Stempel haben und wollen uns so durchwinken. Aber ich bestehe auf den Stempel, kenne ich doch die Genauigkeit der deutschen Behörden und die machen eventuell einen Aufstand, wenn es darum geht, das bezahlte Pfandgeld zurückzuzahlen. Insgesamt 15 000 Euro mussten wir beim ADAC hinterlegen für den Fall, dass wir das Auto in einem der afrikanischen Länder verkaufen würden, ohne bei der Einreise den nötigen Zoll für den Verkauf bezahlt zu haben. In diesem Fall könnte sich der Zoll des betreffenden afrikanischen Landes an den ADAC wenden und würde von diesen 15 000 Euro die Zollgebühr ausbezahlt bekommen. Um nach der Reise das gesamte Pfandgeld wiederzuerlangen, ist es notwendig, sehr genau Protokoll darüber zu führen, durch welche Länder man gekommen ist und darüber, dass das Auto ein- und auch wieder ausgeführt wurde. Ansonsten hat der ADAC theoretisch die Möglichkeit, der Rückzahlung des Pfandgelds nach der Reise zu widersprechen. Ein fehlender Stempel kann da leicht zum Grund werden.

Die (angetrunkenen) Beamten sind genervt von mir: »Hier gibt es keinen Stempel. So etwas haben wir nicht! Wenn du wirklich so was brauchst, musst du in die Stadt zurückfahren und bei den Zöllnern dort nachfragen.« Offiziell sind wir eigentlich schon ausgereist – der Ausreisestempel der Einwanderungsbehörde prangt in unserem Reisepass. Trotzdem fahren wir zurück und haben Glück: Das Zöllnerbüro ist nicht weit und der benötigte Stempel wird herausgekramt. Der Zöllner hat noch nie zuvor ein Carnet de Passage gesehen.

Zurück an der Grenze kennt man uns nun schon, alle winken begeistert und ohne dass wir anhalten müssen, wird der Schlagbaum gehoben. Wenige Meter danach müssen wir aber schon wieder halten, um unsere Personalien erneut überprüfen zu lassen. Der Beamte schaut auf meinen Pass: »Wieso hast du überhaupt gehalten? Leute mit Diplomatenpass brauchen doch nicht anzuhalten!« »Diplomatenpass?« »Ja, hier, schau! Alle roten Pässe sind Diplomatenpässe!« Scheinbar sind hier noch nie Deutsche vorbeigekommen. Kopfschüttelnd gehe ich zum Wagen zurück, starte den Motor. Die Beamten salutieren zum Abschied. Das war Guinea. Bye-bye.

Wir fahren auf einer neu geteerten Straße und folgen einem dicken roten Pfeil nach rechts zu einer riesigen Grenzstation. Gebaut von der Europäischen Union, wie zwei Hinweisschilder deutlich machen: *Built and paid with European taxes.* Beim Näherkommen erkennen wir, dass wir falsch sind. Alles ist leer. Die Gebäude werden nicht genutzt und beginnen schon wieder zu verfallen. Also zurück. Wir sehen links zwei Hütten aus Bananenblättern und halten an. Hier gibt es Menschen. Hier ist die Grenze von Sierra Leone. Die Beamten rauchen alle und nehmen ihren Job sehr genau. Mehrfach werden unsere Personalien in riesigen Büchern festgehalten. Die ganze Prozedur lassen wir auf dieser Strecke dreimal über uns ergehen. »Was ist eure Mission?«, will ein besonders eifriger Beamter wissen.

»Wir sind Touristen, wir wollen das Land sehen!«, ist meine Antwort.

»Das glaub ich dir nicht!« Wie bitte? Wieso glaubt der mir das nicht? Ich schaue sehr fragend.

»Gestern waren Wahlen, wir befürchten Unruhen und du sagst, ihr kommt einen Tag nach den Wahlen hierher, um Urlaub zu machen? Ihr seid bestimmt Journalisten, die berichten wollen!« Es dauert, bis ich dem Beamten wirklich glaubhaft machen kann, dass wir »dumme Touristen« sind, die »vergessen« haben, dass gestern in Sierra Leone die Wahlen stattgefunden haben. Er glaubt mir. »Aber passt auf euch auf!«, meint er zum Abschied, »wir gehen davon aus, dass es Unruhen geben wird. Alle Schulen sind geschlossen und viele gehen seit ein paar Tagen nicht zur Arbeit!« Langsam frage ich mich, ob es wirklich eine gute Idee ist, jetzt nach Sierra Leone einzureisen.

Beim Zoll wollen sie wieder einmal nicht mein Carnet de Passage stempeln. In einem riesigen Gebäude laufe ich umher, um jemanden zu finden, der für mich zuständig ist. Fast das ganze Gebäude steht leer. Irgendwann verspricht einer, mir zu helfen, läuft durch mehrere Gänge (ich immer hinterher), findet einen Schlüssel in Raum X und läuft wieder zurück zu Raum Y, wo er in einer halb zerstörten Schreibtischschublade tatsächlich noch drei Einreiseformulare findet. Sogar ein Stempel liegt dabei. Wir sind drinnen!

Weiterfahren dürfen wir aber trotzdem nicht, da die Straße gesperrt ist und von uns eine Straßenbenutzungsgebühr verlangt wird, von der wir noch nie zuvor gehört haben. Wir diskutieren, streiten, bitten und warten. Es hilft alles nichts: Wir müssen die Straßenbenutzungsgebühr zahlen, weil wir Europäer sind. Nur Europäer müssen diese Gebühr von 30 Euro bezahlen. Übrigens für eine Straße, die laut Hinweisschild mit EU-Geldern finanziert wurde. Wir beißen wieder in den sauren Apfel und weiter geht's nach Freetown. Die Strecke führt durch eine wunderschöne Landschaft. Überall stehen Palmen, alles ist grün und wir fahren auf einer perfekten Straße. Was will man mehr?

Wir kommen nach Freetown und geraten ins pure Verkehrschaos. Es geht weder vor noch zurück. Überall wird gehupt. Die Mopedfahrer sitzen fast auf unserer Motorhaube. Ich bin müde vom Fahren. Seit dem frühen Morgen sind wir unterwegs und nun wird es dunkel und ich bin auch noch nachtblind. Keine gute Kombination. Loyal geht es nicht gut. Er ist wieder stark erkältet, friert und hat Fieber. Nachdem wir nach drei Stunden endlich am vereinbarten Treffpunkt ankommen, ist unsere Kontaktperson John nicht da und lässt uns warten, weil er (um acht Uhr abends) noch in einem wichtigen Meeting ist. Wir sind fertig und haben Hunger. Außerdem stehen wir in einem Viertel, in dem wir von Drogenabhängigen und Dealern angesprochen werden. Sani wird gleich von zwei Prostituierten umgarnt. »Die haben mich gefragt, ob sie meine Freundinnen sein können!«, erzählt er uns begeistert. Er hat noch nicht mitbekommen, warum diese Frauen nachts auf der Straße nach Freunden suchen. Als wir ihn aufklären, ist er geschockt.

Gegen zehn kommt John endlich. Wir sind froh, dass er noch auftaucht. Als wir losfahren, beginnt es zu regnen. Wie immer fällt das Wasser regelrecht vom Himmel. John bringt uns zu Maria und ihrem Partner, der ebenfalls John heißt. »Maria ist auch Deutsche«, informiert er uns auf dem Weg. Was wir nicht wissen, ist, dass die beiden von uns eigentlich nichts wissen und er ihnen bei der Ankunft nur sagt, dass wir unser Auto bei ihnen im Hof abstellen würden. Als wir vom Regen triefend und völlig fertig bei den beiden im Wohnzimmer stehen, stellt sich heraus, dass John davon ausgeht, dass wir bei den beiden bleiben werden. »Bei mir gibt es keinen Platz für so viele Leute!«, erklärt er.

»Und warum hast du sie dann eingeladen?«, will Maria wissen.

»Irgendwie hatte ich vergessen, dass sie kommen!«, versucht sich John rauszureden.

An diesem Abend und an den folgenden Tagen stellen wir fest, dass sich das Warten auf John und dessen Unorganisiertheit für uns total gelohnt haben: Maria und ihr Partner John sind phantastische Gastgeber. Wir bekommen ein eigenes Zimmer und ein eigenes Bett. Loyal kann sich richtig ausruhen und als wir Freetown eine Woche später verlassen, ist er wieder gesund. Und John kocht sehr leckeres Essen für uns. Wir sind glücklich, dass wir bei den beiden gelandet sind. Wollten wir anfangs nur zwei Tage bleiben, war es am Ende eine volle Woche, bevor wir uns wieder auf den Weg machen.

Wahlen oder Weltmeisterschaft in Freetown?

Sierra Leone ist bei uns vor allem durch den Film *Blood Diamond* mit Leonardo DiCaprio bekannt geworden. In diesem wird die Geschichte des Landes angerissen: Die Diamantenvorkommen Sierra Leones führten nach der Unabhägigkeit 1961 zu einem großen sozialen Ungleichgewicht innerhalb der Bevölkerung. Einige wenige wurden sehr reich, die meisten lebten weiterhin in großer Armut. 30 Jahre nach der Unabhängigkeit begann die Rebellenbewegung RUF (Revolutionary United Front) den bewaffneten Kampf gegen die Regierung, die vom Diamantenhandel profitierte. Ein Machtkampf entbrannte, mehrere Putsche veränderten das politische Gefüge. Der Bürgerkrieg forderte zehntausende Todesopfer. 1999 wurde ein Friedensvertrag unterzeichnet, aber die Gewalt ließ erst mit dem Eingreifen der britischen Armee nach, die sich als ehemalige Kolonialmacht dem Land weiterhin verpflichtet fühlte und im Jahr 2000 den RUF-Führer Foday Sankoh gefangen nahm. Offiziell endete der Bürgerkrieg 2002 und hinterließ ein völlig zerstörtes Land ohne Infrastruktur, das weit davon entfernt war, stabil und sicher zu sein. Erst nach den ersten offiziellen Wahlen 2007 wurde es ruhiger. Der neu gewählte Präsident Ernest Koroma hatte viel vor und stellte sich für viele (wenngleich nicht für alle) als Glücksfall heraus. »Der Präsident kommt aus dem Norden und dort wünschen sie sich einen stark zentralistischen Staat«, erzählt uns ein Dorfbewohner im Südosten des Landes, wo man die Oppositionspartei unterstützt. »Wir wünschen uns einen dezentralisierten Staat, in dem der Dorfchef Streitigkeiten regelt, so wie das auch in Liberia der Fall ist.«

Zu Beginn unserer Fahrt durch die Hauptstadt wurden wir immer wieder von Soldaten angehalten und überprüft. Mehrmals wurde auch der Innenraum des Landys inspiziert. »Das sind Sicherheitsvorkehrungen, damit niemand Waffen einschmuggelt. Wir wollen vermeiden, dass die Wahlen zu Unruhen im Land führen.«

»Soviel Militär habe ich hier bisher noch nie gesehen«, erzählte uns Maria später, »die Sicherheitsvorkehrungen sind enorm hoch. Aber bisher ist alles ruhig geblieben!« Das ist auch unser Eindruck: Überall sehen wir Wahlwerbung, aber die Menschen scheinen alle entspannt. »Der Oppositionskandidat hat selbst wenige Tage vor den Wahlen im Radio verkündet, dass er für den aktuellen Präsidenten stimmen wird, weil dieser das Land besser regieren könne als er selbst. Das ist der Wahnsinn!«, so Maria. »Es wird nun alles getan, um die Situation unter Kontrolle zu halten«, berichtet sie weiter, »trotzdem gibt es einen Evakuierungsplan der Deutschen Botschaft, um im Notfall die betroffenen Deutschen in Sierra Leone zu informieren und Evakuierungsmaßnahmen vorzunehmen.« Doch die Menschen sind nicht aggressiv, sie feiern vielmehr extensiv die Wahlen. Im Radio werden regelmäßig Aufrufe gesendet, dass man sich ruhig verhalten und auch nach Bekanntgabe der Ergebnisse weiterhin respektvoll miteinander umgehen solle. Es wird darauf hingewiesen, dass Gewalt kein Recht verschafft und sich unzufriedene Wähler bitte an die Polizei wenden sollen. Häufig wird auf den Respekt hingewiesen und darauf, dass man die Wahlergebnisse akzeptieren solle.

Die lassen vorerst auf sich warten. Obwohl gemunkelt wird, dass der »alte Präsident« Koroma eine Mehrheit erreicht hat, gibt es keine offiziellen Ergebnisse. »Habt ihr Angst davor, dass es Unruhen geben könnte?«, will Loyal von zwei Wachmännern wissen.

»Nein. Die Menschen sind müde vom Kämpfen, was aber nicht heißt, dass sie sich besser vertragen. Wir mögen uns immer noch nicht. Aber mehr als eine laute Diskussion kommt nicht mehr zustande. Wir wollen nicht mehr mit Waffen kämpfen!«

Erst am Freitagabend (eine Woche nach der Wahl) werden die Ergebnisse bekanntgegeben. Überall in unserem Viertel ertönt ein lautes Jubeln. Wir erfahren, dass Koroma die Wahl mit 56 Prozent für sich entschieden hat. Die Wahlbeteiligung sei mit 80 bis 90 Prozent sehr hoch gewesen. Das Ergebnis ist eindeutig.

Die Leute laufen auf die Straße und tanzen, singen, schreien, jubeln, pfeifen, trommeln, fallen sich in die Arme. Das Ganze erinnert an das Ende eines Fußballspiels. Die ganze Nacht über wird es nicht mehr ruhig.

Am nächsten Tag sind die Straßen voller Menschen, die alle Rot tragen, die Farbe der Gewinnerpartei. Der neu gewählte Präsident hat verkündet, dass er durch die Straßen laufen wird, um seinen Wählern zu danken.

Wir sind mit dem Auto in der Stadt unterwegs und kommen nicht mehr durch. Maria schafft es, dem Präsidenten zuzuwinken. Mehrmals fährt er an diesem Tag im Auto an uns vorbei. Auf den Straßen wird gefeiert. Die Stimmung erinnert an die Fußballweltmeisterschaft 2006 in Deutschland. Es ist unglaublich und wir sind mittendrin. »Das ist ja wirklich der Wahnsinn!«, freut sich Loyal. »Und alle feiern gemeinsam. Sogar wir werden miteinbezogen!« Wir bereuen es nicht, in Zeiten der Wahlen nach Sierra Leone gekommen zu sein.

Die Opposition verkündet im Radio, dass sie das Wahlergebnis nicht anerkennt. Zum Glück bleibt es trotzdem ruhig. Als wir einige Tage später in Liberia ankommen, werden wir gefragt, wie es mit den Unruhen in Freetown war. Die Liberianer können nicht glauben, dass alles ruhig geblieben ist. »Wir haben gehört, dass es zu Ausschreitungen gekommen ist.« Diese Gerüchte, die die Oppositionsanhänger im Südosten des Landes verbreiten, können wir nicht bestätigen. Die Opposition will wohl nicht glauben, dass die Anhänger in der Hauptstadt ruhig geblieben sind!

WaMaGriSo – ein Schulprojekt in Freetown

Während unseres Aufenthalts in Freetown erfahren wir, dass Maria seit fünf Jahren halb in Sierra Leone und halb in Deutschland lebt. Ich bewundere sie, wie sie es schafft, sich nicht nur um drei Kinder und fünf Enkelkinder in Deutschland zu kümmern, sondern gleichzeitig noch den Bau und die Organisation einer Schule in Sierra Leone im Griff zu haben. Ich wünschte, ich würde auch irgendwann eine Großmutter wie sie werden! (Aber bis dahin ist ja noch ein bisschen Zeit.)

Das Projekt, das Maria ins Leben gerufen hat, heißt WaMaGriSo. Es handelt sich dabei um eine Grundschule, die im Südosten der Hauptstadt, im Vorort Mambo, gebaut wurde, um Kindern aus ärmeren Familien den Schulbesuch zu ermöglichen und ihnen so eine Zukunftsperspektive zu eröffnen. Was sich für viele erst einmal leicht anhört – man baut eben ein Schulgebäude – ist in Wirklichkeit ein Kleinunternehmen. Nicht nur, dass Maria mit »äußeren« Schwierigkeiten wie zum Beispiel der eher seltenen Stromzufuhr in Freetown zu kämpfen hat (dann geht nämlich der Computer nicht und Papierkram kann nicht erledigt werden!), sondern sie muss auch gleichzeitig deutsche Vorstellungen von Schule und wie sie funktioniert (oder eher zu funktionieren hat) mit afrikanischen, die völlig anders sind, in Einklang bringen. So hat sie nicht nur den Bau der Grundschule beaufsichtigt (wie sie es nun beim Erweiterungsbau für die Secondary School tut), sondern achtet auch darauf, dass die Gebäude sauber gehalten werden, die Kinder mit einer richtigen Toilette umgehen lernen (die erste Grundschule in Sierra Leone mit Spültoilette!), die Lehrer pünktlich zur Schule kommen (sie hat einen Bus angeschafft, der morgens die Lehrer zur Schule bringt) und die Kinder nicht mehr geschlagen werden. Ein riesiges Stück Arbeit, das sie weiter vorantreibt. Mein Lehrerinnenherz schlägt beim Anblick der kleinen Klassen (um die 20 Schüler pro Klasse) höher, habe ich doch noch zur Genüge die Klassen mit mehr als 60 Kindern in Guinea in Erinnerung, die mich schon an nur einem Vormittag den letzten Nerv gekostet haben.

Nun ist Maria in etwa sechswöchigem Wechsel in Deutschland und Sierra Leone. Während ihrer Abwesenheit übernimmt ihr Partner John, der aus Sierra Leone stammt und somit mit der einheimischen Kultur vertraut ist, die Oberaufsicht. Er vermittelt vor allem dann, wenn es aus kulturellen Gründen zu Spannungen kommt. Denn von einer Powerfrau wie Maria fühlen sich die meist männlichen Amtsträger häufig eingeschüchtert oder sind einfach überfordert. Afrikaner denken und handeln oft anders, als wir das gewöhnt sind und sie gehen auch Probleme anders an, als wir »Westler« das tun würden.

Was die einheimischen Lehrer der Schule sich weiter wünschen, sind noch mehr Inspirationen von deutschen oder generell »westlichen« Lehrern. Zum Beispiel: Wie schaffe ich es, dass die Schüler auf mich hören, ohne dass ich sie schlage? Wie kann ich Kinder gewaltfrei bestrafen? Wie kann ich den Unterricht abwechslungsreich gestalten, wenn ich weder Bücher noch einen Kopierer oder andere Hilfsmittel habe? Das wäre auch für deutsche Lehrer eine große Herausforderung. Wenn ich nicht gerade auf Afrika-Tour wäre, würde ich gleich für mehrere Monate hier bleiben. Das Projekt gefällt mir super.

Die Entwicklung in Sierra Leone

Am Wochenende zeigen uns John und Maria die Gegend. Die Landschaft ist wunderschön und die Strände (noch) weitgehend unberührt. Aber man merkt, dass etwas in Bewegung ist. Die Straßen werden vierspurig ausgebaut, um den Verkehr in Freetown in den Griff zu bekommen. Leider versinkt die ganze Hauptstadt je-

Im Osten Sierra Leones waschen viele Menschen ihre Kleidung und sich selbst in Pfützen und kleinen Bachläufen neben der Straße.

Die Strände in Sierra Leone sind kilometerlang und (bisher noch) weitgehend unberührt.

den Tag im absoluten Verkehrschaos. Es gibt viel zu viele Autos, die von A nach B wollen. Um durch die Stadt zu fahren, benötigt man zwei bis drei Stunden!

Auf unserer Tour wiederholt Maria ständig: »Das ist alles neu. Hier war letztes Jahr noch nichts. Oh je, das ist nicht mehr schön hier!« Überall wird gebaut. An den Stränden eröffnen Restaurants, die an den Wochenenden von Weißen (hauptsächlich NGO-Mitarbeiter) besucht werden, wie wir von Maria erfahren. Überall wird der Urwald abgeholzt, um Straßen und Häuser zu bauen. Von der Idylle, die es noch vor wenigen Jahren um die Hauptstadt herum gegeben haben soll, ist fast nichts mehr zu sehen. Dafür haben wir das Gefühl, dass die Sierra Leoner aktiv sind, Unternehmen gründen und arbeiten gehen. Hat uns im frankophonen Westafrika immer wieder das viele Herumhängen und die Untätigkeit, vor allem der Männer, überrascht, die, obwohl auf sehr fruchtbarem Land lebend, hungerten, sind wir nun beeindruckt, dass hier in Sierra Leone rege Geschäftigkeit herrscht. Die Leute machen sich morgens auf den Weg zur Arbeit. Sie haben als Ziel, ihren Lebensstandard zu verbessern. Sie wollen weder Krieg noch in der Zukunft hungern.

Sie bemühen sich um eine gute Ausbildung und im Anschluss daran um einen Job. Diese Entwicklung unterscheidet sich unserer Beobachtung nach von der anderer westafrikanischer Länder. Ob dies auf die Tatsache zurückzuführen ist, dass die Einwohner Sierra Leones jahrelang unter dem Terror des Bürgerkriegs leiden mussten, können wir nicht sagen. Der Alltag in Sierra Leone ist jedenfalls ein anderer als in den anderen afrikanischen Ländern. Dass die Natur in den Ballungszentren unter diesen Bestrebungen leidet, erscheint uns als eine nicht zu verhindernde Begleiterscheinung. Hoffentlich gelingt es, die wunderschönen Strände zu retten, bevor sie im Müll der Großstadt untergehen, wie uns das an vielen Stränden in Marokko und im Senegal aufgefallen ist.

Ein Visum für Liberia

In Freetown haben wir die letzte Chance, ein Visum für das Nachbarland Liberia zu ergattern. Wir haben das schon einmal im Senegal versucht, wo es allerdings nicht nur teuer, sondern auch sehr kompliziert war. (Man hätte beispielsweise ein Interview mit dem Konsul absolvieren müssen.) Nun gehe ich hier zur liberianischen Botschaft, um die Bedingungen zu erfahren. Die Neuigkeiten sind niederschmetternd: Ohne offizielles Einladungsschreiben aus Liberia geht gar nichts. Oh je! So etwas haben wir nicht! Trotzdem mache ich mich am Tag darauf mit dem ausgefüllten Antrag, Geld und unseren Pässen auf den Weg. Loyal ist leider noch immer nicht fit genug, um mich zu begleiten. Ich bin um neun Uhr dort – und es ist fast noch niemand da! Ein einzelner Angestellter erklärt sich bereit, meine Unterlagen entgegenzunehmen. Er bemängelt, dass ich kein Einladungsschreiben habe.

Am nächsten Tag wollen wir die Pässe abholen. Diesmal sind wir besonders spät dran. Fast alle Angestellten sind schon gegangen, nur der nette Mann vom Vortag ist glücklicherweise noch da. »Ach ihr, bei euch gibt es ein Problem!«, begrüßt er uns. Mein Herz rutscht in die Hose.»Der eine Pass ist amerikanisch und nicht europäisch. Das kostet 35 US-Dollar mehr!« Wenn es »nur« das ist: Wir bezahlen das Geld und… erhalten unsere Pässe! Mit Visum! Ohne Einladungsschreiben. Einfach so! Welch ein Glück! Nun kann es weitergehen nach Liberia.

Liberia

Ankunft in Liberia

Vor Liberia werden Reisende auf der Internetseite des Auswärtigen Amtes gewarnt. Auch zehn Jahre nach dem Ende des Bürgerkriegs gilt die Sicherheitslage im Land weiterhin als fragil. Etwa 50 000 ivorische Flüchtlinge in der Grenzregion stellen ein weiteres Sicherheitsrisiko dar. Aus diesem Grund wie auch aufgrund der schlechten Infrastruktur wird generell vor Reisen ins Landesinnere gewarnt. Wir fühlen uns ganz ehrlich etwas unwohl, als wir kurz vor der Schließung der Grenze, kurz vor 18 Uhr, Sierra Leone verlassen und nach Liberia einreisen. Der erste liberianische Beamte, dem wir begegnen, macht auch gleich Ärger und Loyal, der sich nun um die Grenzformalitäten kümmert, da hier Englisch gesprochen wird, muss zurück zur Sierra Leonischen Seite fahren, um spezielle Stempel in den Pässen einzuholen. Das kann ja heiter werden.

Aber zu unserer großen Verwunderung verläuft der restliche Grenzübertritt danach unproblematisch. Die Straße ins Landesinnere ist geteert und in einem für afrikanische Verhältnisse sehr guten Zustand. Wir kommen voran. Am ersten Kontrollposten erfährt Loyal, dass das Fahren in Flip-Flops verboten ist und er die Schuhe wechseln muss. Er ist genervt. Kurz danach sehen wir einen frisch überfahrenen Hund auf der Straße, der aufsteht, hinkt und dann zusammenbricht. Ein schrecklicher Anblick.

Beim nächsten Dorf halten wir an und finden ein Haus, hinter dem wir unser Auto postieren dürfen. Auch hier sind wir das

Abendprogramm der Bewohner. Wir kochen, essen und ziehen uns dann bald zum Schlafen zurück, weil das stundenlange Angegafft-Werden wirklich ziemlich nervt. Vor dem Schlafengehen erkundigen wir uns bei den Einheimischen nach der Sicherheitslage. Wir haben schreckliche Geschichten aus Liberia gehört. »Hier gibt es keine Gefahr. Auch die Straße nach Monrovia ist völlig problemlos passierbar«, meinen die Bewohner des Dorfes überzeugt. Beruhigt schlafen wir ein.

Am nächsten Morgen machen wir uns nach dem Frühstück auf den Weg in die Hauptstadt. Mehrfach werden wir kontrolliert. Einmal wird nur gefragt: »Habt ihr alle Papiere?« – »Ja.« – »Okay, dann könnt ihr weiterfahren!«

Ein andermal ist der Beamte genauer: »Ich möchte gerne etwas von euch gezeigt bekommen.«

»Was denn zum Beispiel?«

»Eure Papiere – sowas habt ihr doch bestimmt, oder?«

»Ja klar haben wir Papiere. Was möchten Sie sehen?«

»Ach, gebt mir einfach irgendein Papier!« Wir zeigen ihm unsere Ausweise, er schaut sie sich von außen an. »Verschiedene Farben?«

»Ja, wir kommen aus unterschiedlichen Ländern!«

»Ach so.« Er gibt uns die Pässe (ungelesen!) zurück und wir dürfen weiterfahren.

In der Deutschen Botschaft in Monrovia

Auf der Internetseite des Auswärtigen Amts findet sich folgender Hinweis: »*Reisen in das Landesinnere sollten wegen der während des Bürgerkrieges weitgehend zerstörten Infrastruktur nur in Absprache mit den in Liberia vertretenen Hilfsorganisationen und/oder der Deutschen Botschaft erfolgen. Nicht im Rahmen von Hilfs- oder Entwicklungshilfeprojekten geplante individuelle Reisen ins Landesinnere sollten bei der Deutschen Botschaft in Monrovia angezeigt bzw. mit dieser abgestimmt werden.*« Auf uns wirkt dieser Hinweis sehr einschüchternd und so machen wir uns gleich am ersten Tag auf den Weg zur Deutschen Botschaft. Wir kommen mit einem Taxi an, das gleich eingehend vom Wachpersonal untersucht wird, danach aber trotzdem nicht aufs Gelände der Botschaft fahren darf. Solche Sicherheitsvorkehrungen haben wir bei anderen Botschaften bisher noch nicht erlebt. Danach werden wir aufgefordert, unsere Pässe zu zeigen, die wir allerdings am Vortag zusammen mit den Visaanträgen in der Ghanaischen Botschaft abgegeben hatten. Wir zeigen eine Kopie meines Ausweises, mit der der Wachmann im Inneren der Botschaftsanlage verschwindet. Wir warten. Irgendwann erhalten wir die Erlaubnis einzutreten, werden davor allerdings noch ausführlich durchsucht.

Als wir die Botschaft selbst betreten, fühlen wir uns gleich wie in Deutschland. Die Klimaanlage lässt uns sofort frieren. Außerdem riecht es genauso wie in deutschen Behördenbüros. Alles ist steril und sauber. Von Angela Merkel sind zwei Fotos aufgehängt, die sie in grauem Anzug mit bunt gekleideten afrikanischen Kindern zeigen, die ihr gerade ein Huhn überreichen. Lustiges Bild. Wir erklären der liberianischen Sekretärin, warum wir da sind. Sie gibt uns einen Infozettel, auf dem steht, wie man sich per Onlineverfahren auf die Deutschenliste des Landes einträgt. Die Liste enthält die Namen und Adressen der Deutschen, die sich (für längere Zeit) in Liberia aufhalten. Sollte ein Notfall eintreten, kann die Botschaft dann recht schnell alle Deutschen darüber informieren beziehungsweise kann im Fall eines ausbrechenden Krieges oder einer Epidemie die Evakuierung der deutschen Staatsbürger besser planen, weil man weiß, wie viele Menschen zu evakuieren sind und wo sie wohnen. Aber wir sind nicht gekommen, um uns mit einem Infozettel abspeisen zu lassen. »Wollt ihr noch was?«, fragt die Sekretärin erstaunt.

»Ja, eigentlich wollen wir jemanden von der Botschaft sprechen.«

»Ich weiß nicht, ob jemand Zeit für euch hat.«, sagt sie und verschwindet. Na das geht ja gut los! Schließlich kommt sie zurück: »Ein Angestellter ist gleich da, um mit euch zu sprechen. Aber nur zwei Minuten, denn er hat jetzt Mittagspause!«

Bald kommt ein netter deutscher Herr zu uns, der uns mehrmals darauf hinweist, dass sie in der Deutschen Botschaft nur zu zweit und damit völlig unterbesetzt seien. Daher könnten sie hier in Liberia sowieso nicht viel tun, falls wir in Schwierigkeiten geraten würden. Wir sprechen ihn auf die Internetseite des Auswärtigen Amts an und erklären ihm, dass wir nur gekommen sind, um »anzumelden«, dass wir außerhalb von Monrovia reisen wollen. »Ach ja die Homepage. Stimmt, da steht so was. Alles sehr gefährlich hier!«, sagt er etwas zerstreut.

»Was genau, bitte? Worauf können wir achten? Gibt es spezielle Regionen, die wir meiden sollen? Was passiert hier besonders häufig?« Wir haben viele konkrete Fragen.

»Wie sind Sie denn hergekommen?«, will er wissen.

»Über die Grenze zu Sierra Leone.«

»Geht das überhaupt? Die Straße ist doch furchtbar!«

»Naja, auf liberianischer Seite ist es eine gute Teerstraße, auf der man in zwei bis drei Stunden nach Monrovia fahren kann.«

»Was? So schnell?«, wundert er sich. Wir fragen uns, ob er diese Strecke schon einmal gefahren ist. Er wiederholt, dass unser Vorhaben sehr gefährlich sei, dass sie nur zwei Personen seien und er im Notfall nicht viel tun könne.

»Und was genau ist gefährlich?«

»Alles ist gefährlich hier.«

»Wir kennen einen Deutschen, der in Totota lebt.« Wir nennen ihm den Namen unseres Bekannten Sebastian.

»Ja, da sind Sie ja direkt an der richtigen Adresse. Da können Sie sich gleich mal berichten lassen, wie es so ist, überfallen und ausgeraubt zu werden«, sagt er und erhebt sich. »Die Zeitschriften hier dürfen Sie übrigens mitnehmen. Sie geben einen guten Überblick, wer hier wo in Liberia Gutes tut.« Er gibt uns die Hand und geht.

Loyal und ich fragen uns, warum wir überhaupt hierhergekommen sind, zumal Sebastian, den wir später treffen, über den Kommentar des Botschaftsmitarbeiters völlig erstaunt ist. Er lebt seit einem Jahr in Liberia und ist bisher weder überfallen noch ausgeraubt worden.

Zu großzügige Gastfreundschaft?

In Monrovia treffen wir uns mit Osman. Wir haben seine Telefonnummer von Peter erhalten, einem Deutschen, der zurzeit in Freetown lebt. Osman will uns bei der Suche nach einer Unterkunft helfen. »Wollt ihr ein bestimmtes Hotel?«, will er wissen.

»Wir wollen eigentlich gar kein Hotel, weil wir dafür kein Geld haben. Am besten wäre ein Stellplatz bei jemandem im Hof oder auf einem überwachten Parkplatz. Wir werden im Auto schlafen.« Da ihm nicht auf Anhieb ein geeigneter Platz einfällt, fahren wir gemeinsam zu Samuel, seinem »Bruder«.

Samuel begrüßt uns herzlich und bald schon fahren wir hinter ihm her durch die Stadt. Auf dem Weg erklärt uns Osman, dass sie uns bei einem UN-Mitarbeiter unterbringen wollen, der ein großes und überwachtes Areal besitzt. Wir halten an einem Haus und warten. Nach fünf Minuten kommen Osman und Samuel zurück: »Der UN-Mann ist verreist. Wir versuchen etwas anderes!« Wir fahren weiter und halten bei einem Hotel. Wenige Minuten später öffnet sich das Tor und wir werden in den Innenhof gewunken, um dort unser Auto zu parken. Danach müssen wir aussteigen. Die beiden führen uns in die Lobby. »Aber das ist ein Hotel und wir wollen nicht ins Hotel!«, wendet Loyal ein.

»Ihr müsst hier nichts zahlen!«, erklärt uns Samuel.

Das Ganze ist uns suspekt. »Wir wollen aber auch nicht, dass ihr ein Hotel für uns bezahlt!«, wehre ich mich gegen das Angebot.

»Nein, wir werden auch nicht zahlen. Der Chef einer NGO hat sich bereit erklärt, euch dieses Hotelzimmer zur Verfügung zu stellen.«

»Und was will er dafür?« Ich bin sehr verwundert.

»Gar nichts. So sind wir hier in Afrika! Und ihr könnt nicht im Auto schlafen, das ist viel zu gefährlich!« Knockout-Argument. Trotzdem winden wir uns. Uns ist das Angebot unangenehm und unheimlich. Immer wieder versichern die beiden, dass alles in Ordnung sei. »Ihr würdet uns doch auch helfen, wenn wir nach

Deutschland kämen, oder?« Wir bejahen. »Na also!« Am Ende finden wir uns wirklich in einem klimatisierten Hotelzimmer wieder. Wir regeln die Temperatur gleich auf 29 Grad hoch – auch das erscheint uns noch als sehr kalt – und nutzen das WiFi-Angebot und den 24-Stunden-Strom. Ungewohnter Luxus.

Am nächsten Morgen holt uns Samuel ab und gemeinsam fahren wir zur ghanaischen Botschaft, wo wir zwei Antragsformulare erhalten und uns freuen, dass wir alle benötigten Unterlagen dabei haben. Wir setzen uns und wollen die Visadokumente ausfüllen, als uns die Sekretärin anherrscht: »Das Ausfüllen des Formulars ist in der Botschaft verboten!« Wir wundern uns, verlassen das Botschaftsgebäude und füllen die Formulare auf der Straße aus.

»Das habt ihr falsch gemacht«, sagt der Angestellte, als wir die Formulare vorweisen, gibt uns aber netterweise gegen den Willen der Sekretärin zwei neue Kopien. Wir füllen diese erneut aus und machen uns dann auf die Suche nach einem Kopiergerät, weil wir insgesamt vier Formulare pro Person abgeben müssen (mit vier Fotos!), in der Botschaft aber nur ein Formular erhalten haben.

Eine halbe Stunde später sind wir zurück und reichen alle Unterlagen ein, inklusive 50 US-Dollar pro Person. Der Angestellte gibt uns einen Schein zurück: »Den akzeptieren wir nicht. Der ist nicht sauber genug.«

»Den haben wir aber so aus dem Bankautomaten bekommen!«

»Na, dann müsst ihr halt noch mal Geld abheben gehen!« Wir können es nicht glauben. Glücklicherweise haben wir noch einen anderen 50-US-Dollar-Schein dabei, der akzeptiert wird. Wir sollen in ein paar Tagen wiederkommen, um unsere Pässe mit den Visa abzuholen.

Weiter geht's zu Samuels Handy-Laden in der Stadt, den er uns zeigen will. Stolz präsentiert er uns den etwa acht Quadratmeter großen Raum, der Werkstatt und Verkaufsraum in einem ist. Bei unserer Rückkehr zum Hotel »leiht« sich Samuel 50 US-Dollar von Loyal. Wir wissen nicht, wofür er es braucht, wollen aber nicht unhöflich sein und helfen ihm aus. Allerdings kommt uns die Bitte merkwürdig vor, weil wir den Eindruck gewinnen, dass Samuel in Geldnöten steckt. Hoffentlich gibt es kein Problem mit der Bezahlung des Hotels.

Wir beschließen, unsere Unterkunft am nächsten Morgen zu verlassen, aus der Stadt zu fahren und ein paar Tage später noch einmal wiederzukommen, um unser Ghana-Visum abzuholen. Früh am Morgen packen wir unser Auto. Die Rezeptionistin bekommt das mit und meint:»Reist ihr ab? Euer Hotelzimmer ist noch nicht bezahlt. Ich kann euch nicht gehen lassen!« Wir bekommen einen Schock und rufen Samuel an. Der befindet sich nicht in der Stadt, sondern ist verreist.»Ich weiß auch nicht, der NGO-Mann hat das Zimmer nicht bezahlt. Könnt ihr das vielleicht vorstrecken?«, fragt er uns übers Handy.

Können wir nicht und wollen wir nicht. Unser Budget ist sehr begrenzt und wir haben von Anfang an klar gemacht, dass wir uns ein solches Zimmer nicht leisten können. Aus der Ferne versucht Samuel nun, Geld bei seinen Freunden zu sammeln, was nicht einfach ist. Wir selbst haben nichts mehr zu geben, da wir ihm schon unseren letzten 50-US-Dollar-Schein mitgegeben haben. Den wollte er uns an diesem Morgen eigentlich zurückgeben.

Wir sitzen und warten, telefonieren immer mal wieder mit Samuel und Osman. Beiden ist die Situation sehr unangenehm und peinlich. Auch sie haben sich auf das Wort des NGO-Menschen verlassen und müssen nun sehen, wie sie aus dem Schlamassel wieder rauskommen. Irgendwann taucht Samuels Freundin mit einem Teil des Geldes auf. Als Pfand für den Rest hinterlegt sie ihr iPhone an der Rezeption. Wir dürfen gehen. Nun ist es allerdings schon Nachmittag, die Stadt überfüllt und wir müssen einen Teil der geplanten Strecke im Dunkeln reisen. Unser Ziel ist Totota. Samuel schreibt uns eine bitterböse SMS, die uns trifft. In Zukunft müssen wir bei solchen Angeboten gleich zu Beginn härter ablehnen – auch wenn das vielleicht unhöflich ist.

Bei Sozialpädagoge Sebastian in Totota

Wir verlassen Monrovia in Richtung Norden und fahren etwa zweieinhalb Stunden, bis wir im kleinen Ort Totota ankommen, der eigentlich nichts Besonderes bereithält. Für Deutsche gibt es hier aber eine kleine »Attraktion«, denn der Deutsche Sebastian lebt dort auf dem Gelände der Lutherischen Kirche. Er arbeitet als Sozialpädagoge und leitet ein Kinder- und Jugendlichenprojekt, das in 27 Zentren in Liberia Jugendarbeit macht. Als er aus seinem Haus kommt, ist er mir auf den ersten Blick sympathisch und er verwöhnt uns gleich mit einem tollen Essen. Nachmittags gibt es sogar Kaffee und frisch gebackenen Kuchen. Ein Novum auf unserer Reise.

In den nächsten Tagen können wir bei ihm richtig entspannen und den guten Internetanschluss nutzen. Es gilt, die Visaanträge für Angola und die Demokratische Republik Kongo vorzubereiten, da beide Visa in Deutschland beantragt werden müssen. Wir brauchen zwei Tage, bis wir alle Unterlagen zusammen haben! Sebastian fliegt über Weihnachten nach Deutschland zurück und hat sich bereit erklärt, unsere Unterlagen mitzunehmen. Das läuft ja wie geschmiert.

Wie es mir so geht (I)

Heute bin ich am Flughafen von Monrovia gewesen. Wir haben Sebastian dorthin gebracht. Als wir am Abend vorher Weihnachtslieder gehört haben, habe ich ganz kurz drüber nachgedacht, dass es schon schön wäre, Weihnachten in Deutschland zu sein. Den Gedanken habe ich wieder verworfen. Als ich den warmen Fahrtwind im Gesicht spürte, war ich so glücklich, dass ich heute nicht nach Hause fliegen muss. Ich bin einfach so froh, hier zu sein. Es ist die Reise meines Lebens!

Oft rege ich mich über Dinge, die ich hier erlebe, auf. Trotzdem bin ich hier glücklich. Ich liebe das Klima. Jetzt, im Dezember, laufe ich immer noch in Flip-Flops und T-Shirt durch die Gegend. Ganz ehrlich: Ich vermisse das nass-kalte deutsche Wetter kein bisschen. Außerdem ist es toll, morgens nicht mit dem Wecker aufstehen zu müssen. Zugegeben, die Hähne nehmen hier ihren Job sehr ernst, aber oft kann ich mich einfach noch mal umdrehen. Da abends ja auch so früh das »Licht« aus ist, liegen wir häufig schon um neun im Bett und bis sieben Uhr morgens haben wir dann schon zehn Stunden geschlafen – das tut gut.

Die schönste Zeit hier in Afrika ist für mich, wenn wir mit dem Auto durch die Gegend kurven. Je schlechter die Straße, umso mehr macht das Fahren an sich Spaß, denn auch wenn die schlechten Straßen anstrengend sind, so ist diese Art unterwegs zu sein doch gleichzeitig besonders abenteuerlich und genau das, was wir gesucht haben. Außerdem sind die Menschen, denen wir in den abgelegenen Gebieten begegnen, besonders herzlich und unglaublich gastfreundlich – da lässt es sich auch mal ertragen, dass sie uns als Abendunterhaltungsprogramm »missbrauchen«.

Das Leben in den Städten ist meistens vor allem anstrengend, weil wir Angst vor Dieben haben und gestresst von den Visaanträgen sind. Und natürlich sehe ich vieles kritisch, weil ich nun mal ein eher kritischer Mensch bin. Ich sehe hier nicht nur die »ach so süßen schwarzen Kinder mit den dicken Bäuchen, die ja so arm sind«, wie es in manchen romantisierten Büchern oder Berichten über Afrika dargestellt wird, sondern mache mir viele Gedanken über kulturelle Unterschiede. Da wir – vor allem in den Dörfern – sehr nah am »echten afrikanischen Leben« sind, bin ich häufig mit mir selbst und meinen eigenen Angewohnheiten konfrontiert. So habe ich inzwischen gemerkt, dass ich noch viel deutscher bin, als mir sowieso schon bewusst war, und dass es mir gar nicht so leicht fällt, mich wirklich über einen längeren Zeitraum einer fremden Kultur anzupassen. Auch Toleranz ist immer wieder Thema: Bin ich manchmal vielleicht zu kritisch und zu wenig tolerant?

Umwerfend empfinde ich die Gastfreundschaft aller, bei denen wir bisher waren. Es ist unglaublich, wie viele tolle Menschen man auf einer solchen Reise kennenlernt. Am liebsten wäre mir, wenn sie alle zusammen nach Karlsruhe ziehen würden.

Was mir immer wieder fehlt, ist eine Rückzugsmöglichkeit. Immer sind hier Menschen um einen, meist viel mehr, als einem recht ist. Eigentlich bin ich gern auch mal allein, lese ein Buch oder trinke gemütlich einen Tee. Allein bin ich seit unserer Abreise nie gewesen. Entweder wir sind bei jemandem zu Besuch oder unser Auto ist umrundet von Einheimischen. Das finde ich manchmal schwierig.

Mit dem Partner rund um die Uhr zusammen zu sein, kann auch schwierig sein. Allerdings ist das für mich gar nicht so. Im Gegenteil: Ich weiß nicht, wie ich es schaffen soll, nächstes Jahr wieder arbeiten zu gehen. Wir sind beide so daran gewöhnt, immer zusammen zu sein. Das ist sehr schön!

Auch vermisse ich meine Freunde. Ich führe aber mit vielen auf den langen Autofahrten in meinem Kopf fiktive Gespräche, frage sie um Rat und ähnliches. Es tut gut zu wissen, dass meine Freunde noch da sind, wenn ich wieder zurückkehre. Deshalb ist es auch nicht schlimm, wenn sie jetzt nicht körperlich anwesend sind. In meinem Kopf sind ja alle da.

Zusammenfassend kann ich sagen: Insgesamt geht es mir sehr gut!

In Liberia herrscht der US-Dollar

Da wir bargeldmäßig schon wieder auf dem Trockenen schwammen, fuhren wir kurz nach unserer Ankunft in Monrovia bei einer Bank vorbei, um Geld abzuheben. In Liberia bezahlt man mit Liberianischem Dollar (LD). Ein Euro sind knapp 100 LD. Ich wunderte mich deshalb sehr, als ich am Automaten nur den Maximalbetrag von 250 Dollar abheben konnte. Ich erinnerte mich noch sehr gut an Guinea, wo ich nur den Maximalbetrag von umgerechnet knapp 30 Euro abheben konnte und in Sierra Leone war es ähnlich. Aber 2,50 Euro erschienen mir doch völlig übertrieben, auch wenn Liberia nicht das sicherste Land ist. Da wir aber unbedingt Geld brauchten, drückte ich auf *okay*. Ich erhielt meine Karte zurück, der Ausgabeschlitz öffnete sich und heraus kamen US-Dollar-Scheine. Welch ein Wunder! Ich konnte es gar nicht glauben. Allerdings währte die Freude über den unerwarteten Geldsegen nur kurz, da mir bald auffiel, dass es sich um alte Scheine handelte. Einer war sogar mit Tesafilm geklebt. Wir würden Probleme haben, diese Scheine in Afrika zu verwenden, dachte ich mir. Hier wollen sie immer nur Scheine mit dem Druckdatum 2001 oder noch neuere haben. Außerdem sollten sie möglichst noch wie neu aussehen. Naja, Hauptsache wir hatten neues Bargeld. Jetzt mussten wir nur noch eine Wechselstube finden.

In den nächsten Tagen stellten wir aber fest, dass der Liberianische Dollar fast nicht zum Einsatz kommt. Alles wird in US-Dollar bezahlt. Nur das Wechselgeld unter fünf Dollar bekommt man dann in der einheimischen Währung zurück, das in den Augen der Liberianer gar keinen Wert hat. Unsere gewechselten Liberianischen Dollar will niemand annehmen. Und warum ist das so?

Wir recherchieren im Internet und finden heraus, dass Liberia innerhalb Afrikas ein Staat mit einer außergewöhnlichen Geschichte ist: 1822 kaufte die American Colonization Society Land an der westafrikanischen Küste, um dort freigelassene Sklaven anzusiedeln. Dies führte zwangsläufig zu Konflikten zwischen schon länger ansässigen einheimischen Ethnien und den aus den USA nach Afrika zurückgekehrten ehemaligen Sklaven. Es kam zur Bildung einer schwarzen Elite, deren Herrschaft erst 1980 durch einen Putsch von Samuel K. Doe gebrochen wurde. Bis dahin war das Land weitgehend von den USA abhängig: Fast 90 Prozent des Exports bestand aus Kautschuk an die amerikanische Firma *Firestone*. Um die Abhängigkeit nicht zu gefährden, unterstützten die USA Doe bei seinem Putsch und seiner Machtübernahme. Seine Absetzung nach fast zehnjähriger Regierungszeit führte zu einem 14 Jahre andauernden Bürgerkrieg, von dem sich das Land nur sehr langsam erholt.

Diese enge historische Verbundenheit mit den USA erklärt aber, warum Liberia nicht nur englischsprachig ist, sondern fast die gesamte Wirtschaft in US-Dollar abgewickelt wird. Lediglich an kleinen Marktständen kann man die einheimischen Dollar loswerden. Bei den ersten Präsidentschaftswahlen 2005 wurde Ellen Johnson-Sirleaf gewählt, die gleichzeitig die erste weibliche Präsidentin eines afrikanischen Staates war. Auch die Verurteilung des ehemaligen Präsidenten Charles Taylor im April 2012 war einmalig: Er ist das erste afrikanische Staatsoberhaupt, das von einem internationalen Tribunal wegen Kriegsverbrechen zur Verantwortung gezogen wurde. Liberia ist wirklich ein Land, das herausfällt.

UN-Soldaten und amerikanische Hähnchen

Während unseres Aufenthalts in Liberia und besonders in Monrovia fällt uns auf, dass es auf den Straßen nur so von UN-Fahrzeugen und weißen Männern wimmelt. »Was machen die denn alle hier?«, fragen wir einen Einheimischen.

»Ach, die UN-Soldaten«, meint der achselzuckend, »wenn die nicht mehr hier wären, würde alles wieder im Chaos versinken!« Diese Meinung scheint kein Einzelfall: Alle, die wir fragen, scheinen überzeugt, dass der Krieg sofort wieder ausbrechen würde, wenn die UN-Soldaten abgezogen werden würden. Wir sehen sie auch im Osten des Landes, an der Grenze zur Elfenbeinküste.

In der Hauptstadt Monrovia merkt man die »weiße Kaufkraft«. Es gibt nicht nur florierende Restaurants mit westlichem Essen und großen Portionen, was in westafrikanischen Restaurants, die von Weißen geführten werden, eine große Ausnahme ist, sondern auch viele Supermärkte mit einem großen Warenangebot. Es werden sogar lebende Hähnchen aus den USA eingeflogen. Als wir die zum ersten Mal sehen, können wir es kaum glauben. »Von unseren Gästen will ja niemand die zähen Viecher aus Afrika essen«, erklärt uns ein Restaurantbesitzer auf unsere Nachfrage, »und die tiefgekühlten Teile aus Europa können wir unseren weißen Kunden auch nicht anbieten. Zu häufig wurde die Kühlkette unterbrochen und dann haben wir den Salat!«

Die UNMIL, wie der UN-Einsatz in Liberia offiziell heißt, begann 2003 mit dem Ziel, die Ordnung im Land wiederherzustellen und die Rebellen der LURD (Liberians United for Reconciliation and Democracy) und der MODEL (Movement for Democracy in Liberia) zu entwaffnen. Erstere wurden von der Regierung Guineas, zweitere von der Regierung der Elfenbeinküste unterstützt, beide kämpften in den 90er-Jahren gegen die autoritäre und brutale Regierung Charles Taylors. Der Bürgerkrieg in Liberia spiegelte nicht nur den Konflikt zwischen den verschiedenen ethnischen Gruppen im Land wider, sondern war gleichzeitig der Kampf zwischen Kriegsherren (Warlords) um die politische Macht und die Rohstoffe des Landes. Da Charles Taylor außerdem die RUF-Rebellen unterstützt und mit »Blutdiamanten« gehandelt haben soll, war der liberianische Bürgerkrieg gleichzeitig auch mit dem Bürgerkrieg im benachbarten Sierra Leone verbunden.

Die UN versucht bis heute, den Flüchtlingen eine Rückkehr in ihre Heimat zu ermöglichen. Knapp 15 000 Männer kamen für diesen Einsatz nach Liberia. Im September 2012 sollte der Einsatz offiziell enden, wurde allerdings um ein Jahr verlängert. Niemand weiß, wie es weitergehen soll und wird, wenn sie wirklich gehen. »Alle hier verstecken noch Waffen«, erklären uns die Bewohner in einem kleinen Dorf, »wir haben Angst, dass die Kämpfe wieder losgehen, wenn die UN-Soldaten nicht mehr da sind!«

Angst vor ivorischen Rebellen

Unsere Fahrt durch den Osten Liberias dauert länger, als wir eigentlich gedacht haben. Wir brauchen einen halben Tag von Totota bis zur Grenze mit der Elfenbeinküste, obwohl diese nur 220 Kilometer entfernt ist. »Geldwechsel! Geldwechsel!«, ruft uns ein junger

Mann vom Straßenrand zu, als wir zum Grenzposten fahren. Loyal und ich schauen uns an. Angesichts der am Straßenrand parkenden Lastwagen sind wir unsicher. »Lass uns erstmal schauen, was sie an der Grenze sagen. Nicht dass wir hinterher kein Geld mehr haben, aber noch welches brauchen«, meine ich schließlich. Loyal verschwindet im Inneren des Grenzhäuschens. Da hier noch alles auf Englisch läuft, übernimmt er. Ich sitze wartend im Auto und beobachte zwei Hunde, die es wild miteinander treiben und danach noch etliche Minuten unfreiwillig zusammenkleben. Sieht irgendwie ziemlich lustig aus, wie die beiden Hintern an Hintern warten und in der Gegend rumschauen. Naja, ich warte auch. Irgendwie länger als gedacht. Was die da drin wohl alles brauchen?

Irgendwann kommt Loyal zurück und erklärt mir: »Die Grenze ist offiziell geschlossen, weil die liberianische Regierung verhindern will, dass ivorische Rebellen auf diesem Weg ins Land kommen. Deshalb dürfen die Beamten hier unsere Pässe nicht stempeln.« Ohne Stempel wollen sie uns aber auch nicht weiterlassen. Jetzt hängen wir wirklich fest! Mist.

Der Zuständige rät uns, es an der guineischen Grenze zu versuchen. »Aber das ist nur eine kleine Grenze, da gibt es keine Visa«, wendet Loyal ein.

»Naja, mit ein bisschen Bakschisch vielleicht schon!«, meint der Beamte augenzwinkernd.

»Wollen Sie uns zur Korruption anstiften?«, fragt ihn Loyal.

Dem Mann wird unwohl. »Na, dann müsst ihr bis Monrovia fahren, dort die Visa beantragen und wieder an die Grenze zurückfahren!« Oh je. Es ist heiß, die Straße war schlecht und ich habe gar keine Lust, diese Strecke noch zweimal zu fahren. Zumal die Visa für Guinea sehr teuer sind und es mehrere Tage dauert, bis man sie bekommt. »Gibt es echt keine andere Lösung?«, will ich wissen.

»Naja, es gibt noch einen anderen Grenzübergang im Süden. Der ist wahrscheinlich offen«, erzählt uns der Beamte zögerlich.

»Wahrscheinlich?«, hakt Loyal nach.

»Ja, sicher!«, ist der Beamte nun überzeugt. Loyal und ich sind verunsichert. Die fast 600 Kilometer lange Strecke zu fahren, wird mehrere Tage dauern. Außerdem ist der Weg auf unserer Karte nur als Piste eingezeichnet und eigentlich ist ja genau diese Region die unsichere und von Rebellen kontrollierte. Trotzdem haben wir keine Lust, wieder zurück nach Monrovia zu fahren. Also machen wir uns auf den Weg in den Süden Liberias.

Mission Tourismus

Auf der Strecke bis an den südöstlichsten Punkt des Landes, an dem sich die scheinbar einzige offene Grenze zur Elfenbeinküste befindet, begegnen uns kaum Autos. Wir sehen auch keine Hotels oder Restaurants. Vor allem Flüchtlingscamps säumen unseren Weg, wobei diese meistens wie normale Dörfer aussehen. Nur die Schilder am Straßenrand weisen darauf hin, dass es sich um Flüchtlingslager handelt. Kein Wunder: Wer hier schon fünf oder mehr Jahre als Flüchtling lebt, hat sich eingerichtet. Es ist auch nicht immer erkennbar, ob es Flüchtlinge aus der Elfenbeinküste oder aus Liberia selbst sind. Uns fällt außerdem auf, dass viele gut gebaute Häuser leer stehen. Es scheint, als wurde in der Region viel gebaut. Vielleicht sind das die Häuser der liberianischen Flüchtlinge, die momentan in Flüchtlingscamps in der Elfenbeinküste leben.

Die Region ist wirklich stark von der Not der Flüchtlinge betroffen: Im liberianischen Bürgerkrieg (1989–2003) flohen viele in die benachbarte Elfenbeinküste. Von diesen Flüchtlingen sind inzwischen viele wieder nach Liberia zurückgekehrt, andere haben in der Elfenbeinküste eine neue Heimat gefunden. Während des Bürgerkriegs in der Elfenbeinküste (2002–2007) flohen viele Ivorer in umgekehrter Richtung aus der Elfenbeinküste nach Liberia und ließen sich in derselben Region in Liberia nieder, aus der zuvor die Menschen geflohen waren. Auch von diesen Flüchtlingen sind inzwischen viele wieder nach Hause zurückgekehrt. Allerdings flammte der Bürgerkrieg in der Elfenbeinküste nach den Präsidentschaftswahlen 2010 wieder auf und es kam zu einer Regierungskrise. Wieder flohen viele – teilweise zum zweiten Mal – nach Liberia. Dies alles führte dazu, dass man in der Region auf beiden Seiten der Grenze nun Flüchtlingslager findet, die teilweise schon Dauerlager beziehungsweise normale kleine Dörfer sind, weil die Menschen dort seit zwanzig Jahren und länger leben. Verrückte Welt. Glücklicherweise ist die Regenzeit vorbei, ansonsten wäre die Piste sicherlich unpassierbar. Monatelang sind die Dörfer im Osten in der Regenzeit von der Zivilisation abgeschnitten und Nahrungslieferungen unmöglich. »Jetzt wollen sie hier aber eine Teerstraße bauen«, erzählt uns ein Polizist an einem Kontrollposten lächelnd. Wir kämpfen nicht gegen den Regen, aber gegen den Staub, der unser Auto einhüllt. Die Fahrer der UN-Autos, denen wir begegnen, tragen Staubmasken. Abends sind alle unsere Sachen von einer rötlichen Staubschicht bedeckt. Der Staub hinterlässt Flecken, die sich kaum mehr auswaschen lassen. Schon bald ist unser gesamtes Bettzeug rötlich. Loyal sieht das locker: »Was willst du machen?«, fragt er mich. »Der Staub dringt durch alle Ritzen!«

Ich sage dem Staub den Kampf an. Wir lassen vorn und hinten die Rollos herunter, damit der Fahrtwind den Staub nicht mehr direkt durch die offenen Seitenfenster in den Innenraum wirbeln kann. Danach versuche ich, unsere Schlafsachen notdürftig mit einer Massaidecke abzudecken. Das hält zumindest das Gröbste fern. Meinen Kopf umwickle ich mit einem afrikanischen Tuch, das mich unglaublich hässlich aussehen lässt, aber zumindest werden meine Haare geschützt. Da sich Loyal seinen Kopf von einem Afrikaner hat kurz scheren lassen (der Friseur nach dem Schneiden: »Huch, die sind aber kurz geworden. Habe ich gar nicht gesehen. Das tut mir aber leid!«), stört bei ihm der Staub auf dem Kopf weniger. So fahren wir durch Liberia.

An vielen Kontrollposten werden unsere Personalien notiert. »Welche Organisation?«, werden wir gefragt.

»Wir sind Touristen!« Die Leute schütteln den Kopf, weil sie so überrascht sind, hier Touristen zu sehen. Ein Blick in die Bücher verrät uns, dass hier schon seit Jahren keine Europäer »ohne Mission« mehr vorbeigekommen sind. Die einzigen Eintragungen betreffen Hilfsorganisationen. Die Polizisten tragen bei Beruf für uns jedes Mal »Tourist« ein. Loyal und ich lächeln über diese Bezeichnung. Einmal schreibt ein besonders eifriger Polizist «Missionar«. Das geht Loyal zu weit. Doch als er den Mann darauf hinweist, dass wir keinesfalls Missionare sind, sagt dieser todernst: »Doch! Eure Mission ist der Tourismus!« Wir verkneifen uns das Lachen. So kann man das auch sehen.

Übernachtung bei einer Prophetin

In einer Nacht übernachten wir zufällig neben einer »Kirche«. Das Gebäude sieht aus wie alle anderen Häuser des Dorfs und wir erfahren, dass die dort lebende Frau eine Prophetin ist. Sie wohnt dort mit einem Mann, zwei weiteren Frauen und drei Kindern. Loyal macht mit dem Mann eine Tour durch die »Kirche« und den Hof. Als er zurückkommt, berichtet er mir: »Der Mann meinte, dass er sich zum Schlafen in die Erde eingräbt. Das ist schon etwas merkwürdig, oder?« Das hört sich wirklich etwas seltsam an. Allerdings ist der Platz gut, es wird langsam dunkel und die Leute scheinen sehr nett zu sein. Man bringt uns einen Eimer Wasser (das einzige Mal im Osten Liberias, dass uns Wasser angeboten wird) und wir »duschen«, indem wir uns mit einem Becher Wasser über den Körper schütten. Es tut so gut, endlich den roten Staub abwaschen zu können. Leider reicht das Wasser nicht, um auch meine Haare zu waschen. Das muss noch warten. Ich koche uns wie fast jeden Abend einen Eintopf aus einheimischem Gemüse – viel mehr ist mit einem einzigen Topf und einem Gaskocher auch nicht möglich – und kurz nach dem Essen gehen wir auch schon schlafen.

Am nächsten Morgen wachen wir davon auf, dass schon um 6:30 Uhr im Gebäude neben unserem Auto Trommeln ertönen. Die Gemeinschaft feiert ihren Gottesdienst. Es wird gesungen, getrommelt

Bei der Prophetin bekommen wir Wasser und dürfen uns in diesem Verschlag waschen. In muslimischen Gegenden findet man einen solchen Waschplatz neben jeder Hütte.

und anschließend lange gebetet. Wir verstehen nichts, weil der Gottesdienst in einer afrikanischen Sprache stattfindet. Doch plötzlich wechselt die Prophetin ins Englische. Wir lauschen gespannt. »Lieber Gott, beschütze unsere Gäste auf ihrer Reise. Danke, dass du sie zu uns geführt hast. Und lieber Gott, es ist mir sehr peinlich, dich das zu fragen, weil du ja genug anderes zu tun hast, aber du weißt, dass ich dringend Geld brauche. Und lieber Gott, an wen kann ich mich mit solchen Problemen besser wenden als an dich? Ich freue mich, dass du den Weg der Fremden zu uns gelenkt hast. Vielleicht ist das ja die Lösung, die du für uns vorgesehen hast.« Dieser Teil des Gebets dauert etwa 20 Minuten, weil sie die Sätze etliche Male wiederholt. So wirkt das Gebet besonders eindringlich auf uns. Nach dieser Passage wechselt die Prophetin wieder in ihre Sprache und wir verstehen nichts mehr. Wir müssen an uns halten, um nicht laut loszulachen! Es ist das erste Mal, dass wir so indirekt um Geld gebeten werden. Bisher haben uns Menschen immer sehr direkt danach gefragt.

Wir frühstücken, packen unsere Sachen und machen uns auf den Weg. Bei der Verabschiedung überreichen wir der Prophetin etwas Gemüse als Dankeschön. Falls sie enttäuscht ist, lässt sie sich das zumindest nicht anmerken. Als wir nach dem Namen des etwa zweijährigen Mädchens fragen, das immer an ihrem Rockzipfel hängt, sagt sie:»Das ist meine Tochter.« An den Namen erinnert sie sich nicht mehr. Der Mann kann helfen:»Aisha.« Merkwürdige Prophetin.

Sehnsucht nach einer Dusche

Die Menschen in den Dörfern hier reagieren sehr viel zurückhaltender auf uns als wir das bisher in den anderen Ländern erlebt haben. Nie werden wir weggeschickt, aber die Blicke, die wir ernten, sind meist so skeptisch, dass wir das Gefühl haben, ihnen wäre es lieber, wenn wir weiterfahren würden. Da viele in der Region eine Flüchtlingsvergangenheit haben, können wir verstehen, dass die Menschen Fremden gegenüber misstrauisch sind. Trotzdem müssen wir bei Einbruch der Dunkelheit irgendwo bleiben und da es keine Hotels oder ähnliches gibt, sind wir auf die in den Dörfern lebenden Menschen angewiesen.

Wasser wird uns seltenst angeboten, obwohl wir nach der staubigen Fahrt so dringend das Bedürfnis haben, uns zu waschen. Zum Kochen und Spülen verwenden wir Flaschenwasser. Davon haben wir aber leider nicht so viel, dass es auch zum Duschen reichen würde. Wer weiß, wann und wo es wieder Trinkwasser in Flaschen zu kaufen gibt. Nach nunmehr drei Tagen durch den Staub, ohne zwischendrin zu duschen, sehen wir übel aus. Wir müssen uns waschen! Alles juckt. Wir fragen unseren Gastgeber vorsichtig nach Wasser. Nach einer Stunde bringt er einen Eimer mit Flusswasser. »Das müsst ihr vor dem Duschen abkochen«, meint er zu uns. Das Wasser sieht wirklich nicht sehr einladend aus, aber so viel Gas haben wir auch nicht, um mit unserem kleinen Topf so viel Wasser abzukochen. So waschen wir uns schließlich mit dem dreckigen Flusswasser. Beim nächtlichen Abendessen hören wir komische Geräusche und haben das Gefühl, dass uns gefährliche Tiere aus dem Busch heraus beobachten. Wir packen schnell zusammen und essen im Auto sitzend weiter.

Am nächsten Tag sehen wir bei der Weiterfahrt am Straßenrand einen toten Schimpansen, der am Schwanz aufgehängt wurde und wohl als Essen verkauft werden soll. »Es gibt Schimpansen hier! Das erklärt die Geräusche und den Geruch von gestern Abend!«, meint Loyal. Wir sind beide froh, dass wir in so einem »starken« Auto unterwegs sind, das uns gegen wilde Buschtiere schützt. Danke, Stella.

Da die Leute wenig Interesse an uns haben, glotzen sie uns auch nicht so viel an, wie wir das in anderen Ländern erlebt haben. Das ist sehr angenehm! Endlich können wir in Ruhe kochen und essen, ohne durchgehend bei allem beobachtet zu werden. Keiner steht um uns herum.

Einmal stellt Loyal beim Aufstehen fest, dass wir einen Platten haben. Die Luft muss in der Nacht entwichen sein. Eine etwa fünf Zentimeter lange Schraube steckt in unserem Reifen. Gut, dass nicht das halbe Dorf glotzend und Kommentare abgebend beim Reifenwechsel um uns herum steht. Manchmal ist uns die Zurückhaltung der Einheimischen schon auch sehr recht.

Das liberianische Sicherheitsdokument

Als wir im Süden endlich an die Grenze kommen, sind wir beide sehr erleichtert. Die Grenze scheint offen zu sein! Wir bekommen unsere Stempel. Danach muss ich ein Ankunftsformular ausfüllen, das unsere Sicherheit erhöhen soll. Es müssen Kontaktpersonen etc. angegeben werden für den Fall, dass uns in Liberia etwas passieren sollte. Häh? Wir verlassen das Land doch gerade. »Das ist kein Problem«, versichert mir der Beamte, »streich einfach ›arrival‹ durch und schreib ›departure‹ über das Dokument!«

»Das macht aber gar keinen Sinn, weil wir doch gerade ausreisen«, versuche ich um das Ausfüllen des Papiers herumzukommen. »Doch! Nur mit dem Papier seit ihr sicher in Liberia!«

»Wir verlassen Liberia aber gerade«, versuche ich es erneut, sehe seinen Blick und lasse mir den Stift reichen. Schnell fülle ich alles aus und will gehen.

»Stopp! Wir brauchen das alles noch mal für deinen Mann!«, sagt er und reicht mir ein zweites Formular. Ich bin sehr genervt und verdrehe die Augen.

Er ist erstaunt: »Habt ihr denn keine Angst vor Liberia?«

»Nein, wir verlassen das Land ja gerade und da haben wir keine Angst mehr!« Das leuchtet ihm überhaupt nicht ein und deshalb fülle ich resigniert den Bogen aus.

Wir fahren weiter in Richtung ivorische Grenze. Doch was ist das? Ein Fluss trennt die beiden Länder. Wie sollen wir da mit unserem Auto rüberkommen? In einem Kanu wird das ja kaum klappen. Warum hat uns das niemand gesagt? Wir fahren zurück zum liberianischen Grenzposten. »Ach ja, der Fluss. Es gibt eine Fähre. Aber die ist seit zwei Monaten kaputt. Ach nein, wartet, die fährt ja seit gestern wieder. Aber frühestens um 15 Uhr!«

Warum haben die uns das nicht gleich gesagt? Wir warten. Und warten. Und warten. Um 15:30 Uhr kommt die Fähre wirklich herübergeschaukelt. Sicher sieht sie nicht aus. Sie muss die ganze Zeit Wasser abpumpen, damit sie nicht untergeht. »Das kostet 50 US-Dollar für euer Auto!«, meint der Fährmann. Ich springe ihm fast ins Gesicht. Da er französisch spricht, läuft das wieder über mich.

»Was hat er gesagt?«, will Loyal wissen.

»Die paar Meter sollen uns 50 US-Dollar kosten!« Loyal bleibt der Mund offen stehen.

»Wenn ihr nicht wollt, dann geht zur Seite. Hinter euch warten drei Lkw und die Grenze schließt ja gleich!« Ich versuche ruhig zu bleiben und schicke Loyal zu den Lkw-Fahrern, um den richtigen Preis für die Fähre zu erfahren. Resigniert kommt er zurück: »Es stimmt. Die nehmen von denen noch mehr, weil sie wissen, dass es keine andere offene Grenze gibt. Wir haben keine andere Wahl!« Ich gebe dem Fährmann die schmutzigsten Scheine, die wir noch haben und, nach zwei Minuten (wenn überhaupt) sind wir auf der anderen Seite.

Elfenbeinküste

Ärger beim ivorischen Zoll

Da wir die einzigen Ankommenden sind, habe ich schnell beim Immigrationsbüro die Einreisestempel ergattert. Es bleibt nur noch der Zoll. »Ihr braucht eine Touristenvignette für euer Auto. Die gibt es nur in San Pedro. Dahin müssen wir euch eskortieren und das kostet 100 Euro«, sagt der Beamte und grinst mich an. Nach dem stundenlangen Warten in der prallen Sonne auf der anderen Flussseite und dem unverschämten Fährmann bin ich gut aufgeheizt.

»Ihr habt hier doch überhaupt keine Ahnung von Touristen, weil hier ja nie welche vorbeikommen!«, schimpfe ich den Mann an. »Und jetzt meint ihr, mit mir Geld machen zu können! Nein, nicht mit mir! Ich habe alle erforderlichen Dokumente und zahle auf keinen Fall etwas!«

»Na, dann musst du nach Liberia zurückfahren«, antwortet er lächelnd.

Ich drehe mich um und gehe zum Auto zurück. »Hier bleibe ich nicht. Das Land gefällt mir nicht. Lass uns zurückfahren«, rufe ich dem verdutzten Loyal entgegen. Er versucht mich zu beruhigen, aber ich tobe. Nach einer Viertelstunde, während der wir ratlos herumgesessen haben, kommt plötzlich der Mann vom Zoll zu unserem Auto.

»Zeig uns doch noch mal deine Papiere.« Ich gehe mit ihm. Er ruft seinen Chef in San Pedro an und es stellt sich heraus, dass er wirklich keine Ahnung hatte und meine Papiere in Ordnung sind.

Ich muss nichts zahlen und brauche auch keine Vignette. »Gute Fahrt! Und nicht mehr böse sein«, sagt er zu mir zum Abschied. Ich bin so erleichtert, dass ich ihn gönnerhaft anlächle: »Kein Problem, ich bin nicht mehr böse. Und bei den nächsten Touristen wissen Sie ja jetzt, wie es funktioniert!«

Gefährlicher Osten?

Während ich mit den Einreiseformalitäten beschäftigt bin, lernt Loyal einen Weißen kennen, der zu ihm ans Auto kommt. Er stellt sich als Marc vor. »Ich habe hier noch nie weiße Touristen gesehen!«, begrüßt er Loyal, um im gleichen Atemzug hinzuzufügen: »Diese Gegend ist ja total gefährlich. Ich selbst darf von der Firma aus hier nur mit einem Militärkonvoi fahren. Auch die ganze Strecke bis Sassandra ist sehr gefährlich. Dass ihr euch das traut!« Loyal weiß nicht, ob Marc Respekt vor ihm hat oder ihn einfach nur für verrückt erklären will. »Ich wohne in Abidjan. Das ist eine tolle Stadt. Hier ist meine Nummer. Ihr müsst auf jeden Fall bei mir vorbeikommen und eure Geschichte erzählen!«, lädt er Loyal ein. »Ihr schafft das bestimmt, aber haltet auf gar keinen Fall auf der Strecke an!«, sagt er noch und verschwindet.

Als ich endlich alle Papiere zusammenhabe und zu Loyal zurückkomme, ist dieser total eingeschüchtert. Kein Wunder. Nachdem ich die Story gehört habe, wird auch mir ganz flau im Magen. Ich will eigentlich gar nicht mehr weiterfahren. Mir kommt eine gute Idee: »Lass uns mit Marc und seinem Konvoi fahren!« Doch Marc ist schon weg und wir fühlen uns einsam und allein an der Grenze zurückgelassen. Also los. Uns bleibt ja nichts anderes übrig.

Die Gegend sieht völlig anders aus als das liberianische Pendant auf der anderen Seite der Grenze. Wir wundern uns, dass es bisher irgendwie immer so war, dass, sobald wir über eine Grenze gefahren sind, die Landschaft völlig anders aussah. Wie ist das möglich? Zumal es sich um landschaftliche Änderungen und nicht um zivilisatorische, wie zum Beispiel eine andere Bauweise der Häuser, handelt. War es im Osten Liberias wahnsinnig trocken und staubig, ist es nun auf der anderen Seite des Flusses (Liberia und die Elfenbeinküste sind durch den Cavalla-Fluss voneinander getrennt) tropisch und feucht. Das sieht man auch an der Flora.

Wir fahren so zügig wie wir können und schauen jeden Fußgänger finster an. Handelt es sich vielleicht um einen Rebellen? Aber alle lächeln und winken uns freundlich zu. Wir fahren und fahren, langsam wird es dunkel, aber San Pedro kommt nicht näher. Wegen Marcs Aussage sehen wir rechts und links von uns im Busch die Augen der Rebellen funkeln. Kalte Rebellenhände sitzen uns im Genick. Wir haben wirklich Angst! »Wollen wir nicht einfach hier in einem Dorf anhalten, wie wir das bisher auch immer getan haben?«, fragt mich Loyal vorsichtig.

»Nee, auf keinen Fall. Die können uns auch nicht beschützen, wenn die Rebellen von uns Wind bekommen haben und uns töten wollen!« Marc hat es wirklich geschafft, dass ich mir zum ersten Mal auf unserer Fahrt große Sorgen mache.

Endlich sehen wir die Lichter von San Pedro vor uns auftauchen. Mir fällt ein Stein vom Herzen.

Die Gefahr scheint noch nicht vorüber

Als wir in San Pedro ankommen, beschließen wir, zum Kommissariat zu fahren und dort auf dem Parkplatz zu übernachten. Alles andere scheint uns in diesem Gebiet zu unsicher, zumal es keinen aktuellen Reiseführer gibt und wir nicht wissen, wo wir sonst bleiben sollen. »Kein Problem, herzlich willkommen«, lächelt mich der Oberkommissar an und zeigt uns daraufhin, wo wir unseren Landy am besten parken sollen. »Hier ist die ganze Nacht über jemand da. Hier kann euch nichts passieren!« Als wir kurz wenige Meter die Straße heruntergehen wollen, um etwas zu essen, will er uns einen Beamten in Zivil mitgeben. »Für eure Sicherheit!«

Ist das wirklich nötig? Wir überzeugen ihn, dass wir nicht weit wollen und gehen etwas zu essen kaufen.

Als wir mit den Tüten zurückkommen und den Wagen für die Nacht vorbereiten, erscheint plötzlich ein anderer Polizist, der uns mitteilt, sein Chef habe gesagt, wir dürften nicht bleiben, weil es zu gefährlich sei. Wir versichern ihm, dass wir uns sicher fühlen und ziehen uns ins Auto zurück, um zu essen. Mit dem Handy am Ohr klopft der Mann an unser Fenster:»Ihr müsst gehen. Ihr dürft hier nicht bleiben. Wir können für eure Sicherheit nicht garantieren. Es ist zu gefährlich hier!«

»Zu gefährlich? Direkt vor dem Kommissariat?« Loyal und ich schauen uns ungläubig an.

»Geht doch zur UN gleich da drüben. Die können euch sicherlich besser beschützen!«, meint er noch und geht. Wir sind völlig verblüfft, packen unser Auto wieder um und fahren. Es ist inzwischen 21 Uhr und stockdunkel.

Vor dem UN-Gelände halten wir und sprechen die Wachmänner an.»Hier ist niemand mehr«, erklärt uns der Chef des Wachpersonals,»alle sind schon nach Hause gegangen!«

»Naja, die zwei könnten doch hier an der Straße parken. Da haben wir ihr Auto doch auch im Blick«, schlägt einer der Männer vor. Sie beraten sich in ihrer Sprache. Es scheint eine Diskussion im Gange zu sein. Loyal und ich sind hungrig und müde. Wir wollen nur eine sichere Nacht verbringen und dann weiterfahren.

»Ihr könnt hier nicht bleiben«, meint schließlich einer zu uns, »wenn mein Chef morgen kommt und euch sieht, gibt das vielleicht Probleme!« Wir erklären ihm, dass wir uns schon früh auf den Weg machen wollen. Außerdem werden wir doch auf der Straße und nicht auf dem Gelände parken. Aber er lässt sich nicht überzeugen. Wohin jetzt? Ein anderer der Männer kommt zu uns und entschuldigt sich für seine Kollegen.»Ich werde euch helfen«, verspricht er.

Und tatsächlich. Zusammen gehen wir zu einem der jungen Männer, die auf der Straße herumstehen. Er wohnt im Haus direkt neben der Polizeistation.»Natürlich könnt ihr bei mir bleiben!«,

159

begrüßt er uns. Wir parken direkt neben dem Haus und erklären unserem netten Gastgeber, dass wir uns an diesem Abend gerne gleich ins Auto zurückziehen möchten, weil wir so müde sind. Wir wollen nur noch schnell etwas essen und dann schlafen. Es tut uns leid, unseren netten Gastgeber auf ein Gespräch am nächsten Morgen vertrösten zu müssen, aber wir können einfach nicht mehr. Als wir endlich unser vor Stunden gekauftes Essen im Land Rover sitzend genießen, kommt der Chef der UN-Wachmänner vorbei. Er entschuldigt sich. »Ich hoffe, ihr seid mir nicht böse, aber ich kann einfach keine Verantwortung für euch übernehmen!« Wir beruhigen ihn. In diesem Land scheint ja nicht einmal die Polizei Verantwortung übernehmen zu wollen. Wir beschließen, so schnell wie möglich die Elfenbeinküste wieder zu verlassen. Wir fühlen uns alles andere als sicher und willkommen.

Der Traum von Europa

Am nächsten Morgen unterhalten wir uns mit unserem Gastgeber Medaro und seinem Bruder Adou. Zu zweit leben sie in einem relativ großen Steinhaus in der Stadtmitte, das sie von ihrem Vater geerbt haben, der in einer anderen Stadt lebt. Das Haus ist mit Möbeln eingerichtet, allerdings spärlich. Es wirkt ein bisschen wie eine Männer-WG.

Medaro und Adou sind schätzungsweise Anfang 20 und obwohl sie es für hiesige Verhältnisse nicht schlecht getroffen haben, träumen sie von einem Leben in Europa. Wir sind darüber verwundert, weil die beiden einen glücklichen Eindruck auf uns machen und sich in San Pedro wohlzufühlen scheinen. Jeder zweite im Viertel scheint ein Freund zu sein, dem wir vorgestellt werden. Aus diesem Grund haken wir genauer nach: »Wir sparen schon für die Überfahrt im Boot«, erzählen sie daraufhin. Zwischen 150 und 300 Euro zahlt man pro Person wohl für die Fahrt von San Pedro aus nach Spanien. »Wenn man Pech hat, gerät man an Betrüger. Die werfen

160

Unsere Gastgeber in San Pedro: Medaro (rechts) und sein Bruder Adou.

die Leute einfach auf dem offenen Meer über Bord!«, erzählt Medaro.

»Und warum wollt ihr ein solches Risiko eingehen?«, wollen wir von ihnen wissen.

»Ich will unbedingt Fußballer werden!«, meint Adou freudestrahlend.

Medaro hatte vor einigen Monaten einen schweren Motorradunfall, humpelt an Krücken und kann deshalb zurzeit nicht arbeiten. Dafür schiebt Adou nun Doppelschichten im Hafen, um das Geld zusammenzubekommen. Die beiden halten echt zusammen. Wir bedanken uns, dass sie uns in der Nacht so spontan aufgenommen haben. »Vielleicht sehen wir uns ja in Deutschland wieder!«, meinen sie mit einem Augenzwinkern zum Abschied.

Weiße Einheimische

Nach etwa 350 Kilometern und sieben Stunden Fahrt treffen wir in Abidjan Marc wieder, der mit seiner Frau Nicole in einem europäisch wirkenden Haus lebt. Sie sind Franzosen, leben aber schon ihr ganzes Leben in der Elfenbeinküste. Marc hat auch die ivorische Nationalität. Er wie auch seine Eltern und Großeltern wurden in der Elfenbeinküste geboren. Da das Land eine französische Kolonie war, waren die wirtschaftlichen Beziehungen zu Frankreich immer sehr eng. Bis zum Beginn des Bürgerkriegs 2002 lebten etwa 20 000 Franzosen im Land.

Marc und Nicole berichten uns von den Unruhen in den letzten Jahren. Nach der Unabhängigkeit von Frankreich 1960 hatte der erste ivorische Präsident Félix Houphouet-Boigny eine prowestliche Wirtschaftspolitik verfolgt, die dem Land Aufschwung brachte. Dies lockte viele Einwanderer aus den Nachbarländern an, die in der Elfenbeinküste Arbeit fanden. Als die Arbeitssituation schlechter wurde, führte die Unzufriedenheit der Bevölkerung zu Fremdenfeindlichkeit, weil die Einwanderer für die Misere verantwortlich gemacht wurden. Im Jahr 2000 gewann Laurent Gbagbo die Präsidentschaftswahl, von denen der Oppositionskandidat ausgeschlossen worden war. Als Reaktion erhob sich 2002 ein Teil der Armee gegen den Präsidenten und brachte den Norden des Landes unter seine Kontrolle. Die UNO schickte zusätzlich zu den französischen im Land stationierten Soldaten 6 300 Blauhelme, um die

Lage zu stabilisieren. Frankreich setzte einen Friedensplan durch und erklärte den Krieg für beendet. 2004 eskalierte die Situation erneut, als es zu Luftangriffen seitens der Regierungstruppen auf die immer noch im Norden agierenden Rebellen kam, im Zuge derer fünf Franzosen getötet wurden. Daraufhin vernichteten französische Streitkräfte die gesamte ivorische Luftwaffe innerhalb eines Tages. Dies führte zu einer Eskalation der Gewalt gegenüber Franzosen und anderen Europäern, es kam zu gewalttätigen Demonstrationen gegen Frankreich und via Luftbrücke wurden rund 6 000 Ausländer evakuiert. 2007 wurde nach langwierigen Verhandlungen ein Friedensvertrag unterzeichnet, allerdings kam es nach den Präsidentschaftswahlen 2010 erneut zu Unruhen. In der folgenden Regierungskrise waren gewaltsame Auseinandersetzungen mit Todesopfern an der Tagesordnung. Bis Ende März 2011 befanden sich eine Million Menschen auf der Flucht vor dem Bürgerkrieg. Die politische Lage in der Elfenbeinküste ist bis heute fragil. Über diese Situation zu lesen, ist etwas ganz anderes, als nun mit Menschen zusammenzusitzen, die den Bürgerkrieg selbst miterlebt haben.

»Die Situation für uns Weiße hat sich seit 2002 drastisch verändert«, erzählt Marc, »die Ivorer mögen uns nicht mehr besonders.«

Während Marc in der schwierigsten Zeit sogar einige Monate ins Asyl nach Ghana gegangen ist, hat Nicole den Krieg in Abidjan miterlebt. »Ich habe mich mit zwei Taschen auf den Weg zum französischen Militärlager gemacht, bin dann allerdings von etwa 200 Ivorern verfolgt worden, die mich umbringen wollten.« Mit Mühe erreichte sie den sicheren Militärstützpunkt.

»Und wie ist es heute für euch, immer noch hier zu leben?«, wollen wir wissen.

»Die Elfenbeinküste ist unsere Heimat. Hier sind wir aufgewachsen, hier leben unsere Familien. Wir können uns nicht vorstellen wegzugehen, auch wenn viele unserer Freunde nicht mehr da sind.«

In zwei Monaten wird ihr erstes Kind zur Welt kommen. Es soll auch beide Staatsangehörigkeiten bekommen. Die beiden planen nicht, nach Frankreich auszuwandern. »Da gehören wir nicht hin!«, sind sie sich sicher. Marc lädt uns ein, ein paar Tage in ihrem schönen Wochenendhaus direkt am Meer zu verbringen. »Viele Franzosen haben während des Krieges die Flucht ergriffen und alles, was sie besaßen, sehr günstig verkauft. Deshalb besitzen viele im Land Gebliebene nun Ferienhäuser an der Küste und andere Luxusgüter. In gewisser Weise hat uns die Krise reicher gemacht«, fügt er erklärend hinzu. Wir verbringen ein paar entspannte Tage direkt am Meer. Traumhaft. Leider ist die Strömung an diesen Tagen so stark, dass wir uns nicht ins Wasser trauen.

Ghana

Ankunft in Ghana

Die Grenzformalitäten zwischen der Elfenbeinküste und Ghana sind unkompliziert und zügig zu erledigen. Wir haben die Grenze der Elfenbeinküste schnell hinter uns gelassen und kommen auf die ghanaische Seite. Hier ist die Korruption ganz offensichtlich: Während ich eine Viertelstunde bei einem Beamten sitze, der alle Informationen aus meinem Fahrzeugschein abschreibt, wird dieser ständig von anderen Fahrern abgelenkt, die ihm 1 000 CFA (etwa 1,80 Euro) in die Hand drücken, um weiterfahren zu können. Vielleicht hätte ich das auch mal probieren sollen. Währenddessen sitzt Loyal im Auto und versucht die Geldwechsler abzuwimmeln, die uns alle als blöd beschimpfen, weil wir nicht bei ihnen wechseln wollen. Als Loyal dann sogar selbst im Immigrationsbüro erscheinen muss, da die Ghanaer unsere Pässe via Gesichtserkennung überprüfen wollen – zum ersten Mal reicht es nicht, dass nur einer von uns beim Grenzübergang anwesend ist! –, kommen die Geldwechsler zu mir und behaupten, Loyal hätte ihnen gesagt, dass ich bei meiner Rückkehr Geld tauschen würde. Ich glaube ihnen nicht, warte auf Loyal und siehe da: Es stimmt nicht! Die Männer haben scheinbar nicht damit gerechnet, dass wir miteinander reden würden.

Der dritte Advent auf Ghanaisch

Da wir immer weiter gen Osten fahren, wird es nun früher dunkel. Wir versuchen schon kurz nach der Grenze einen Schlafplatz zu finden. In Ghana erscheint uns das nicht sehr leicht, da es auf unserer Strecke keine Dörfer zu geben scheint, in denen wir bleiben können. Stattdessen passieren wir kleine Städte mit vielen Menschen. Wir sind ratlos. Schließlich fahren wir einfach zu einem Haus, das auf einem großen Grundstück steht. Ich beobachte Loyal durchs Fenster, als er mit dem Besitzer spricht. Dieser scheint ihm einen Weg zu beschreiben. Das sieht nicht gut aus. »Wir sollen zur Polizeistation fahren, weil wir hier bei ihm angeblich nicht sicher sind«, teilt mir Loyal etwas frustriert mit, als er ins Auto steigt. Wir drehen und wollen gerade wegfahren, als uns der Mann zurückwinkt: »Mein Sohn meint gerade, ihr sollt heute Abend doch hier übernachten.« Er zeigt auf seinen vielleicht zwölf Jahre alten Sohn. Wir sind erleichtert und parken den Landy.

Bald stellt sich heraus, dass der Mann Pfarrer einer Pfingstgemeinde ist. Er will an diesem Abend noch zur Kirche. »Morgen ist Sonntag. Wollt ihr dann mitkommen zum Gottesdienst?« Die Frage ähnelt mehr einer Feststellung. Wir bejahen, beschränken allerdings auf zwei Stunden, da die Gottesdienste hier vier Stunden und länger dauern und wir am nächsten Tag ja weiterfahren wollen.

Am Sonntagmorgen geht's um neun Uhr los. Eine knappe halbe Stunde müssen wir fahren, um zur »Kirche« zu kommen. Eigentlich ist es nur ein kleiner Platz direkt neben einem Markt, auf dem auch sonntags Obst und Gemüse verkauft wird. Mehrere Zeltdächer, eine Musikband und aufgestellte Stühle deuten an, dass hier gleich ein Gottesdienst stattfinden wird. Es ist stickig heiß unter den Zeltdächern. Trotzdem sind die Männer mit Hemd, Unterhemd und Jackett gekleidet. Mir ist es ein Rätsel, wie sie den Gottesdienst in der Hitze überstehen ohne umzukippen.

Wir nehmen Platz und schon beginnen drei Mitglieder der Gemeinde gleichzeitig drei völlig verschiedene Lieder (oder Gebete) in ihre Mikros zu brüllen. Der Lärm ist ohrenbetäubend und wir müssen an uns halten, uns nicht die Ohren zuzuhalten. Die drei treffen dabei keinen Ton! Auch alle anderen Gemeindemitglieder beginnen nun, vor sich hin zu schreien. Sie schließen dabei die Augen und sehen sehr konzentriert aus. Wir schauen uns an: Wenn das in den nächsten zwei Stunden so weitergeht, kann das ja heiter werden. Das Ganze dauert etwa 20 Minuten, danach fängt ein neuer Song an und die Frauen und Männer beginnen nacheinander zu tanzen: Erst die Frauen, danach eine Runde die Männer. Es geht dabei wie auf der Tanzfläche einer Disko zu.

Danach winkt uns plötzlich der Pfarrer nach vorn und bittet uns, uns der Gemeinde vorzustellen. Loyal erklärt kurz, wer wir sind und was wir in Ghana machen und will dann das Mikro zurückgeben, doch der Pfarrer will noch mehr: »Und jetzt singt uns noch ein Lied und tanzt dazu mit uns!«

Loyal schaut ihn geschockt an und meint: »Wir haben kein Lied!« Der Pfarrer wendet den Blick von ihm ab und schaut zu mir. Mein Herz klopft, als ich das Mikro entgegennehme. Jetzt schaut Loyal

In einem ghanaischen Gottesdienst wird viel gesungen und getanzt.

geschockt in meine Richtung. Mit leicht zittriger Stimme sage ich vorsichtig:»Ich habe einen Song für euch, den ich auch aus der Kirche kenne. Ich hoffe, dass er auch hier bekannt ist und ihr alle mitsingt!« Danach stimme ich den Kanon»Halleluja« an, dessen Text aus dem Wort Halleluja besteht und der leicht mitzusingen ist. Die Ghanaer jubeln begeistert und kurz danach setzt sogar die Band mit ein. Nach ein paar Runden gebe ich das Mikro an Loyal weiter, der in der Zwischenzeit eifrig mit dem Pfarrer auf der Tanzfläche seine Runden gedreht hat, und begebe mich selbst in den Wettbewerb der Frauen.

Danach beginnt die Predigt, während derer mehrmals aus der Bibel gelesen wird. Die gelesenen Bibelstellen haben nichts miteinander zu tun. Dabei wird auch die Weihnachtsgeschichte wiederholt – heute ist der dritte Advent. Die Predigt bezieht sich jedoch nicht darauf, sondern ähnelt denen, die ich bei meinen früheren Reisen schon in Ghana gehört habe: Es geht darum, dass nur der christliche Weg der richtige Weg ist, der in den Himmel führt. Jeder, der nicht daran glaubt, wird verdammt werden. Die Predigt findet übrigens in zwei einheimischen Sprachen statt. Ein Gemeindeglied übersetzt für uns ins Englische. Glücklicherweise ist er mehr auf Loyal als auf mich fixiert und ich bin froh, nach ein paar Minuten abschalten zu können. Der Pfarrer sagt etwa zehnmal das Gleiche. Um die gelesenen Bibelstellen geht es dabei irgendwie gar nicht. Auch die Anwesenden scheinen zu wissen, dass zehnmal das Gleiche wiederholt wird: Manche essen zwischendurch etwas auf dem Markt, andere pinkeln in die Regenrinne gegenüber der Straße, eine Frau pinkelt an unser Auto. Ich bin geschockt, kann aber nichts machen. Viele laufen durch die Gegend. Das scheint aber niemanden zu stören.

Nach dem ersten Teil der Predigt (wie gesagt, der Gottesdienst dauert mehrere Stunden) wird gebetet, was bedeutet, dass alle gleichzeitig laut vor sich hinschreien! Ein wahnsinniger Lärm. Danach wird wieder getanzt und es ertönen drei Lieder gleichzeitig. Ich gebe Loyal ein verstohlenes Zeichen. Dieser scheint darauf richtig gewartet zu haben, denn sofort sagt er seinem Nachbarn, dass wir gehen müssen (leider, leider). Der Pfarrer begleitet uns zu unserem Auto, das ja alle von ihren Stühlen aus sehen können, und wünscht uns noch eine gute Reise. Wir sind erleichtert, dass wir weiterfahren »müssen«.

Ghanaisches Klopapier

Auf der Toilette des Pfarrers lagen auf einem kleinen Schemel fein aufgeschichtet dicht beschriebene Papierseiten. Bei näherem Hinsehen entdeckte ich die alten Tests und Klassenarbeiten seiner drei Söhne. Als Lehrerin interessierte mich das natürlich sehr! Bei genauerer Betrachtung erkannte ich einen Test über das Thema Tourismus. Da es sich um Toilettenpapier handelte, nahm ich den Test einfach mit. Da Unterricht in Ghana auf Englisch stattfindet, hier nun das Original:

1.) Definition Tourism _ Answer: travelling to enjoy facilities in other places (full points)
2.) Definition Tourist site _ Answer: the place where tourist stay or go when they are on tour (full points)
3.) Why not all people are tourists? _ Answer: a) Lack of money. b) Lack of appreciation for beautiful things. c) Lack of value for leisure. (full points)
4.) How should you treat tourists? _ Answer: a) Tourist site be well maintain and it should be clean. b) Tourists must be treated with respect. c) Tour guides must train well. d) The cooker must be able to prepare both local dish and continental dish.

Ich finde es sehr interessant, was die Kinder hier in der Schule lernen. Es erklärt, warum der Junge unbedingt wollte, dass wir bei ihnen übernachten. Vielleicht hätte der Vater auch besser in der Schule aufpassen sollen?

Mir fällt auf, dass der Lehrer sich bei den Gesamtpunkten des

Tests deutlich zu Ungunsten des Schülers verrechnet hat, dem Schüler das aber scheinbar nicht aufgefallen ist. Das würde in Deutschland (zumindest bei meinen Schülern) nie vorkommen!

Andere Overlander

Auf dem Weg in die Hauptstadt Accra beschließen Loyal und ich, in Elmina auf einem kleinen familiären Campingplatz über Nacht zu bleiben, da es uns hier in Ghana schwierig erscheint, geeignete Übernachtungsplätze zu finden. Wir haben Glück und landen auf einem tollen Platz direkt am Meer. »Oh, ihr seid Overlander, das habe ich vor acht Jahren auch gemacht!«, begrüßt uns die holländische Managerin. »Bis gestern waren hier auch noch zwei andere Overlander!«

Wir genießen die Ruhe und legen einen Pausentag ein, an dem wir endlich mal wieder unsere ganze Wäsche waschen und trocknen. Wenn man täglich unterwegs ist, ist das Waschen nämlich die größte Herausforderung, weil die Sachen bei dem feuchten Klima nicht schnell trocknen. Als wir abends die letzten Sachen aufhängen, rollt plötzlich ein anderes Overlander-Fahrzeug auf den Platz. »Wir folgen euch schon eine ganze Weile!«, rufen die zwei Insassen uns entgegen. Wir stellen uns vor.

Anton und Tina sind auf der gleichen Route wie wir unterwegs. Tina ist Deutsche und kommt aus der Pfalz, ihr Partner Anton ist gebürtiger Südafrikaner. Beide leben in London, von wo aus sie sich auf den Weg nach Afrika gemacht haben. Sie haben Europa Ende Oktober verlassen und uns eingeholt, weil sie schneller als wir unterwegs sind. In den letzten Tagen und Wochen wurden sie häufig für unsere Freunde gehalten, weil wir immer kurz vor ihnen dagewesen sind. »Der Beamte an der liberianischen Grenze im Norden wurde ganz blass, als er uns gesehen hat, weil er dachte, dass ihr zurück seid, weil die Grenze im Süden doch zu ist!«, berichtet Tina lachend.

Wir freuen uns, endlich einmal andere Reisende zu treffen, da man sich dann selbst weniger verrückt vorkommt! Sie haben teils ähnliche, teils aber auch ganz andere Dinge als wir erlebt, obwohl sie häufig an den gleichen Orten vorbeigekommen sind. Beispielsweise haben sie die Strecke im Westen Guineas, für die wir fünf Tage gebraucht haben, innerhalb eines Tages zurückgelegt. Wir können es nicht glauben. Anton erklärt es uns: »Tina saß am Steuer und ich habe mich auf eine eigens für solche Situationen vorbereitete Vorrichtung auf dem Dach unseres Land Cruisers gesetzt. So konnte ich sehr weit schauen, die Schlaglöcher frühzeitig erkennen und Tina den Weg weisen.« Wir tauschen uns einen ganzen Abend lang aus und geben uns gegenseitig Tipps für die Visabeschaffung.

Fleißige Ghanaer

Von Elmina aus brauchen wir für die 150 Kilometer lange Strecke bis in die Hauptstadt Accra etwa drei Stunden, innerhalb der Stadt dann noch einmal zwei Stunden bis zum Haus unserer Freunde Mansah und Gbytoto, weil der Verkehr so dicht ist.

Mansah und Gbytoto habe ich vor einigen Jahren auf der Hochzeit meiner Freunde Kerstin und Michael in Deutschland kennengelernt. Beide arbeiten bei einer Bank. Sie gehören zu denen, die es in Ghana »geschafft« haben und nun mit ihren beiden Töchtern ein finanziell weitgehend sorgenfreies Leben führen können. Loyal und ich sind sehr beeindruckt, wie viel die beiden arbeiten. Nicht nur im Vergleich zu dem, was wir in den bisher bereisten Ländern erlebt haben, sondern auch im Vergleich zu uns. Gbytoto verlässt morgens meist gegen 6:30 Uhr das Haus und kommt eigentlich nie vor 22 Uhr von der Arbeit zurück. Auch Mansah geht vier Tage in der Woche morgens früh in die Bank. Am Freitag und Samstag drückt sie den ganzen Tag die Schulbank, denn sie macht momentan eine Marketing-Zusatzausbildung. Vor 21 Uhr kommt sie nicht nach Hause. Und das wird in den nächsten Jahren so weitergehen, denn nach der Marketing-Ausbildung will sie noch Finanzrecht studieren. Abends kümmert sie sich sehr liebevoll um ihre zwei Töchter. Sie ist die erste Afrikanerin, die wir auf unserer Reise erleben, die sich so liebevoll um ihre Kinder kümmert. Wir sind wirklich sehr beeindruckt von Gbytoto und Mansah.

Was uns sehr verwundert, ist die Tatsache, dass sie sich zwar mehrere »Hausangestellte« leisten, diese aber gar nichts machen, wenn die beiden nicht da sind. So herrscht tagsüber im Haus große Trägheit. Mehrere Personen hängen herum, das Kindermädchen kommt manchmal erst nachmittags, die Köchin kocht kein Essen. Das geht so weit, dass Mansah, wenn sie abends nach Hause kommt, teilweise selbst noch am Herd stehen und danach die Kinder füttern muss. Gbytoto steht am Sonntag, seinem einzigen freien Tag, am Bügelbrett und bügelt seine gesamte Wäsche!

Loyal und ich können es nicht fassen, wie man selbst so viel arbeiten und trotzdem akzeptieren kann, dass man umgeben ist von vielen Menschen, die alle mit im Haus wohnen, aber nur sehr wenig zum Haushalt beitragen. Wir haben sehr viel Respekt vor den beiden, die trotz des Stresses noch gut gelaunt nach Hause kommen, wo sie weiterhin das meiste tun müssen, während sich die anderen auf ihrem Fleiß ausruhen! Loyal und ich wären sicherlich längst ausgerastet und hätten alle gefeuert. In dieser Hinsicht unterscheidet sich die afrikanische (ghanaische) sehr von unserer westlichen Kultur.

Ghanaische Korruption

Der Verkehr in Accra macht uns völlig fertig. Meist geht nichts mehr! Ab mittags kommt alles völlig zum Erliegen. Um zur bekannten *Accra Mall* zu kommen, brauchen wir fünf Stunden. Als wir ankommen, ist es stockdunkel. Wir haben Glück, dass sie noch offen ist. Nach dem Einkauf wollen wir schnellstmöglich nach Hause. Wir sind sehr müde. Vor der Mall gibt es einen Kreisverkehr. Wir wollen gen Süden fahren, merken dann aber, dass die Straße nach Süden eine Einbahnstraße ist, in die wir nicht einbiegen können. Also fahren wir nochmal im Kreis, um nach Westen abzubiegen. Da winkt uns ein Verkehrspolizist plötzlich raus. Er zwingt uns zum Anhalten, indem er sich direkt vor unseren Landy stellt. »Was ihr gemacht habt, ist verboten!«, ruft er uns durchs Fenster hindurch zu. »Was haben wir denn gemacht?«, will Loyal ganz ruhig wissen.

»Ihr seid im Kreisverkehr im Kreis gefahren!«, schreit der junge Mann, der nur eine neonfarbene Verkehrsweste trägt, ansonsten aber nicht wie ein Polizist aussieht. Loyal erklärt ihm, dass ein Kreisel dafür ja da sei und dass wir uns verfahren hätten und nun dringend den Weg nach Hause suchen würden. »Ich will den Führerschein sehen!«, blafft der Typ ihm entgegen.

Loyal wird langsam sauer: »Ich habe nichts Verbotenes getan. Warum sollte ich meinen Führerschein zeigen?« Der Verkehrsmensch ist unnachgiebig. Loyal ist kurz vorm Ausflippen, wohingegen der andere uns nun mit der Polizeistation droht. Wir rufen Gbytoto an, um ihn zu fragen, was wir tun sollen und geben das Handy an den Typen weiter. Sie sprechen in ihrer Muttersprache Twi, nicht auf Englisch. Als ich das Handy zurückbekomme, erklärt mir Gbytoto: »Er hat mir gesagt, dass es kurz vor Weihnachten ist und er Geld braucht. Habt ihr Cedis bei euch?« Ich bin geschockt! Wir sollen ihm Geld geben, damit er uns laufen lässt? Gbytoto merkt mein Zögern: »Wenn ihr ihm kein Geld gebt, werdet ihr die ganze Nacht auf der Polizeistation verbringen. Das ist verschwendete Zeit!« Ich bedanke mich für den Tipp und lege auf.

Loyal ist dagegen, ihm Geld zu geben. »Dann gehen wir eben zur Polizeistation. Ich zahle doch so selbsternannten Verkehrspolizisten kein Geld, nur weil Weihnachten ist!« Ich versuche Loyal zu beruhigen. Auch er ist müde und hat genug vom Tag. Auch er will nach Hause. Für umgerechnet vier Euro lässt uns der Verkehrsmensch schließlich ziehen.

»In so einem Land, in dem man der Polizei nicht vertrauen kann und abgezockt wird, obwohl man nichts gemacht hat, könnte ich nicht leben!«, schimpft Loyal. Ich erinnere ihn daran, dass er mir ähnliche Geschichten auch schon von amerikanischen Polizisten erzählt hat ... »Ich lebe aber in Deutschland!«, sagt er zum Schluss und grummelt noch leise vor sich hin.

Wieder einmal fühlen wir uns machtlos gegenüber den Machenschaften der Polizei. In Ghana hätten wir so etwas nicht vermutet. Gbytoto nimmt es gelassen: »So läuft es hier nun mal, da dürft ihr euch nicht aufregen!« Seine Reaktion erinnert uns an unser Erlebnis mit dem Taxifahrer in Guineas Conakry. Wir merken, dass wir von afrikanischer Gelassenheit noch weit entfernt sind.

Wäsche waschen

Alle Tage wieder steht es an: das große Wäschewaschen. Da uns seit Mauretanien, wo die Waschmaschine ja eigentlich auch nicht richtig funktioniert hat, keine Waschmaschinen mehr begegnet sind, müssen wir selbst ran. Eine sehr anstrengende Angelegenheit, die uns immer mindestens einen Tag Zeit kostet. Das Schwierigste ist das Trocknen, das wegen der hohen Luftfeuchtigkeit häufig mehrere Tage in Anspruch nimmt. Anfangs haben wir immer gern das Angebot angenommen, wenn eine Frau unsere Wäsche gegen eine kleine Bezahlung unbedingt waschen wollte. Inzwischen ist es uns lieber, eine mehrtägige Fahrtpause einzulegen und uns selbst um das Waschen zu kümmern, auch wenn das eine schweißtreibende Angelegenheit ist. Denn die Wäsche von Einheimischen waschen zu lassen, hatte einige Nachteile:

Häufig ist unsere Kleidung nach dem Waschen entfärbt, da die Frauen unser mitgebrachtes Handwaschmittel nicht benutzen möchten, weil es ihnen nicht genug schäumt und sie lieber ein einheimisches, allerdings bleichendes Waschmittel verwenden. Dies wäre nicht allzu tragisch, da ja ohnehin die Sonne hier unsere Kleidung ausbleicht. Allerdings bemühen sich die Frauen, die Flecken durch besonders viel Schrubben herauszubekommen – was dazu geführt hat, dass Loyals dunkle Hose vorne nun sehr hell und hinten weiterhin recht dunkel ist.

Da es hier nur in Ausnahmefällen Wäscheleinen gibt, behelfen sich die Frauen, indem sie die nasse Wäsche zum Trocknen über Zäune und Sträucher oder einfach auf den bloßen Boden im Innenhof ihres Hauses legen. Die Klamotten werden so auch trocken, sind aber leider in unseren Augen wieder schmutzig, da sie von den Zäunen rostige Flecken, von den Sträuchern grüne Stellen aufweisen und vom staubigen Boden rötlich verfärbt sind. Und der rote Staub lässt sich aus der Kleidung fast nicht mehr auswaschen!

Da oft keine Wäscheleinen zur Verfügung stehen, wird die Kleidung zum Trocknen auf dem Boden ausgebreitet.

Man könnte meinen, dass es Schlimmeres gibt, als verfärbte Kleidung, zumal man sich ja auch schon vor einer solchen Reise im Klaren sein muss, dass die Kleidung sehr beansprucht werden wird. Aber: Die Frauen wollen ihre Arbeit besonders gut machen und schrubben deshalb auf ihren Waschbrettern, bis an dieser Stelle ein Loch entstanden ist. Inzwischen ist es so, dass fast alle Kleidungsstücke von Loyal (da er viel schwitzt, muss häufiger gewaschen werden) und auch sehr viele meiner Kleidungsstücke Löcher haben oder sogar schon völlig kaputt sind. Mehrere Hosen und Shirts mussten wir schon aussortieren. Loyal braucht nun neue Kleidung und wir beschließen, in Zukunft selbst unsere Sachen zu waschen, auch wenn wir davon immer wieder blutige Hände bekommen. Es lebe die Waschmaschine!

Der Stern von Keta – Weihnachten in Ghana

Unterkunft in Keta: Lorneh Lodge & Beach Resort: Rund 7 km vom Stadtzentrum steht der neue Stern von Keta unverfehlbar an der Hauptstraße nach Dabala. Die Strandanlage mit 40 Zimmern und einem guten Restaurant zieht Gäste aus Nah und Fern an. (Reiseführer *Ghana*, erschienen 2012 im Peter Meyer Verlag)

Das hört sich sehr vielversprechend an. Wir beschließen, uns den Luxus zu gönnen und dort Weihnachten zu verbringen. Als wir ankommen, wird es gerade dunkel. Wir erfahren an der Rezeption der Lodge, dass unser reserviertes Zimmer im benachbarten Beach Resort liegt. Die junge Frau an der Rezeption bringt uns hin. Die Anlage selbst ist leider sehr schlecht gepflegt und wirkt etwas heruntergekommen. Das Zimmer entspricht nicht unseren Erwartungen, allerdings gibt es fließend Wasser. Immerhin etwas. Wir akzeptieren das Zimmer und wollen unser Auto entladen. »Ihr müsst mich mit eurem Auto wieder zurückbringen!«, meint die Hotelangestellte ziemlich fordernd zu uns. Wir waren den ganzen Tag unterwegs, außerdem ist die Lodge nicht weit die Straße hinunter. Loyal erklärt ihr, dass er nicht mehr fahren will. »Macht nichts«, meint die Frau, »wir können zusammen laufen.« Es stellt sich heraus, dass es ihr um die Papiere geht, die wir zwecks unseres Aufenthaltes noch ausfüllen sollen. Diese sind im Rezeptionsgebäude. Schließlich einigen wir uns darauf, die erste Nacht zu bezahlen und erst am nächsten Tag die Papiere auszufüllen.

Wir beschließen, nicht mehr zu kochen, sondern uns von der Hotelküche verwöhnen zu lassen. Aber weit gefehlt. Nicht nur, dass das

Personal äußerst unfreundlich ist und der Tisch klebt, wir bekommen auch zwei Teller mit Essen, das sich kaum unterscheidet, obwohl wir zwei völlig verschiedene Gerichte bestellt haben. Über die Teller ist Frischhaltefolie geklebt, mit der die Teller in der Mikrowelle aufgewärmt wurden. Das Essen schmeckt scheußlich. Wir bekommen es kaum runter. »Morgen koche ich auf jeden Fall selbst. Wir können uns an Weihnachten nicht solches Essen antun!« Ich seufze beim Gedanken daran, selbst an Heiligabend vor dem Gaskocher zu sitzen.

»Vielleicht finden wir hier in der Gegend noch ein anderes Restaurant, meint Loyal unsicher. Er ist selbst skeptisch.

Am nächsten Morgen bollert es um 7:10 Uhr an unsere Tür. Ich fahre aus dem Tiefschlaf hoch. »Was war das?«, frage ich Loyal.

»Keine Ahnung.« Loyal geht zur Tür. Da steht doch tatsächlich ein Zimmermädchen und will wissen, was wir zum Frühstück wollen. »Wir schlafen noch«, meint Loyal.

»Ja, aber was wollt ihr zum Frühstück?«

Loyal ist von der Hartnäckigkeit genervt. »Was gibt es denn?«

»Omelette oder Würstchen«, meint das Mädchen.

»Zweimal Omelette«, meint Loyal und schließt die Tür. Kurz danach klopft es wieder. Das Zimmermädchen bringt das Essen. Leider wurde nur einmal Omelette und einmal Würstchen geliefert und das Brot ist verschimmelt. Wir beschließen, uns etwas anderes zum Frühstück zu suchen. Paule freut sich zumindest über das Würstchen.

Bevor wir uns auf den Weg in den Ort machen, inspizieren wir den Strand. Immerhin liegt das Hotel direkt am Strand, wenngleich es so gebaut ist, dass die Zimmer keinen Meerblick haben. Weihnachten am Strand – das war schon immer mein Traum. Leider ist der Strand vermüllt und wenig einladend. Auch das Wasser ist nicht sehr sauber. Weit und breit ist niemand zu sehen – nur ein paar Hunde tollen herum. In Gedanken streiche ich mein erträumtes Strandleben: Das wird hier wohl nichts. Ich schlucke meine Enttäuschung herunter.

Also auf zum Markt, um für unser Weihnachtsessen einzukaufen. »Bringt mir ein Geschenk mit«, ruft uns eines der Hotelmädchen hinterher. Das hebt nicht unbedingt unsere Stimmung. Um Pfannkuchen zu backen, brauchen wir Mehl und müssen deshalb einen Fünf-Kilo-Sack Mehl kaufen, weil es keine kleineren Portionen gibt. Außerdem soll zur Feier des Tages Fleisch auf der Speisekarte stehen. Wir halten an einem »Cold Store«. In einer Tiefkühltruhe türmen sich unverpackte und völlig vereiste Hähnchenschenkel. Die Verkäuferin sieht meinen angewiderten Blick: »Die sind gut. Kommen direkt von da, wo du auch herkommst!«, will sie mir ihr Essen schmackhaft machen. Und an meiner Reaktion merkt man, dass ich schon länger in Westafrika bin: Ich kaufe drei Hähnchenschlegel! Als besonderes Weihnachtsessen. Die Frau reicht sie mir in einer Plastiktüte.

»Und, bist du fündig geworden?«, fragt Loyal mit Blick auf die Tüte, als ich zum Auto zurückkomme.

»Frag lieber nicht!«, sage ich und beschließe, die Beine mindestens eine Stunde kochen zu lassen.

Als wir zum Hotel zurückkommen, beginne ich gleich mit der Vorbereitung des Essens. Mit einem Gaskocher und nur zwei kleinen Töpfen ist es nicht so leicht, ein Festtagsessen zu kochen. Ich backe einen großen Stapel Pfannkuchen und bereite das Fleisch zu. Insgesamt brauche ich fast fünf Stunden zum Kochen. Danach bin ich völlig durchgeschwitzt und fertig. Bei 40 Grad im Schatten neben einem Gaskocher zu sitzen, ist nicht gerade die Tätigkeit, die man sich für Heiligabend wünscht.

Den Beginn des Gottesdienstes, zu dem wir eigentlich gehen wollten, haben wir längst verpasst. »Macht nichts! Der Adventsgottesdienst vor einer Woche war anstrengend genug!«, meine ich zu Loyal. Der ist sehr erleichtert. Gemeinsam essen wir auf unserer Miniterrasse zu Abend. Immerhin schmeckt das Essen einigermaßen. Danach singen wir (oder eher ich) im Zimmer ein paar Weihnachtslieder. Die drei kleinen Kerzen, die Loyal im Supermarkt aufgetrieben hat, sind aus China und halten nur wenige Minuten.

Wir schenken uns gegenseitig vor allem afrikanische Stoffe und afrikanische Kleidung. Ich bin so müde und erschöpft, dass ich auf unserem »Gabentisch« – dem Bett – einschlafe. Das war unser Weihnachten 2012.

Zu Weihnachten schenken wir uns afrikanische Stoffe, Saft und chinesische Kekse.

Moskitonetze

Malaria ist ein Thema, mit dem sich hier in der Stadt wie auf dem Land gleichermaßen beschäftigt wird. Alle wissen, woher die Krankheit kommt. Alle wissen, wie gefährlich sie sein kann. Weiterhin sterben jährlich sehr viel mehr Menschen an Malaria als an Aids.

An der Elfenbeinküste und vor allem in Ghana fällt uns auf, dass der Lebensstandard sehr viel höher ist als in den Ländern, die wir zuvor bereist haben. Auch die Bildung des Durchschnitts-Ghanaers und -Ivorers scheint höher zu sein. Wie kommt es aber, dass wir weder in der Elfenbeinküste noch in Ghana je ein Moskitonetz zu Gesicht bekommen? Weder in Hotels, noch bei Einheimischen und auch nicht bei Franzosen? Alle sprechen über Malaria, warnen davor, sich in der Dunkelheit draußen aufzuhalten. Häufig versprühen sie in den Räumen Sprays, die übel riechen und nicht alle Mücken töten. Sie klagen auch über viele Mückenstiche. Vor allem kleine Kinder scheinen von den hiesigen Mücken bevorzugt zu werden. Trotzdem sehen wir aber weder in Ghana noch in der Elfenbeinküste Moskitonetze.

Dies ändert sich prompt, als wir Ghana in Richtung Togo verlassen. Hier gibt es sogar in der (Low-Budget-)Unterkunft und in den Dorfhütten ein Moskitonetz. Woran liegt das? Darauf angesprochen zucken die Menschen meist die Schultern. Einen konkreten Grund kann uns niemand nennen.

Togo

Selbsternannte Helfer

Da sich unsere Vorstellung von einem schönen Weihnachtsfest scheinbar nicht mit den Möglichkeiten und Gegebenheiten in Ghana vereinbaren lassen, beschließen wir, uns am 25. Dezember (Loyals »richtigem« Weihnachten – er ist ja Amerikaner) auf den Weg nach Togo zu machen. Noch im Auto vertelefonieren wir den Restbetrag der Telefonkarte mit unseren Familien. »Daheim« scheint irgendwie alles wie immer zu sein. Nur bei uns will sich kein Weihnachtsfeeling einstellen. Nach nur einer Stunde Fahrt sind wir an der Grenze. Die Ausreise aus Ghana ist unkompliziert. Lediglich der selbsternannte »Freund und Helfer« nervt.

Diese »Helfer« findet man an jeder größeren Grenze in Afrika: Es sind Männer, die ihr Geld damit verdienen, Reisenden über die Grenze zu »helfen«, das heißt, sie zeigen ihnen, in welchem Gebäude sich das Immigrationsbüro und der Zoll befinden. Oft unterstützen sie die Korruption der Beamten, indem sie den Reisenden sagen, dass es sich bei dem von den Beamten verlangten Geld um eine völlig normale Gebühr handelt, die jeder zahlen muss. Sobald man an einer Grenze auftaucht, stürmen fünf bis zehn dieser Männer auf einen zu. Sie sind sehr aufdringlich, reden lautstark auf einen ein, zerren einen sogar am Ärmel weg von den anderen. Jeder versucht, die anderen zu übertönen, damit man sich für ihn entscheidet. Nach getanem Dienst verlangen sie ein oft hohes Entgeld, das man nur mit langer Diskussion herunterhandeln kann, da die »Arbeit« ja schon erledigt wurde. In englischsprachigen afrikanischen Ländern werden diese Männer »flycatcher« genannt, weil sie sich wie die klebrigen Fliegenfänger, nach denen sie benannt sind, an die Reisenden kleben. Manche Beamte, vor allem die unbestechlichen, sehen es nicht gerne, wenn man mit solch einem »Helfer« am Schalter erscheint. Häufig kann der Helfer auch gar nichts tun, weil die Grenzer die Dinge mit uns persönlich klären wollen. Wir ziehen es generell vor, auf solche Helfer zu verzichten, zumal wir die gängigen Verkehrssprachen Englisch und Französisch beherrschen und so selbständig durchkommen.

»Bitte lass uns das mit den Papieren allein regeln. Ich will dich am Ende nicht bezahlen müssen!«, versucht Loyal einen Helfer loszuwerden.

»Du musst mich nicht bezahlen. Aber ich weiß, dass dein Herz mir am Ende etwas geben wird!« Loyal hat keine Chance. Der Mann folgt ihm wie ein Schatten. Loyals Laune ist absolut im Keller. Frustriert steigt er ins Auto. Der Mann folgt unserem Wagen auf die togolesische Seite. Hier bin ich wieder dran, die Formalitäten zu erledigen, da Togo französischsprachig ist. Ich steige aus und ignoriere den Mann einfach. Da dieser nicht damit gerechnet hat, dass ich als Frau nun alles regeln würde, bleibt er verunsichert bei Loyal am Auto stehen, redet aber weiterhin eindringlich auf ihn ein. Ich mache mich allein auf den Weg ins Immigrationsbüro. Die Polizisten dort sind sehr nett. Ich scherze mit ihnen und wünsche ihnen frohe Weihnachten. Danach kommt der Zoll oder zumindest die Männer, die sich dafür halten. Hier dauert alles ewig. Die Leute sind unfreundlich und zocken alle ab. Das erkenne ich schnell. Niemand kommt durch, ohne zu zahlen. Sie tragen die Autodaten in ein großes Buch ein. Danach wollen sie Geld.

»Dafür brauche ich eine Quittung«, sage ich mit einem Lächeln. Die Männer wollen mich nicht verstehen, fuchteln mit ihren Armen vor mir herum, schreien mich an.

»Alle zahlen hier, auch du!«, wird einer der Männer laut. Es folgt ein langer, sehr rassistischer Redeschwall. »Du bist hier in Afrika, da hast du dich an die Gepflogenheiten hier anzupassen! Und hier gibt es keine Quittung!« Die Stimmung ist im Keller.

»Feierst du etwa kein Weihnachten?«, will einer der Männer wissen.

»Doch. Aber ihr haltet mich ja auf!«, antworte ich. Völlig genervt gehe ich zu Loyal zurück. Nun versucht er sein Glück. Als die Leute ihn sehen, werden sie ein bisschen ruhiger.

»Deine Frau ist sehr schwierig«, beginnt der Grenzer ein Gespräch mit Loyal. Als dieser bejaht, entspannt sich die Situation. Der Mann spricht weiter: »Deine Frau versteht nicht, dass wir hier nicht die technischen Möglichkeiten wie in Europa haben, um eine Quittung auszustellen!«

»Oh, wenn es nur das ist«, sagt Loyal und zieht einen Stift aus der Tasche. »Jetzt brauchen wir nur noch ein Blatt Papier und ihr könnt die Quittung ausstellen.« Das gibt den Männern den Rest. Sie beginnen zu schimpfen und lehnen es ab, weiter mit Loyal zu reden. Sie wollen nicht einmal mehr unser Geld. Sie wollen uns gar nicht mehr durchlassen. Loyal resigniert und wirft ihnen die verlangten Scheine auf den Schreibtisch. Dann kommt er zurück zum Auto, wo der flycatcher immer noch auf uns wartet und nun seinen Lohn von uns verlangt. »Wofür denn, du hast doch gar nichts gemacht«, versucht Loyal mit Logik weiterzukommen. Der Mann geht darauf gar nicht ein und verlangt 50 Euro. Wir haben beide keine Energie mehr für eine lange Diskussion, ignorieren ihn einfach, steigen ins Auto und fahren ein Stück weiter. Keiner hält uns auf.

An vielen westafrikanischen Grenzen gibt es allerdings mehrere Einreise-, Ausreise- und Zollstationen. An manchen »Checkpoints« sind aus unserer Sicht »selbsternannte« Beamte beschäftigt, die offensichtlich von den »echten« Beamten geduldet werden. Sie unterscheiden sich von den offiziellen Grenzern darin, dass sie keine offiziellen Stempel zur Verfügung haben und immer irgendwelche Gebühren verlangen. Auch hier an der togolesischen Grenze ist es so: Wir haben bisher keinen Stempel für unser Carnet ergattern können und müssen deshalb noch beim »echten« Zoll vorbei. Dort ist der Mann mit den Stempeln an diesem Tag nicht erschienen. »Es ist doch Weihnachten«, entschuldigt ihn sein Kollege. Naja, dann fahren wir eben ohne Stempel im Carnet. »Vielleicht bekommt ihr das Heft ja bei der Ausreise noch gestempelt!«, ruft uns der Mann hinterher.

Der Großstadtlärm Lomés empfängt uns und schon befinden wir uns mitten im Verkehrschaos. Es wird dunkel. Hoffentlich sind wir bald da!

Weihnachten in Togo

Unser Ziel in Togos Hauptstadt Lomé ist die Unterkunft *Chez Alice*, die seit Jahrzehnten unter Travellern und besonders unter Overlandern bekannt ist. Alice ist Schweizerin und betreibt neben ihren Gästehäusern ein Restaurant mit Schweizer Küche. Hier hoffen wir, umgeben von Expats und anderen Reisenden ein ruhiges Restweihnachtsfest verbringen zu können. Wir gönnen uns ein Zimmer mit Dusche und WC. Nach einer kurzen Verschnaufpause machen wir uns auf den Weg zum Restaurant. »Heute gibt es ein spezielles Weihnachtsessen«, erklärt uns der Kellner auf Deutsch. Das nehmen wir. Das Essen besteht aus zwei kleinen Fleischspießen und Pommes. Als Nachtisch gibt es eine halbe Kugel Eis. Wir sind ein bisschen enttäuscht. Fleischspieße und Pommes kann man hier in westafrikanischen Großstädten überall bekommen. Es ist nichts Besonderes. Außerdem ist die Portion eher klein und wir sind nach dem Essen immer noch hungrig. Zurück in unserem Zimmer essen wir noch ein paar Pfannkuchen vom Vortag und gehen danach früh schlafen – so wie wir es auf der Reise gewohnt sind.

Ein Tag mit Sani – afrikanisches Leben pur

Hier in Lomé treffen wir Sani wieder, der uns in Freetown verlassen hatte, um zu seiner Arbeit zurückzukehren. Lomé ist (zurzeit) seine Heimatstadt. Während Loyal sich etwas ausruhen und seinen Blog aktualisieren möchte, habe ich mit Sani verabredet, zu seinem Haus zu fahren und eine Freundin zu treffen.

Um zehn Uhr will er mich bei unserer Unterkunft abholen. Es wird elf und keine Spur von Sani. Es wird zwölf und noch immer ist er nicht aufgetaucht. Um halb eins versuche ich, ihn anzurufen. Er geht nicht ran. Um eins erreiche ich ihn. »Ich bin auf dem Weg!«, ist seine Antwort. Um zwei ist er aber trotzdem noch nicht da.

Sani mit seinem Freund Moustafa. Sani kaut hier auf einem Miswak, einem Wurzelstück des Zahnbürstenbaums, der wegen seines hohen Fluoridgehalts so genannt wird und in Afrika zur Zahnpflege eingesetzt wird.

Langsam bin ich ziemlich genervt. »Vielleicht sollte ich einfach nicht mehr warten, sondern etwas anderes tun. Warum habe ich mich heute nur mit ihm verabredet?«, beschwere ich mich bei Loyal. Um halb drei taucht er dann aber tatsächlich noch auf. Ich hatte die Hoffnung schon fast aufgegeben. »Sollen wir wirklich noch los? Bis zu dir ist es doch ein ganzes Stück, oder?« Sani versteht meine Bedenken nicht. Eine echte Erklärung für seine Verspätung gibt es auch nicht.

Wir machen uns mit dem von ihm geliehenen Moped auf den Weg. Ich spüre den Fahrtwind im Gesicht und genieße die Fahrt. Wir kommen allerdings nicht weit. Der Motor geht aus. »Was ist nun los?«, frage ich Sani.

»Uns fehlt Sprit!« Wir schauen uns um, sehen aber weit und breit keine Tankstelle. Irgendwann hält Sani zwei Mototaxis an. Einer nimmt mich mit, der andere »schiebt« Sani auf seinem Moped bis zur nächsten »Tankstation« mit Flaschen. Das Schieben kostet uns 1,50 Euro. Soviel wie 1,5 Liter Benzin. Weiter geht´s. Wir fahren und fahren und halten schließlich vor einem Hof. »Hier wohnt ein Freund von mir. Dem sagen wir schnell hallo, okay?« Ich willige ein und sitze kurz darauf in einem Innenhof. Sani geht mit seinem Freund beten. Die Frauen sprechen kein Französisch. Sie starren mich nur an. Ein Kleinkind turnt auf Sanis Stuhl herum. Die Mutter sitzt daneben. Sie reagiert nicht. Das Kind fällt und landet mit dem Gesicht auf Sanis Sonnenbrille. Das Kind brüllt. Die Frauen reagieren nicht. Ich bin die Einzige, die das Kind tröstet. Ich fühle mich nicht wohl und bin froh, als Sani nach einer Weile vom Beten zurückkommt. Er setzt seine Sonnenbrille auf. Es scheint ihn nicht zu interessieren, dass die Gläser vollständig herausgebrochen sind. Wir können weiterfahren.

»Hier wohnen vor allem Hausa«, erklärt er mir, als wir an einem Markt vorbeikommen. Diese vorwiegend sunnitische Volksgruppe, deren gleichnamige Sprache in mehreren westafrikanischen Ländern als Handelssprache fungiert, lebt vor allem im Niger und im Norden Nigerias. Auch Sani ist Hausa, wenngleich er wie viele andere seine Heimatregion verlassen und sich in den letzten Jahren in Togo und anderen westafrikanischen Ländern aufgehalten hat. »Ich möchte dich noch einem Freund vorstellen«, informiert mich Sani, als wir auch schon wieder halten. Mehrere Männer sitzen im Halbkreis und trinken Tee. Die Lieblings- und Hauptbeschäftigung der muslimischen Männer hier. Sie grüßen mich kurz und unterhalten sich danach mit Sani auf Hausa.

»Kennenlernen« läuft hier wirklich ganz anders ab, als wir das in Europa kennen. Obwohl alle Anwesenden Französisch beherrschen, spricht niemand mit mir. Ich sitze eine Stunde etwas außerhalb des Männerkreises herum, bevor wir uns wieder auf den Weg machen. »Wolltest du mir nicht noch dein Haus zeigen?«, frage ich beim Aufsteigen auf das Moped. »Es wird schon dunkel.« Ich will eigentlich ungern im Dunkeln unterwegs sein. »Ja, wir sollten uns langsam auf den Weg machen.«

Sani wohnt in einer Zwei-Zimmer-Behausung mit Eimerdusche im Hof. In seinem aus Lehm gebauten Zimmer stapeln sich Klamotten neben Heilpflanzen. »Ich gehe schnell beten. Fühl dich wie zu Hause«, sagt er noch zu mir, bevor er wieder verschwindet. Während ich warte, wird es draußen dunkel. Es ist langsam Zeit zurückzufahren. In der Dunkelheit sollte man eigentlich abends nicht unterwegs sein. Schon gar nicht als Weiße. Nach einer halben Stunde kommt Sani zurück. Inzwischen ist es stockdunkel. Strom gibt es in dieser Gegend nicht, also sind die Straßen auch nicht beleuchtet.

Wir machen uns auf den Weg. Wieder geht uns der Sprit aus. Diesmal müssen wir das Moped selbst zur nächsten »Tankstation« schieben. Hier kostet der Liter Benzin 30 Cent mehr als morgens. »Nimm genug, dass du auch wieder zurückkommst!«, warne ich ihn. Nachts ist nämlich kaum Benzin zu bekommen. Der Verkehr ist sehr dicht. Viele sind jetzt auf dem Weg nach Hause. Wir brauchen eine Stunde bis zu *Chez Alice*. Loyal wundert sich, dass wir erst jetzt kommen. »African time,« sage ich zu ihm und lächle ihm zu.

Es ist schön, an einem Tag mal wieder das »richtige« afrikanische Leben mitzubekommen, das ich früher eigentlich immer auf meinen Reisen erlebt habe. Es ist etwas völlig anderes, mit einem Einheimischen auf einem Moped unterwegs zu sein, als mit einem anderen Weißen in einem Auto durch die Gegend zu fahren. Man ist irgendwie näher am afrikanischen Geschehen. Auf der anderen Seite merke ich aber auch, dass mich die Unpünktlichkeit und das »Nichtstun« der Leute hier sehr oft nervt. Ich will nicht den ganzen Tag nichts tun, in der Gegend herumschauen, auf jemanden warten und mich nicht unterhalten.

Da das Verhalten Frauen gegenüber in Ostafrika deutlich anders als in Westafrika ist, hatte ich in den letzten Jahren verdrängt, wie schwer es mir bei meiner letzten Reise nach Westafrika gegen Ende meines Aufenthalts gefallen war, mich auf meine Rolle als Frau einzulassen. Westafrika ist meinem Gefühl nach deutlich stärker vom Islam geprägt als der Osten des Kontinents. Als Frau bin ich von den fünfmaligen Moscheebesuchen ausgeschlossen, genauso wie von Gesprächen, die die Männer führen. Respekt mir als Frau gegenüber bedeutet, mich nicht anzuschauen, mit mir nicht zu sprechen und mir auch nicht zu nahe zu kommen. Respektvolles Verhalten den Männern gegenüber verlangt von mir, den Männern möglichst unterwürfig entgegenzutreten und den Mund zu halten, bis mir eine Frage gestellt wird. Aus Respekt meinem Freund Sani gegenüber versuche ich natürlich, diese Regeln weitgehend zu befolgen, auch wenn das wahnsinnig anstrengend und gleichzeitig langweilig ist, denn ich sitze die ganze Zeit herum. Mein Platz ist bei den Frauen, die aber leider kein Französisch sprechen und mich nur schüchtern anlächeln. Ich lächle zurück – stundenlang. Und so schön das »afrikanische Lächeln« auch ist – irgendwann reicht´s einfach.

Bettler vor der Moschee

Bei meinen Ausflügen mit Sani kommen wir häufig an Moscheen vorbei. Manchmal sitze ich auch 20 Minuten davor und warte auf

Sani, der drinnen am Beten ist. »Das ist ja krass, wie viele Männer hier draußen den ganzen Tag herumhängen und nichts anderes tun als betteln«, sage ich einmal zu ihm, nachdem ich über eine halbe Stunde die Männer vor der Moschee beobachtet habe. Sie sitzen im Schatten der Moscheemauer und unterhalten sich oder trinken Tee. Niemand scheint sich an ihnen zu stören.

»Das ist sehr gut, dass sie ihre kostbare Zeit opfern und sich hier zum Betteln direkt neben die Moschee setzen!«, meint Sani zu meiner großen Überraschung. Wie das? Wieso ist das gut, dass hier teilweise 30 bis 40 Männer nichts tun und herumhängen? Sani schaut mich mitleidig an. Ich sehe ihm an, dass er denkt: Die Deutsche versteht ja mal wieder gar nichts! Er erklärt es mir: »Die Männer liefern eine wichtige Dienstleistung.« Er holt tief Luft: »Gläubige Muslime müssen Almosen zahlen, sonst sind sie keine guten Muslime. Und diese Männer ermöglichen es ihnen direkt vor der Moschee. Stell dir mal vor, wie es wäre, wenn ein hart arbeitender Geschäftsmann jeden Tag erst Menschen suchen müsste, denen er Geld schenken kann. Das schafft er neben seiner Arbeit ja gar nicht. Wie gut, dass diese Männer hier direkt vor der Moschee sitzen. Da ist es sehr leicht, ein guter Moslem zu sein!« Sanis unschlagbare Logik. Auf diesen Gedanken wäre ich wirklich nie von selbst gekommen. Wieder einmal merke ich, wie sehr mein eigenes Denken von dem der Einheimischen abweicht.

Silvester in Lomé

Nach dem gescheiterten Weihnachtsfest haben Loyal und ich gar keine Erwartungen mehr an eine tolle Silvesterparty. Zuerst haben wir die Idee, richtig auszugehen und zu tanzen. Als wir aber erfahren, dass die Menschen hier in solchen Nächten völlig besoffen Auto fahren und es kaum Verkehrskontrollen gibt, beschließen wir, lieber den Abend im *Chez Alice* zu verbringen, wo es traditionelle Live-Musik und ein Essensbüffet geben soll. Sani feiert mit uns.

Leider gibt es auf dem Büffet weder richtige afrikanische Speisen noch richtige europäische oder schweizerische. Es schmeckt aber. Als die Musiker zu spielen beginnen, verdreht Sani die Augen. Er hat in Burkina Faso lange als Musiker gearbeitet und versteht etwas von afrikanischer Musik. Er verlässt seinen Sitzplatz, um sich die Musiker genauer anzuschauen. »Wo sind nur all die Afrikaner mit den tollen Stimmen?«, jammert Loyal. »Ist das etwa eine Kirchenband?« Sein Blick drückt Verzweiflung aus. Und tatsächlich: Die etwa 15 Musiker singen und spielen gleichzeitig völlig unterschiedliche Texte und Lieder. Es dröhnt in den Ohren.

»Vielleicht wird es ja nach dem ersten Lied besser«, zeige ich mich optimistisch. Und tatsächlich: Nach einer halben Stunde ist es etwas besser geworden und man erkennt sogar, welche zwei Lieder gleichzeitig gespielt und gesungen werden. Sani drängt uns zu gehen und mit ihm gemeinsam wagen wir, das Restaurant im Dunkeln zu verlassen. Als Weiße allein würden wir nie nachts durch die Straßen einer afrikanischen Stadt laufen.

Wir landen an Lomés Strand, an dem man sich nachts eigentlich nicht aufhalten darf, weil es dort zu gefährlich ist, aber an diesem Abend ist es etwas anderes. Viele Familien sind dort mit ihren Kindern. Man feiert ein Rasta-Reggae-Fest. Die Band trifft die Töne. Wie gut, dass wir hierher gefunden haben. Aber was ist das? Der Strom ist weg, die Musik ist aus. Die Band hat die Boxen zu laut aufgedreht und die Sicherung ist rausgesprungen. Es dauert einige Zeit, bis es weitergeht. Nach 20 Minuten das gleiche Spiel.

Um halb zwölf beginnen die Leute, wahllos Raketen in die Luft und sonst wo hinzuschießen. Die Erwachsenen verhalten sich dabei völlig verantwortungslos. Als sie beginnen, die Raketen in Richtung der Band und der Tanzfläche abzufackeln und angezündete Böller direkt in die Menge zu werfen, bekommen wir es mit der Angst zu tun und verlassen eilig den Platz. Mehrere Menschen kommen uns entgegen. Sie halten angezündete (!!!) Raketen in den Händen. Die Leute sind sehr betrunken und lachen laut. Wir sind froh, als wir endlich wieder in unserer Unterkunft sind. Sani ist nicht davon abzubringen, jetzt auf seinem Moped nach Hause zu fahren. Ich mache mir Sorgen um ihn, weil doch so viele betrunkene Fahrer unterwegs sind. Loyal und ich sind todmüde: Wir sind gar nicht mehr gewöhnt, so lange aufzubleiben. Im Bett liegend fällt uns auf, dass das neue Jahr ja begonnen hat. »Frohes Neues« ist das Letzte, was ich vorm Einschlafen murmele.

Arztbesuch in Lomé

Ich habe Ohrenschmerzen bekommen und beschließe, die Chance zu nutzen und in Togos Hauptstadt zum Ohrenarzt zu gehen. Das dürfte in einer 750 000 Einwohner zählenden Stadt ja eigentlich kein Problem sein. Dachte ich. Aber man kann sich irren. Vor allem, wenn man fremd in der Gegend ist.

Da auch in Togo am ersten Januar alles geschlossen ist, warte ich den 2. Januar ab. Sani holt mich morgens ab, hat allerdings sein Moped nicht dabei. »Das Moped ist nicht meines, sondern war nur geliehen«, erklärt er mir. »Es gehört meinem Nachbarn und der braucht es heute.« So sind wir nun auf öffentlichen Verkehr angewiesen und machen uns gegen elf Uhr auf einem Mototaxi auf den Weg. Loyal kommt nicht mit, weil er uns nicht helfen kann und vom afrikanischen Trubel schnell gestresst ist. »Ich kenne eine gute Klinik für Weiße«, erinnert sich Sani, »da habe ich mal einen französischen Freund besucht.«

Dreimal müssen wir umsteigen. Ich wundere mich, dass man auf einem Mototaxi überhaupt umsteigen muss. Eigentlich macht man mit dem Fahrer doch ein Ziel aus und er fährt einen direkt dahin. Da Sani mit den Taxifahrern allerdings alles auf Hausa bespricht, habe ich keine Ahnung, was er mit ihnen ausmacht. Naja, ich übe mich in Geduld und zahle die Fahrten. Hauptsache wir kommen irgendwann an.

Um halb eins sind wir dort. Außen hängt ein großes Schild mit den Abteilungen. Eine HNO-Abteilung finde ich nicht. Wir treten ein. Angenehme Kühle empfängt uns. Das tut gut. Ich frage an der Rezeption. Die Dame schaut auf die Uhr und teilt mir dann mit einem Lächeln mit:»Wir machen jetzt Pause. Sprechstunde ist nur bis halb eins.«

Ich versuche es trotzdem:»Können Sie mir sagen, ob es hier einen HNO-Arzt gibt?«

»Keine Ahnung. Das können Sie ja um halb drei den Arzt fragen. Dafür müssen Sie aber erst die Anmeldegebühr bezahlen.«

Wie bitte?»Können Sie vielleicht in Ihren Unterlagen schauen, ob es hier überhaupt eine HNO-Abteilung gibt? Oder können Sie schnell einen Arzt fragen? Ich möchte ungern warten und in zwei Stunden erfahren, dass ich hier falsch bin.« Ich bleibe weiterhin höflich.

Die Antwort, die ich daraufhin bekomme, ist erschreckend:»Es gibt hier keine Ärzte!« Das reicht mir. Ich mache auf dem Absatz kehrt und gehe nach draußen.

»Lass uns zu der großen Privatklinik fahren, die in meinem Reiseführer angegeben ist«, sage ich genervt zu Sani. Ich hatte mir das mit dem Arztbesuch einfacher vorgestellt. Wir nehmen wieder zwei Mototaxis und machen uns auf den Weg. Auch in dieser Klinik ist es angenehm kühl, als wir eintreten. Die Frau an der Rezeption ist sehr nett:»Ja, wir haben einen HNO-Arzt, aber der ist heute noch nicht aufgetaucht«, teilt sie mir auf meine Frage hin mit. Sofort greift sie zum Telefon, um ihn anzurufen. Danach die ernüchternde Antwort:»Er hat heute keine Lust mehr zu kommen!« (Genau das hat sie gesagt!) Ich kann es nicht fassen. Ihr tut es aufrichtig leid.

»Gibt es noch ein anderes Krankenhaus?«

Sie erklärt uns den Weg zum staatlichen Krankenhaus. Als wir gehen, gibt sie uns noch die Nummer des Arztes:»Vielleicht könnt ihr euch irgendwie arrangieren.« Was? Ein korrupter HNO-Arzt? Darauf will ich mich nicht einlassen. Ich rufe nicht an, sondern mache mich mit Sani auf den Weg zum staatlichen Krankenhaus.

Hier gibt es keine klimatisierten Räume. Bevor man einen Arzt sieht, muss man sich registrieren und zahlt einen Anmeldebetrag von zirka fünf Euro. Alles passiert an einem Schalter, der an frühere Fahrkartenschalter erinnert. Und alles geht hier sehr, sehr langsam. Mit vielen anderen kranken Menschen warte ich geduldig in einer langen Schlange. Es ist heiß, die Sonne brennt auf uns herab, Fliegen sirren um unsere Köpfe. Es gibt nicht einmal ein Dach, unter das wir uns stellen könnten. Manche Menschen können sich kaum auf den Beinen halten. Hier, im staatlichen Krankenhaus, ist das Elend der armen Bevölkerung offensichtlich. Menschen, die Geld haben, scheinen hier nicht herzukommen. Die Leute tragen ärmliche, manchmal sogar zerschlissene Kleidung. Ich bin die einzige weiße Person auf dem Gelände und werde mit offener Neugier angestarrt. Die Menschen reden über mich, das merke ich an der Art, wie sie sprechen und dabei auf mich zeigen.

Das Krankenhausgelände ist groß und wir brauchen einige Zeit, bis wir endlich das HNO-Gebäude finden. Dort setzen wir uns auf eine Holzbank und warten. Die anderen Wartenden schauen sehr verwundert. Wahrscheinlich haben sie hier noch nie eine weiße Frau gesehen. Die Ärzte (oder Pfleger oder Arzthelfer) gehen mit ihrem Mittagessen in der Hand ein und aus. Kein Wunder, es ist Mittagspause.

Nach einer halben Stunde komme ich an die Reihe. Das Untersuchungszimmer ist total heruntergekommen und weitgehend leer. Der Arzt ist sehr nett und lässt sich nicht anmerken, ob er häufiger europäische Patienten hat oder nicht. Er hat außer einer Lampe nichts, um meine Ohren zu untersuchen. Er entschuldigt sich sofort dafür, dass es hier an allem fehlt. Ich folge ihm in ein Zimmer mit Waschbecken, in dem schmutzige Geräte liegen. Er wäscht sie unter fließendem Wasser ab, füllt danach einen Becher mit Wasser, nimmt die Spritze, die auch im Becken liegt (so eine ähnliche, wie die, die man als Kind manchmal in der Apotheke geschenkt bekam, um damit in der Badewanne zu spielen) und zieht diese mit Wasser auf. Ich bin erst zu geschockt, um zu reagieren, und frage dann nach: »Was wollen Sie machen?«

»Ich werde Ihre Ohren spülen!«

»Mit dem Wasser aus der Leitung? Wollen Sie das nicht erst abkochen?«

»Wieso abkochen? Das ist doch sauber«, antwortet er mir lächelnd. Ich denke schnell nach. Es gibt keine anderen HNO-Ärzte in Lomé. In den nächsten Tagen wollen wir unterwegs sein. Wer weiß, wo ich überhaupt wieder die Möglichkeit habe, zum Arzt zu gehen. Ich gebe nach. Es wird schon nichts passieren. Mit dem Wasser dusche ich ja auch. Langsam spritzt er mir Wasser in beide Ohren. Ob das gegen die Ohrenschmerzen hilft? Ich lächle tapfer. Hinterher fragt er, wie die Praxen von deutschen HNO-Ärzten sind. Nur zögernd antworte ich ihm. Er ist so nett und macht einen kompetenten Eindruck auf mich. Es tut mir so leid, dass er in Togo nur so eingeschränkte Möglichkeiten hat, seine Patienten zu untersuchen und ihnen zu helfen. Ihm fehlt es an allem: Personal, Geräte, Medikamente. Es gibt nicht mal Strom! Was soll ich ihm da von den deutschen Möglichkeiten erzählen?

Wir fahren zurück zu unserer Unterkunft. In meiner Reiseapotheke finde ich abends noch Ohrentropfen, die vor Entzündungen schützen. Mit denen im Ohr schlafe ich beruhigt ein. Und meine Ohrenschmerzen sind nach diesem Arztbesuch tatsächlich weg!

Muslime versus Christen

In Lomé leben Muslime und Christen weitgehend friedlich zusammen. Es gibt Viertel, die muslimischer und solche, die christlicher geprägt sind. In unserem Viertel befinden sich gleich mehrere Kirchen, also gehe ich davon aus, dass es zweiteres ist.

Trotzdem ertönt früh morgens um 5:30 Uhr irgendwo in der Nähe der Muezzin. Fünfmal am Tag müssen Muslime beten und fünfmal am Tag werden auch alle anderen mit dem Ruf des Muezzins beschallt, der manchmal länger als eine Viertelstunde dauert. Vor allem morgens früh schimpfe ich gern auf die Tradition der

Moscheen und bin froh, dass das in Deutschland verboten ist. Der »Lärm«, der von ihnen ausgeht, ist allerdings nichts im Vergleich zu dem, was die Kirchen hier in Westafrika veranstalten. Nicht nur, dass die Gottesdienste meistens vier bis fünf Stunden dauern und die Leute alle durcheinanderschreien und -singen. Mit Hilfe von Lautsprechern wird dieses Chaos auch noch auf die Straße übertragen und das fünf Stunden lang. Die schlechte Lautsprecherqualität macht den Geräuschpegel auf der Straße nicht besser. Alle Anwohner, ob sie es nun wollen oder nicht, müssen sich also stundenlang ein »Jesus says …«, »Bible says …« in die Ohren brüllen lassen. Da Gottesdienste hier nicht nur sonntags, sondern auch unter der Woche stattfinden, ist es wirklich sehr oft laut auf der Straße im Viertel. Im Gegensatz dazu sind die muslimischen Viertel viel ruhiger und friedlicher als die christlichen. Je länger wir in Lomé sind, umso schwerer fällt es uns, diesen ständigen Lärmpegel zu ertragen. Wir haben es auch in anderen Ländern erlebt, dass Gottesdienste per Lautsprecher auf die Straße übertragen wurden und morgens früh der Muezzin rief, allerdings war es nirgendwo so extrem wie in Lomé. Interessanterweise scheinen sich weder die Christen am Muezzin noch die Muslime an den stundenlangen, fast auf der Straße abgehaltenen Gottesdiensten zu stören. Gelebte Toleranz.

»Sugarmamas«

Es gibt sie und sie werden immer mehr: die »Sugarmamas«. Bisher war das Phänomen vor allem unter »Sugardaddy« und in Asien bekannt. Allerdings fliegen inzwischen immer mehr Touristen auch nach Afrika, um sich dort eine junge hübsche Afrikanerin zu suchen oder eben einen jungen hübschen Afrikaner. Vor Kurzem sorgte der Film *Paradies: Liebe* von Ulrich Seidl in Cannes für Furore, in dem es darum geht, dass eine ältere Österreicherin nach Kenia reist, um dort die Liebe zu finden.

Ich habe in Asien mit eigenen Augen gesehen, wie fette, hässliche, weiße Männer junge hübsche Asiatinnen an der Hand spazieren führten. Erst hat es mich geschockt, danach habe ich mich an den Anblick gewöhnt. Es ist ja auch nichts Neues, man weiß davon. Ich habe Männer schon laut von ihren Urlauben in Asien schwärmen hören. Ein Freund von mir bezeichnete jüngst Sex in Asien als das dortige »Freizeitangebot«, das man auf jeden Fall im Urlaub nutzen sollte.

Neben uns zieht am zweiten Tag bei *Chez Alice* eine Mittfünfzigerin aus Holland ein, die zurzeit in Ghana als Choreographin arbeitet und nun in Togo ihren Weihnachtsurlaub verbringen will. Sie ist starke Raucherin. Darum glauben wir anfangs, dass dies für sie der Grund für den Togoaufenthalt ist, da sich Ghana bezüglich des Rauchverbots im Land stark an den USA orientiert und das Rauchen noch nicht einmal auf der Straße gestattet ist. Wir unterhalten uns sehr nett mit ihr. Am nächsten Tag verbringt sie den Tag am Strand – der hier in Lomé eigentlich sehr schmutzig und ungemütlich ist. Als sie gegen 18 Uhr zurückkommt, ist ein junger, attraktiver Afrikaner an ihrer Seite. Er ist eher unsicher, weiß nicht, ob er uns grüßen oder lieber gar nichts sagen soll. Sie verschwinden in ihr Zimmer. Von drinnen ertönt Gekicher. Danach geht die Dusche.

Am nächsten Morgen sehen wir sie wieder. Sani ist vorbeigekommen, um uns abzuholen. Sie flirtet mit ihm. »Meinst du, sie ist wegen der Männer hierhergekommen?«, frage ich Loyal leise.

»Ja, sieht so aus«, meint er. So geht es die nächsten zwei Tage weiter. Immer wieder kommt sie mit einem anderen jungen, afrikanischen Mann nach Hause. Am dritten Tag höre ich sie auf Französisch telefonieren: »Ja, mein Chéri. Morgen komme ich wieder. Ich liebe dich!« Kurz danach kommt der junge Typ vom Strand wieder vorbei. Ich kann es nicht fassen.

Natürlich muss jeder selbst wissen, was er oder sie tut. Allerdings ist es schon irgendwie befremdlich, wenn man das so direkt und offen mitbekommt. Anfangs erzählte uns die Dame, dass sie in Togo sei, weil sie eine Auszeit brauche. Das Wort bekommt nun eine ganz neue Bedeutung. Ich denke, viele afrikanische Länder müssen in den nächsten Jahren aufpassen, nicht den Ruf des Sextourismus angelastet zu bekommen. Während unseres Aufenthalts in Lomé haben wir den Eindruck, dass in unserer Unterkunft mehrere ältere Weiße wohnen, die das »Freizeitangebot« ausgiebig nutzen. Männer wie Frauen.

Paule verhindert Überfall

Sobald es Abend wird, ist es meist Loyal, der vor dem Schlafengehen noch eine Runde mit dem Hund dreht. Unsere Unterkunft in Lomé liegt inmitten eines Wohnviertels, das wir bisher nicht als gefährlich empfunden haben. Daher läuft Loyal abends mit Paule durch die Straßen. Mancherorts sitzen die Leute vor ihren Häusern. Manche Straßen sind aber auch leer. Einmal passiert es Loyal, dass Paule erst am Wegesrand schnüffelt und dann plötzlich laut in Loyals Richtung zu knurren beginnt. Loyal dreht sich um und nicht einmal einen Schritt hinter ihm steht ein Mann. Der Schreck ist groß. »Bonsoir«, grüßt Loyal souverän. Paule knurrt lauter und zeigt seine Zähne. Der Mann murmelt etwas und verschwindet. Wir sind stolz auf unseren kleinen Wach- und Beschützerhund.

Benin

Zu Gast bei Voodoo-Priestern

Anfang Januar machen wir uns auf den Weg nach Benin. Die Aus- und Einreiseformalitäten laufen völlig problemlos. Auch hier werden wir durchgelassen, ohne das Carnet stempeln zu müssen beziehungsweise zu können. Leider ist der Verkehr auf der Küstenstraße nach Cotonou sehr dicht und wir kommen insgesamt nur langsam voran. Es wird dunkel und wir sehen keinen passenden Übernachtungsplatz für uns.

Gegen 19 Uhr sind wir endlich in Ouidah (eigentlich dachten wir, diese Stadt sei schon Cotonou) und suchen nach einer Unterkunft. Leider lehnt das von uns auserkorene Hotel es ab, weiße Touristen im Hof parken und übernachten zu lassen (Einheimische dürfen das nach Aussage des Rezeptionisten dagegen schon). Wir sind verzweifelt. Wir wollen auf keinen Fall weiterfahren, weil man fast nichts mehr sieht und viele Autos und Mopeds ohne Licht fahren. Da die Schlaglöcher in der Dunkelheit doppelt so tief und groß wirken, ist es nicht ungefährlich, nach Einbruch der Dunkelheit noch mit dem Auto unterwegs zu sein. »Wisst ihr vielleicht einen sicheren Platz für uns und unser Auto?«, frage ich die beiden Männer, die die Wachmänner des Hotels zu sein scheinen.

»Ja klar«, antwortet der eine, »ihr könnt bei mir übernachten. Neben meinem Haus ist viel Platz! Ich bringe euch hin!« Und schon steigt er zu uns ins Auto. Da wir vorne nur zwei Plätze haben, verziehe ich mich mit Paule in den hinteren Teil des Wagens.

Das Gründstück, zu dem wir fahren, ist für eine Übernachtung im Land Rover perfekt. Und unser Gastgeber ist nicht nur besonders hilfsbereit, sondern auch noch besonders zurückhaltend. In Ruhe können wir unser Abendessen zubereiten, ohne dabei beobachtet zu werden. Außerdem versteht er es, dass wir sehr müde sind und gleich schlafen wollen.

Am nächsten Morgen begrüßt er uns mit der Frage: »Wie viele Wochen werdet ihr bleiben? Nächste Woche ist hier das große Voodoo-Festival, das müsst ihr auf jeden Fall erleben!« Wir sind platt. Eigentlich wollten wir gleich nach dem Frühstück weiterfahren. Aber unser Gastgeber Rémy wie auch sein Bruder Émile sind so herzlich und erzählen uns so viel über den Voodoo-Kult, dass wir beschließen, zumindest noch den Vormittag bei ihnen zu verbringen. Es stellt sich heraus, dass sie beide Voodoo-Priester sind und der Wald hinter dem Haus der »heilige Wald« ist. Gemeinsam machen wir einen Spaziergang und die beiden zeigen uns verschiedene heilige Stätten. Wir treffen einen alten Mann, der auf einem Stuhl im Schatten sitzt. Er hat mehrere Kauri-Muscheln vor sich auf

Der alte Ober-Voodoo-Priester präsentiert mir seinen Zaubertrank.

einem Brett liegen und scheint hier der Ober-Priester zu sein. In der nächsten Stunde erzählt er uns, welche Krankheiten er heilen kann. Mit Hilfe von Voodoo bekämpft er nicht nur Krebs, sondern auch Aids. Die Erfolgschancen hängen davon ab, inwiefern der Kranke sich den Regeln des Voodoo-Priesters unterwerfe, erklärt er uns. Zum Schluss zeigt er uns noch sein Wundermittel, das alles Böse abwehren soll: Eine Glasflasche mit Buschwerk darin, in das jeden Morgen Pastis gegossen und danach getrunken wird. »Dann sind alle Sorgen weg!«, erklärt er uns.

»Das meint ein Alkoholiker auch«, murmelt mir Loyal leise zu.

Als wir zurück beim Haus sind, wollen Rémy und Émile unbedingt ein Gri-Gri für uns und unsere Reise anfertigen, das uns beschützen soll. Da ich von Sani weiß, dass man für Gri-Gris meist teure Zutaten braucht und es lange dauert, bis so ein Gri-Gri fertig ist, erklären wir, dass wir schon ein Gri-Gri haben. Wir zeigen ihnen einen Engel aus Ton, den uns eine Freundin für die Reise mitgegeben hat. Überzeugt sind die beiden nicht, aber sie akzeptieren das. »Beim nächsten Mal müsst ihr unbedingt zwei Wochen kom-

197

men!«, meinen die zwei zum Abschied und zeigen uns Fotos von ihrem Heimatdorf, das im Norden des Landes liegt. »Wir werden euch alles über Voodoo erklären, bis ihr auch Spezialisten seid.«

Alkohol für Kinder

Zurück vom Spaziergang bei Rémis Haus schenken die Voodoo-Priester auch den beiden am Hof gebliebenen Frauen (Ehefrau von Rémy und Schwester von Émile) vom »Pastis-Trank gegen das Böse« ein. Danach sind die Kinder dran: Jedes bekommt ein kleines Glas voll. Selbst das einjährige Baby. Waren wir bisher geschockt, dass man den Babys hier in Westafrika alles Mögliche in den Mund stopft und sie Cola trinken lässt, toppt dies nun alles. Das Baby trinkt zwei Gläser Pastis. »Der Kleine muss ja völlig besoffen sein«, sagt Loyal erschrocken. Naja, es fällt nicht wirklich auf, weil die Kinder sowieso den ganzen Tag mit der Mutter auf einem Tuch herumliegen. Dass Kleinkinder harten Alkohol eingeflößt bekommen (das Baby wollte das nämlich gar nicht trinken), sehen wir auf unserer Reise immer mal wieder. Es ist erstaunlich, wie schnell man abstumpft und sich mehr oder weniger daran gewöhnt, dass Kleinkindern hier Alkohol zu trinken gegeben wird. In den Augen der Einheimischen ist es Medizin.

Erste Hilfe im Dorf

Wir dachten anfänglich, Benin in zwei bis drei Stunden durchquert zu haben, weil die Küstenstraße von Grenze zu Grenze nur insgesamt 135 Kilometer lang ist. Doch wir hatten uns geirrt. Schon die Strecke bis Ouidah verlief sehr zäh, sodass wir dort übernachten mussten. Bei der Weiterfahrt ist es nicht besser: Der Verkehr in Cotonou und auf allen anderen Fernstraßen ist so dicht, dass wir häufig nur im Schritttempo vorankommen. Wir wollen die Hauptgrenze zwischen Benin und Nigeria meiden, weil dort nicht nur die Korruption boomen soll, sondern auf der (einzigen) Strecke von der Grenze nach Lagos ein Checkpoint nach dem anderen kommt und sich die Fahrt somit Stunden hinziehen und sehr teuer werden kann. Deshalb haben wir beschlossen, den kleinen Grenzübergang bei Ilara etwa 80 Kilometer nördlich der Küste zu benutzen. Von anderen Reisenden haben wir gehört, dass es dort deutlich entspannter zugehen soll als an der Küste. Obwohl wir an diesem Tag nur etwa hundert Kilometer geschafft haben, dämmert es schon und uns ist klar, dass wir eine weitere Übernachtung in Benin einlegen müssen, wenn wir nicht im Dunkeln in Nigeria ankommen wollen.

Wir halten bei einem kleinen Hof am Straßenrand. Bald stellt sich heraus, dass keine einzige anwesende Person französisch spricht. Einer der Männer fährt gleich mit dem Moped los, um eine Frau zu holen, die übersetzen kann. Als wir erklären, dass wir einen sicheren Übernachtungsplatz suchen, wundern sie sich, dass wir zu ihnen gekommen sind. Trotzdem heißen sie uns gleich willkommen. Sie bringen uns eine Bank zum Sitzen. Auch Wasser wird uns angebo-

An der grünen Grenze zu Nigeria wollen alle Passanten unbedingt von uns fotografiert werden.

199

ten. Das ist allerdings grün und dreckig, tote Insekten schwimmen an der Oberfläche. Wir können uns nicht vorstellen, davon zu trinken und wollen es auch nicht unbedingt zum Abspülen verwenden. Einer der Männer sieht unseren skeptischen Blick und trinkt von dem Wasser, um uns zu zeigen, dass es in Ordnung ist.

Bald stellt sich heraus, dass der Weg, den wir benutzt haben, um zu ihrem Haus zu kommen, der offizielle Weg zur »grünen Grenze« ist und immer wieder Autos mit Leuten vorbeikommen. Alle wollen unbedingt von uns fotografiert werden. Zwei maximal 15-jährige Mädchen zeigen uns stolz ihre Neugeborenen – eins der Säuglinge ist mini und wahrscheinlich erst wenige Tage alt, da es noch sehr hell ist. Die Kinder dunkelhäutiger Eltern kommen mit relativ heller Haut auf die Welt und dunkeln dann nach.

Als es dunkel wird, zündet die Nachbarfamilie ihr Feld an. Das trockene Kraut wird verbrannt, damit das Feld danach leichter bearbeitet werden kann. Die Asche dient hinterher als Dünger. Da das Feld recht groß ist, entsteht ein riesiges Feuer nur wenige Meter von unserem Stellplatz entfernt. Doch obwohl die Hütte unseres Gastgebers aus Lehm ist und ein Strohdach hat, scheinen die Bewohner sich wegen des Feuers keine Sorgen zu machen. Überhaupt ist uns auf der Reise schon häufiger aufgefallen, dass am Straßenrand unkontrollierte Feuer brennen und sich ausbreiten. Obwohl hier alles sehr trocken ist, scheinen die Menschen kein Problem damit und auch keine Angst um ihre Behausung zu haben. In Europa würde bei einer solch trockenen Umgebung gleich Panik ausbrechen.

Nachts schreit stundenlang ein Kind. Ob es wohl vom Feuer erfasst wurde? Wir schlafen sehr unruhig, immer mit einem Auge offen und bereit, vor dem nahenden Feuer zu fliehen.

Am nächsten Morgen ist unser Landy umringt von Frauen, die uns beim Schlafen beobachten und von außen ihre Nasen an den Fenstern des Landys plattdrücken, um einen Blick auf uns zu erhaschen. Loyal verlässt als erstes den Wagen. »Hier neben mir steht ein kleines Mädchen mit einer verbrannten Hand. Man sieht das rohe Fleisch, das ist total eklig!«, tönt es von draußen. Wir frühstücken und ich beobachte die Kleine. Ja, sie hat starke Verbrennungen an der rechten Hand, die allerdings nicht ganz frisch sind. Ich schätze, dass sich der Unfall vielleicht vor zwei oder drei Tagen ereignet haben muss. Die Hand ist unverbunden und das Blut ist zusammen mit dem Staub und sonstigem Dreck auf der Wunde getrocknet. Es sieht ziemlich übel aus. Das Mädchen scheint Schmerzen zu haben, es hält die Hand krampfhaft nach oben. Da wir Verbandszeug und eine gute Salbe in unserer Reiseapotheke haben, rufe ich das Mädchen zu mir und verarzte es. Die Kleine verzieht keine Miene. Erst als sie noch das Pulver einer entzündungshemmenden Tablette, das wir auf einem Stück Schokolade verteilt haben, essen soll, kommt der Schock: Sie beginnt zu weinen. Sofort springt der Vater hinzu und schlägt sie.

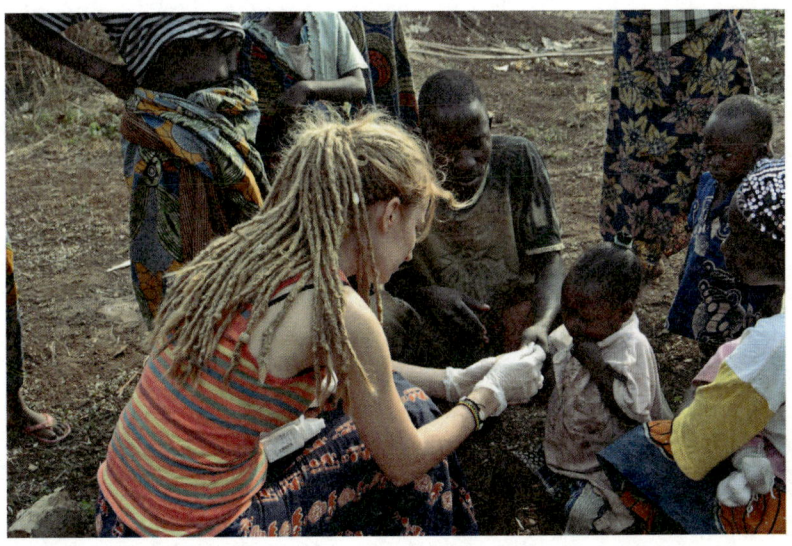

Das kleine Mädchen ist beim Verarzten der verbrannten Hand sehr tapfer.

Wir sind sehr erschrocken, alles ging sehr schnell. Wir haben hier schon häufig beobachtet, dass Kinder geschlagen werden. Wirklich etwas dagegen tun, können wir nicht. Die Familie bedankt sich bei uns, dass wir das Mädchen verarztet haben und es dauert nicht lange, als sie schon mit anderen Wehwehchen zu mir kommen und unbedingt weitere Tabletten von mir wollen. Ich lehne es ab, wahllos Tabletten zu verteilen. Vor allem auch deshalb, weil die Mutter des Kindes vor meinen Augen einen Saft, der die Blutbildung fördern soll, über die Hand des Mädchens geschüttet hat. Es war das einzige Medikament, das sie im Hause hatte. »Weiße Medizin« nannte die Familie das.

Müll zum Essen

Wenn wir bei Familien im Dorf übernachten, sammeln wir immer unseren Müll in einer Tüte und fragen kurz vor der Abfahrt, wo wir sie entsorgen können. Meistens gibt es einen Platz, auf dem regelmäßig Müll verbrannt wird. Unser Müll besteht in der Regel aus Gemüseschalen, Getränkedosen, Wasserflaschen, Konservenbüchsen, Alufolie vom Schmelzkäse... Immer wieder passiert es, wie auch hier in diesem Dorf in Ostbenin, dass die Leute die Plastiktüte entgegennehmen und sich danach alle gleichzeitig darauf stürzen, um den Inhalt unter sich aufzuteilen. Häufig liegt am Ende nur noch die zerrissene Tüte auf dem Boden des Hofes. Dosen und Plastikflaschen werden oft als Aufbewahrungsbehälter verwendet. Manchmal werfen wir Dinge weg, die aus anderen Ländern oder aus dem Supermarkt einer großen Stadt kommen. Diese Dinge werden als Trophäen aufbewahrt und Besuchern gezeigt. Auch uns wurden in manchen entlegenen Dörfern stolz europäische Möbelprospekte, Bücher auf Spanisch und ähnliches präsentiert. Was die Leute allerdings mit Plastik- oder Alufolie machen, wissen wir schlichtweg nicht.

In Liberia passierte es uns (bei der Übernachtung bei der Prophetin), dass Loyal dem Mann eine Tüte gab mit dem Hinweis, dass es Müll sei. »Müll zum Essen?«, fragte der Mann.

Loyal war irritiert und wusste nicht genau, was er antworten sollte. »Nein, zum Wegwerfen«, sagte er schließlich und machte gestisch klar, was er meinte. In der Tüte gab es aus unserer Sicht nichts Essbares mehr.

Der Mann schaute nun selbst in die Tüte und nickte: »Oh ja, Müll zum Essen!« Wir schämten uns sehr. Es schien tatsächlich so, dass der Mann Kartoffelschalen, eine verfaulte Avocado und ähnliches als essbar einstufte. Und das, obwohl die Familie einen kleinen Gemüsegarten hinter dem Haus angelegt hatte. Wir hatten gar nicht den Eindruck, dass die Menschen hier hungerten. Von diesem Tag an gaben wir noch mehr Acht darauf, was wir wegwarfen.

Nigeria

Nigeria: Was steht uns wohl bevor?

Seit Tagen schlafen wir unruhig. Loyal hat schlechte Laune. Das liegt daran, dass wir uns Nigeria nähern. Das Land unserer Alpträume. Erst an Heiligabend haben wieder einmal muslimische Extremisten in Nigeria eine Kirche voller Menschen angegriffen und angezündet. Ob es wirklich eine so gute Idee ist, jetzt in das Land einzureisen? Von allen Seiten Horrormeldungen!

Auf der Internetseite des Auswärtigen Amts wird gewarnt, andere Reisende erzählen uns Horrorstories, sogar die Einheimischen übertreffen sich gegenseitig mit erschreckenden Geschichten aus Nigeria. Sani hat von Anfang an abgelehnt, uns nach Nigeria zu begleiten, weil das für ihn zu gefährlich sei. Dabei dachten wir, dass er als Hausa in Nigeria weniger gefährdet wäre als wir und uns dort helfen könnte. Allerdings haben sich die Fronten in den letzten Jahren in Nigeria ständig verschoben. Es ist kaum noch auszumachen, wer die »Guten« und wer die »Bösen« sind. Auf der einen Seite gibt es die islamistische Terrororganisation Boko Haram, die gegen Christen kämpft, aber gleichzeitig genauso Muslime, die sich ihnen nicht unterwerfen wollen, tötet. Auf der anderen Seite die fast außer Kontrolle geratene Kriminalität im Land: Banden, die Öl-Pipelines anzapfen und das Öl danach auf dem Schwarzmarkt verkaufen. Die Nigeria-Connection, die auch in Deutschland vor allem für Betrug im Autohandel bekannt ist. Und ständige Entführungen vor allem im Süden des Landes durch kriminelle Banden und Rebellenorganisationen. Nicht zu vergessen die korrupten Beamten und Polizisten, vor denen wir überall an der afrikanischen Westküste gewarnt werden.

Insgesamt gilt die Sicherheitslage in Nigeria trotz der politischen Stabilität (Nigeria gilt als funktionierende Demokratie) als nicht ausreichend. Wir überlegen lange, ob es für uns eine Möglichkeit gibt, Nigeria zu meiden. Allerdings gibt es keine Fähren, die nur Nigeria umschiffen, und bis Namibia oder Südafrika wollen wir unseren Landy per Boot nicht schicken. Zudem haben wir die Visa seit Guinea-Bissau in unseren Pässen. Wenn wir wirklich den afrikanischen Kontinent im Auto umrunden wollen, kommen wir an Nigeria nicht vorbei.

Wir haben wahnsinnige Angst vor diesem Land. Wissen nicht, ob wir unsere Courage dort mit unserem Leben oder unserer Gesundheit bezahlen werden. Zum ersten Mal habe ich Zweifel an meinem Plan. Wäre es nicht besser, jetzt die Tour abzubrechen? Gleichzeitig finde ich im Internet viele Blogs von anderen Reisenden, die durch Nigeria gefahren sind und dort auch Positives erlebt haben. Irgendwann bin ich mir sicher: Wir können das auch schaffen!

Da wir über die Hauptgrenze an der Küste sehr viel Schlechtes gehört haben, fahren wir nach Ilara. Dort ist alles ruhig. Die Grenze verläuft mitten durch den Markt. Es herrscht geschäftiges Treiben wie auf jedem afrikanischen Markt. Hier ist nicht erkennbar, wer aus Benin und wer aus Nigeria ist. Nur ein Schild mit der Aufschrift *Nigeria* weist darauf hin, dass wir uns an der Grenze befinden. Wir brauchen aber noch Ausreisestempel für Benin. Ich steige aus und schaue fragend um mich. Allen Umstehenden scheint klar zu sein, was wir Fremden hier wollen. Sie zeigen hinter mich auf ein Gebäude. Während Loyal mit dem Landy inmitten von Gemüseständen auf dem Markt stehenbleibt, laufe ich mit beiden Pässen zurück zum beninischen Grenzhäuschen, das wir übersehen hatten. Dort ist alles entspannt. »Seid ihr gerade angekommen oder verlasst ihr unser schönes Land?«, will der Beamte wissen. »Wann sehen wir uns wieder?« Problemlos stempelt er unsere Pässe und schon bin ich wieder bei Loyal. Zöllner sucht man hier vergeblich. Wie gut, dass sie bei der Einreise unser Carnet nicht gestempelt haben, ansonsten hätten wir jetzt ein Problem.

»Welcome to Nigeria«, begrüßt uns der Mann hinter dem verrosteten Nigeria-Schild. Ist das der Grenzbeamte? Ich sehe überhaupt keine Grenzstation. Ich bin misstrauisch. Allem in Nigeria gegenüber! Aber er strahlt mich an. Also reiche ich ihm unsere Ausweise. »Kann ich bei euch mitfahren?«, will er von mir wissen. Wie bitte? Wieso will er mitfahren? Ich schaue ihn geschockt an und weise darauf hin, dass wir nur zwei Sitzplätze haben. »Dann nehme ich ein Mototaxi. Ihr folgt mir!« Und schon läuft er zur Straße.

Ich steige zu Loyal in den Landy. »Schnell hinterher. Der Kerl hat unsere Pässe. Nicht dass der verschwindet!« Wir fahren los. Und fahren und fahren. Scheinbar durch ganz Ilara. Kommen in einen Außenbezirk. Keine Leute mehr zu sehen. Nur noch verfallene Häuser.

Der Weg ist so weit, dass wir es mit der Angst zu tun bekommen und befürchten, in einen Hinterhalt gelockt zu werden. »Lass uns lieber die Fenster hochkurbeln«, warne ich Loyal. »Und verschließ mal lieber die Türen von innen. Nicht dass der uns in eine Falle lockt und gleich ausraubt!« Uns wird langsam ganz anders.

Endlich hält der Mann vor einem heruntergekommenen Gebäude. Die Inschrift ist stark abgebröckelt, aber *Immigration* lässt sich gerade noch lesen. Der Mann winkt mir, ihm ins Innere zu folgen. Langsam betrete ich das Haus. Die Decke fällt an mehreren Stellen herunter, die Wände sind teilweise kaputt, in einer Ecke liegt Schutt. Niemand scheint da zu sein. Der Nigerianer macht sich auf die Suche. Telefoniert. Und macht sich erneut auf die Suche. Irgendwann kommt ein verschlafener Mann aus dem hinteren Teil des Gebäudes. Er schließt sein Büro auf und holt die Stempel. Yeah!

Immerhin hat er Stempel. Wir sind also in einem offiziellen Büro. Danach muss ich Formulare ausfüllen. Beide Beamte sind sehr freundlich zu mir. Ich bin erleichtert. Hier scheint ja doch alles mit rechten Dingen zuzugehen. Wir bekommen unsere Stempel. Es wird dafür sogar ein neues Stempelkissen herausgekramt. Das alte ist verschimmelt. »Wir müssen nun alles kopieren«, meint einer der Männer schließlich zu mir. »Allerdings gibt es hier nichts. Auch keinen Kopierer. Wir müssen in die Stadt fahren. Bitte gib uns Geld!« Aha, denke ich, jetzt kommt die Geldforderung. Gleichzeitig tut mir der Mann leid. Er hat mich bisher völlig korrekt behandelt und ist dabei sehr freundlich gewesen. In diesem Abbruchhaus gibt es nichts. Ich gebe ihm umgerechnet 1,50 Euro. Damit ist er zufrieden. Keine Ahnung, ob er die Kopien tatsächlich macht. Allein seine Freundlichkeit und die entspannte Atmosphäre sind das Geld wert. Beide Männer verabschieden sich von mir.

»Und der Zoll?«, entfährt es mir.

»Ach ja, der Zoll« murmelt der eine, kräuselt die Stirn und starrt auf das Abbruchhaus gegenüber. »Komm mit«, sagt er, geht auf genau dieses vergammelte Haus zu und bedeutet mir zu warten. Etwa zehn Minuten später kommt er wieder, den Zöllner im Schlepptau. Der alte Mann scheint Parkinson zu haben. Ich erkenne das typische rhythmische Schütteln seines Körpers. Er kennt das Carnet und will es gleich ausfüllen. Allerdings kann er den Stift fast nicht halten. Aber er bemüht sich und schreibt, was ihm einfällt. Er scheint ein wenig verwirrt zu sein, denn er schreibt nicht unbedingt das, was verlangt wird. Mit dem offiziellen Stempel fällt das aber gar nicht so auf. »Welcome to Nigeria«, sagt er und reicht mir das Carnet. Dabei zeigt er mir ein großes zahnloses Lächeln.

Begeistert gehe ich zum Landy zurück. »Wir haben alles. Lass uns fahren! Das war viel einfacher, als ich gedacht habe!« Ich rede wieder wie ein Wasserfall. »Und alle sind so nett hier! Vielleicht ist es hier doch nicht so schlimm…« Wir fangen beide an, uns zu entspannen. Zumindest für zwei Kilometer. Dann geht es los.

Wir verlassen Ilara und es beginnt ein Checkpoint-Marathon,

wie wir ihn in der Art noch in keinem anderen Land erlebt haben. Eine Kontrolle nach der anderen. Alle paar Meter heißt es anhalten, mit den Polizisten reden, Papiere ausfüllen … Beim Gesundheitscheck versucht der selbsternannte Doktor Loyal einzureden, dass man kein Flaschenwasser aus anderen Ländern nach Nigeria einführen darf. »Gefiltertes, sauberes Wasser ist doch aber gut für die Gesundheit«, entgegnet Loyal. Der Doktor lässt uns fahren.

Beim nächsten Gesundheitscheck wollen sie unser Moskitonetz sehen. »Wo ist das zweite? Ihr seid doch zwei Personen!«, versucht der Mann einen Grund zu finden uns abzuzocken.

»Hier steht, dass das für zwei Personen ist. Ich schlafe mit meiner Frau zusammen unter einem Netz«, entgegnet Loyal blitzschnell.

»Das ist aber nicht gesund! Ihr braucht zwei Netze!«, insistiert der Gesundheitsmensch.

»Hier ist das zweite Netz«, sage ich und zeige ihm unser Moskitonetzzelt.

Der Nigerianer wechselt das Thema. »Und was habt ihr an Essen und Trinken dabei? Alkohol? Softdrinks?«

Wir verneinen. »Wir trinken keinen Alkohol. Und Zuckerwasser ist auch nicht gut für die Gesundheit.« Der Mann scheint enttäuscht und lässt uns fahren.

Insgesamt gibt es etwa acht Immigrations-Checkpoints auf der Strecke, dazu Gesundheitsmänner, Polizisten, Gendarmen und Militärs. Die Männer unterscheiden sich äußerlich kaum, viele sind zivil gekleidet, andere in voller Polizei- oder Militärmontur. Alle sitzen oder liegen im Schatten von kleinen Hüttchen am Straßenrand und halten uns an, sobald sie uns sehen. Einmal übersehen wir einen Checkpoint und der dort Zuständige brettert uns aufgebracht auf seinem Moped hinterher. Er redet so lange auf uns ein, bis wir die hundert Meter zu seiner Hütte zurückfahren und die Papiere ausfüllen. Wir kommen einfach nicht vorwärts. Alle wollen mit uns reden. Wir werden auf dieser Strecke allerdings nie direkt nach einen »Geschenk« gefragt und kommen durch, ohne etwas Zusätzliches bezahlen zu müssen. Die meisten sind sehr nett und freundlich zu uns und heißen uns in ihrem Land willkommen. Die Männer liegen übrigens fast alle auf Betten mit dicken Matratzen und dösen im Schatten. Schlafen während der Arbeit. Das scheint hier ausdrücklich erlaubt zu sein. Und die Nigerianer mögen es gemütlich, wie wir sehen.

Durch die vielen Stopps aufgehalten brauchen wir für die ersten fünf Kilometer mehrere Stunden. »Wir werden es nie durchs Land schaffen, wenn das so weitergeht!«, jammert Loyal über die zeitaufwendigen Kontrollen. Dass die Polizisten unsere Daten alle in Schönschrift abschreiben, macht uns immer nervöser. Unser Plan ist es, in zwei bis drei Tagen an der kamerunischen Grenze wieder auszureisen. Je kürzer wir uns im Land aufhalten, desto geringer das Risiko, dass uns etwas passiert, denken wir. Doch schon hier wird uns klar, dass wir den gesteckten Zeitrahmen wohl nicht einhalten können. Alles dauert ewig.

Erst am späten Nachmittag erreichen wir Abeokuta. In der ganzen Stadt gibt es kein einziges Schild. So fahren wir fast 40 Kilometer in Richtung Norden, ohne aus der Stadt herauszukommen. Wie ist das nur möglich? Wir sind völlig frustriert und in Panik. Es wird langsam spät, wir haben keinen Schlafplatz und kommen im Land gar nicht voran. Das kann ja noch Tage dauern, bis wir in Kamerun ankommen. Zudem fahren die Nigerianer völlig chaotisch – so krass haben wir das bisher in keinem der vorangegangenen Länder erlebt.

Irgendwann finden wir uns auf dem Campus einer Universität vor einem Schlagbaum wieder. Kein Mensch ist zu sehen. Loyal steigt aus, um jemanden zu suchen. Lächelnd kommt er mit einem Wachmann zurück. Der Schlagbaum hebt sich und zwei der Wachmänner, die jetzt Feierabend haben, fahren mit ihrem Moped vor uns her, um uns den Weg zu zeigen. Als sie auf der Hauptstraße anhalten, um sich von uns zu verabschieden, fragen wir sie, ob sie eine Idee haben, wo wir sicher die Nacht verbringen können. Die beiden nicken. »Folgt uns einfach!« Da die Sonne gerade untergeht und die Dunkelheit hereinbricht, tun wir das.

»Ist das nicht gerade total bescheuert von uns? Wir sind hier in

Nigeria und fahren zwei wildfremden Männern hinterher!«, bringe ich meine Besorgnis zum Ausdruck.

»Hast Du eine bessere Idee?«, fragt Loyal zurück. Aber unsere Angst ist völlig unbegründet. Die beiden bringen uns direkt zu sich selbst nach Hause.

Umwerfende Gastfreundschaft in Abeokuta

Der eine Fahrer stellt sich als John vor. »Hier wohne ich und wenn ihr wollt, könnt ihr heute Nacht hier bleiben.« Er steigt von seinem Moped und kommt an unser Autofenster. »Hier ist es auf jeden Fall sicher!« Wir sind überrascht und können es kaum glauben. John kennt nicht einmal unsere Namen und nimmt uns direkt mit zu sich nach Hause. Wir parken unser Auto im Innenhof. Haben das Gefühl, in Nigeria angekommen zu sein. Vergessen sind die letzten vier Stunden, in denen wir durch Abeokuta geirrt sind, weil es kein einziges Schild gab, auf dem irgendeine Ortsangabe stand. Mitten in Nigeria haben wir plötzlich einen Freund gefunden. »Mein Bruder wohnt in Ludwigshafen. Er ist mit einer Deutschen verheiratet«, erzählt John, als er hört, dass wir aus Deutschland sind.

»Was? Wirklich? Meine Eltern leben in der Gegend!« Wir strahlen uns gegenseitig an. Die Welt fühlt sich plötzlich so klein an.

In Ruhe können wir an diesem Abend unser Essen vorbereiten und duschen. Keine neugierigen Menschen stören uns dabei. »Ich war gerade letzte Woche wieder in der Deutschen Botschaft. Aber mein Visumsantrag ist wieder abgelehnt worden! Seit 20 Jahren arbeite ich nun in meinem Job als Wachmann, um der Botschaft zu zeigen, dass ich vertrauenswürdig bin. Mein größter Traum ist es, eine Woche in Deutschland und eine Woche in den USA Urlaub zu machen«, erzählt John Loyal. Deshalb bewirbt es sich jedes Jahr einmal bei beiden Botschaften um ein Visum. Wir drücken ihm die Daumen, dass es irgendwann einmal klappen möge.

John verspricht, uns am nächsten Morgen bis zur richtigen Straße zu begleiten, die uns zur Autobahn nach Benin City bringen wird. »Dann müsst ihr aber früh aufstehen. Ich fahre nämlich um sechs zur Arbeit!« Wir stellen uns den Wecker. Trotzdem ist es John, der uns morgens plötzlich mit den Worten: »Es ist schon nach sechs!«, weckt.

»Was?«, reagiert Loyal erschrocken, »gibt es etwa einen Zeitunterschied zwischen Benin und Nigeria?«

»Ja, wir sind hier eine Stunde weiter!« In Windeseile packen wir unsere Sachen zusammen und machen uns nur 15 Minuten später auf den Weg. An der großen Kreuzung verabschieden wir uns von John. Wir sind traurig, unseren neu gewonnenen Freund so schnell verlassen zu müssen. Uns ist aber auch bewusst, dass wir immer noch in Nigeria sind und ein langer Weg bis Kamerun vor uns liegt.

Autofahren in Nigeria – kein Vergleich!

Hatte ich bisher das Autofahren in Spanien und in Guinea als extrem bezeichnet, wird nun in Nigeria alles getoppt. Der Verkehr ist der Wahnsinn. Nicht nur, dass es so gut wie gar keine Schilder gibt, die Autofahrer scheinen auch keine Regeln zu kennen. Gar keine!

Wir hatten gehofft, auf der (einzigen) Autobahn schnell durchs Land kommen zu können – aber Pustekuchen! Obwohl es erst sieben Uhr morgens ist, ist die (vierspurige) Autobahn schon extrem voll. Alle fahren wie die Bekloppten. Mit unseren 90 Stundenkilometern sind wir die langsamsten. Die meist uralten und kaum noch fahrtüchtigen Autos und Lkw überholen uns links und rechts. Und das, obwohl die Autobahn von tiefen Schlaglöchern übersät ist und wir die ganze Zeit über versuchen, unser Auto zu retten. Auch Tempo-Stopp-Schwellen gibt es auf dieser insgesamt vierspurigen Autobahn. Die Autos vor uns nutzen sie meist als Rampe und fliegen danach mehrere Meter. Mit all dem könnte man eventuell noch klarkommen, allerdings gibt es in Nigeria noch eine andere Besonderheit. Jeder, der Lust hat, kann jederzeit an einer Stelle, wo die

Mittelleitplanke unterbrochen ist, auf die Gegenfahrbahn wechseln und dort weiterfahren. Natürlich mit unverminderter Geschwindigkeit. Seit uns die ersten »Falschfahrer« (kann man die hier überhaupt so nennen?) entgegen gekommen sind, ist Loyal (der am Steuer sitzt) am Schwitzen. Wir haben beide Todesangst. Jederzeit könnte uns ein Fahrer mit 120 Stundenkilometern oder mehr entgegenkommen. Unsere Fahrt erinnert an Computerspiele, wo sich auch immer Hindernisse auf der Fahrbahn befinden, denen man ausweichen muss. Leider bin ich in solchen Spielen immer gescheitert – das heißt gestorben! Die drei Leben, die man zu Beginn des Spiels hat, haben mir nie gereicht. Wir wollen am liebsten anhalten und nie mehr weiterfahren. Aber wir müssen weiter.

Mein Herz schlägt wie wild: Immer wieder überholen sich die Falschfahrer gegenseitig. Das heißt, auf beiden Spuren kommen uns Falschfahrer entgegen. Es fühlt sich dann so an, als seien wir auf der falschen Seite. Ich schließe die Augen, bete. Wir kann man nur so fahren? Die Polizisten am Straßenrand lässt die Fahrweise völlig kalt. Sie tun gar nichts. »Wenn wir Nigeria überleben, haben wir echt Glück gehabt!«, sage ich zu Loyal. Der starrt auf die Fahrbahn. Es herrscht Stille im Auto. Musik ertragen wir nicht. Wir schauen beide verkrampft nach vorne. 300 Kilometer lang. Über drei Stunden. Und auch jetzt, wo ich das aufschreibe, spüre ich wieder die Anspannung und die Gänsehaut. Dass wir das überlebt haben – ein Wunder.

Immer wieder werden wir bei dieser Fahrt von neuen KIA-Autos überholt, die noch nicht einmal Nummernschilder haben. »Die wurden wahrscheinlich heute Morgen im Hafen von Lagos abgeholt und werden nun zum Händler überführt«, meint Loyal.

»So wie die fahren, werden die Autos aber schon jetzt Schaden nehmen!«, bin ich überzeugt. Und tatsächlich: Nach nur wenigen Kilometern sehen wir eines der Autos, auf das von hinten ein Minibus aufgefahren ist. Die Fahrer streiten sich lautstark mitten auf der Fahrbahn, was einen riesigen Stau verursacht. Wir sind regelrecht erleichtert über den Stau, weil alle gezwungen sind, langsam zu fahren. Als sich der Stau auflöst, sehen wir den nächsten KIA, der in einen anderen Wagen gefahren ist und auf den gleichzeitig noch ein Lkw aufgefahren ist. Totalschaden. Der Fahrer sitzt resigniert auf der Motorhaube. Trotzdem scheint das andere KIA-Fahrer nicht abzuschrecken. Wir sehen zwei weitere, die mit mindestens 140 Stundenkilometern direkt vor uns über eine Tempo-Stopp-Schwelle fliegen!

Zu dieser Fahrweise kommt, dass sich links und rechts der Fahrbahn immer mal wieder große Buschfeuer befinden. Teilweise ist der Rauch so stark, dass man einige Meter nicht viel sieht. Bei der Fahrweise ist das verheerend. Wir fragen uns wieder einmal, wieso Feuer nicht gelöscht werden, obwohl es auch hier sehr trocken ist. Stört es die Leute nicht, wenn ihre Häuser abbrennen und ihre Kinder (und sie selbst) schlimme Verbrennungen erleiden?

Bewaffneter Überfall

Die Autobahn endet bei Benin City und wir wechseln auf eine Nationalstraße. Es ist schon Mittag und wir machen eine Pause, um uns zu stärken. Immerhin sind wir seit halb sieben unterwegs. Neben der Nationalstraße finden wir eine Art Raststätte, wo vor allem Lkw-Fahrer zu Mittag essen. Es gibt Akamu, ein typisches nigerianisches Gericht, das entfernt an Mais-Polenta erinnert, eine Soße mit Innereien und »bitterleaves«, ein typisches westafrikanisches Gemüse, ähnlich wie Spinat, allerdings viel bitterer und stärker im Geschmack. Außerdem wird uns »bushmeat« angeboten, was sich auf unserem Teller dann als afrikanische Buschratte herausstellt, an der nicht viel dran ist. Richtig lecker ist das Essen für unser Empfinden nicht. Außerdem ist es extrem scharf gewürzt und wir beginnen noch mehr zu schwitzen.

Nach dem Mittagessen fahre ich weiter, damit Loyal sich von der strapaziösen Strecke erholen kann. Leider ist die Fahrweise auf den Nationalstraßen genauso chaotisch wie auf der Autobahn. Deshalb fällt es mir auch erst nicht auf, als mir plötzlich wieder Fahrer auf meiner Fahrspur entgegenkommen. Als allerdings ein Reisebus direkt vor mir auf der Fahrbahn wendet, merke ich, dass alle Fahrer ihre Wagen wenden und schnell in die entgegengesetzte Richtung fahren. »Da vorne ist etwas auf der Fahrbahn«, meint Loyal und kneift die Augen zusammen, »vielleicht ein Unfall!« Auch ich drehe schnell unseren Landy und fahre den anderen hinterher.

Etwa 500 Meter entfernt halten alle. »Was ist los?«, fragen wir einen der Fahrer.

»Es gibt da vorn auf der Strecke gerade einen bewaffneten Überfall. Wir warten jetzt auf die Polizei, bevor wir weiterfahren.« Uns rutscht das Herz in die Hose. Ein bewaffneter Überfall? Mitten am Tag? Auf dieser befahrenen Strecke? Nigeria ist also wirklich so gefährlich, wie alle sagen. Warum tun wir uns das an? Wieso sind wir nur eingereist?

Aber jetzt hilft alles nichts, wir müssen irgendwie das Land hinter uns bringen. Lebend. Schon frühzeitig halten wir an diesem Abend in der Stadt Enugu und verbringen eine weitgehend schlaflose Nacht auf dem bewachten und ummauerten Parkplatz eines guten Hotels. Die Angst vor dem nigerianischen Verkehr und der Sicherheitslage lässt uns kaum ein Auge zutun.

Der Wachmann des Hotels kommt aus Calabar, unsere nächste Station. Er gibt uns am nächsten Morgen hilfreiche Tipps, wie wir die Strecke dorthin zügig und sicher bewältigen können. Und wirklich: Da es Sonntag ist, sind weniger Menschen unterwegs und auch die Kriminellen scheinen einen Tag frei zu machen. Wir schaffen es unfallfrei und sicher bis Calabar.

Großzügiges Abschiedsgeschenk

In Calabar machen wir uns als erstes auf den Weg zum kamerunischen Konsulat, um ein Visum zu beantragen. Wir treffen den Vize-Konsul, der uns sagt, was wir Montag für den Visumsantrag alles mitbringen sollen. Danach machen wir uns auf die Suche nach einer Unterkunft. Wir wollen auf jeden Fall auf einem sicheren Platz übernachten. Wir fragen an Tankstellen, aber niemand scheint einen bewachten Platz zu kennen. Das Hotel, das uns genannt wird, ist sehr teuer. Die Zimmerpreise beginnen bei 100 Euro aufwärts. Loyal fragt an der Rezeption, ob es vielleicht möglich ist, im Auto zu übernachten.

»Ich frage mal die zwei Parkplatzwächter, ob das für sie okay ist«, meint der Rezeptionist. Kurz danach ist er zurück. »Kein Problem. Sie erwarten nur morgen früh ein kleines Trinkgeld.«

Alarmiert hakt Loyal nach: »Und wie groß soll das kleine Trinkgeld sein?«

»6 000 Naira!« Das sind etwa 40 Euro!

»Was? Das ist ja teurer als ein Campingplatz in Europa!«, regt sich Loyal auf.

Dem Rezeptionisten ist die Forderung der Wächter unangenehm. »Ich kann sie auch zwingen, es für weniger zu machen«, bietet er an. Aber Loyal hat genug. Diesen unverschämten Männern will er gar nichts geben.

Wir suchen weiter und landen schließlich bei dem kleinen Hotel »White Dove«, das mit High Speed Internet wirbt. Wir erzählen dem Manager Ikwen unsere Geschichte. Als er hört, dass wir nur knapp einem bewaffneten Überfall entgangen sind, winkt er ab: »Ihr könnt bleiben! Das ist gar kein Problem. Hier seid ihr sicher.« Wir sind sehr erleichtert.

Ikwen führt uns ins Haus. Er zeigt uns ein klimatisiertes Zimmer mit Flachbildschirm-Fernseher. »Das hier ist euer Zimmer. Ihr müsst nichts zahlen. Ich lade euch ein!« Loyal ist sprachlos, ich wehre mich gegen das Angebot.

»Wir können auch im Auto schlafen!« Ich will seine Gastfreundschaft nicht ausnutzen.

»Ist es eine Sünde euch einzuladen?«, fragt Ikwen verunsichert zurück.

»Lass gut sein, Astrid. Wir akzeptieren sein Angebot. Er will nur nett sein!«, meint Loyal und schon ziehen wir in das angenehm kühle Zimmer mit dem bequemen Bett und der Dusche mit fließendem Wasser ein. Ich bin überzeugt: Das gäbe es in Deutschland nicht. Welcher Hotelbesitzer würde schon irgendwelchen »dahergelaufenen« Touristen kostenlos ein gutes Hotelzimmer zur Verfügung stellen? Diese Gastfreundschaft rührt mich. Soviel Nettigkeit kann man kaum fassen und es fällt schwer sie anzunehmen. Schließlich können wir in Nigeria doch entspannen. Und wir können ruhig schlafen. Hier bei Ikwen fühlen wir uns total sicher. Obwohl wir das Visum für Kamerun binnen einer Stunde haben, beschließen wir, einen weiteren Tag in Calabar zu bleiben. Ikwen möchte nun noch nigerianisch für uns kochen. Er bereitet die Landesspezialität Egussi vor, ein Eintopf aus Fleisch (in unserem Fall Ziegenfleisch) und Trockenfisch, der mit Melonenkernen verfeinert wird. Als Gemüsebeilage werden »bitterleaves« verwendet. Der Geschmack ist anders als alles, was Loyal und ich in unserem Leben bisher probiert haben. Außerdem ist das Ganze so scharf, dass wir fast Feuer speien. Obwohl wir nur wenige Bissen zu uns nehmen, haben wir hinterher Durchfall. Unsere Mägen sind wohl noch nicht an extrem scharfes, nigerianisches Essen gewöhnt.

Ikwen schafft es mit seiner Herzlichkeit, uns mit Nigeria zu versöhnen. Ein Hotelmanager, der selbst für seine Gäste kocht! Das werden wir nie vergessen. Aber der Höhepunkt der Gastfreundschaft kommt erst am nächsten Morgen. Ikwen hat in unser »Hostbook«, das wir mit uns führen und in dem sich alle unsere Gastgeber verewigen, geschrieben.

»Ihr müsst das *jetzt* lesen!«, drängt er uns. »Für den Fall, dass ihr etwas nicht richtig versteht!« Wir lesen und sind sprachlos. Loyal kommen die Tränen. Ikwen hat uns Land in Nigeria vermacht. Schwarz auf weiß. Für den Fall der Fälle, dass wir wiederkommen und dort ein Haus bauen wollen. Am liebsten möchte er mit uns das Baugrundstück direkt besichtigen. Sein Vater ist wohl auch schon informiert und auf dem Weg zu uns!

Wir sind hin- und hergerissen. Wir wollen Nigeria so schnell wie

Ikwen (Mitte) vermacht uns zum Abschied Land in seinem Heimatdorf.

möglich verlassen. Wir haben Angst in diesem Land. Und auf der anderen Seite sind wir beeindruckt von Ikwens Gastfreundschaft. Ein wunderbares Erlebnis. Nigeria ist wirklich ein Land der Gegensätze. Schweren Herzens machen wir uns schließlich auf den Weg zur Grenze und wissen, dass wir Ikwen und seine Brüder nie mehr vergessen werden.

Nigeria versucht noch einmal, seinem Ruf treu zu bleiben

Auf dem Weg zur Grenze werden wir an einer Straßensperre angehalten. Der Polizist streckt den Kopf in unseren Landy und schaut sich um. »Habt ihr alle Papiere?«, sagt er und zählt alles auf, was ihm einfällt. Ja, wir haben alles. »Hmm«, er schaut fragend um sich. Dann meint er plötzlich zu mir: »Ha! Der Hund auf deinen Knien – das ist nicht erlaubt! Tiere müssen auf dem Dach transportiert werden.« Wir schauen ihn fragend an. Was soll das denn heißen? Das war doch bisher noch nie ein Problem. Er läuft weg und holt einen Zettel. Darauf steht (neben vielen anderen »Vergehen«): *Animals with passengers – 6 000 Naira.* Wir sind geschockt. 40 Euro sollen wir zahlen? Wir fangen an zu diskutieren. Erklären ihm, dass uns das bisher noch niemand gesagt hat, dass das bisher auch noch nie ein Problem war. Wir schauen uns den Zettel genau an. Er scheint selbst gemacht zu sein.

»Schau mal, da steht, dass man angeblich für einen Gepäckträger ein Nummernschild braucht. Sonst kostet es 100 Euro!«, sagt Loyal leise zu mir. Uns wird klar, dass es sich hier einfach nur um Abzocke handelt. Wenn wir das mit dem Hund »wegdiskutieren«, wird er etwas anderes finden. Die beiden anderen anwesenden Polizisten versuchen ihren Chef zu beruhigen und wollen uns weiterfahren lassen. Der wittert bei uns aber eine fette Beute. Auch als wir beteuern, dass wir keine Naira mehr haben, weil wir ja kurz vor der Grenze sind (was auch stimmt), gibt er nicht nach. Die nächste Bank, zu der er uns begleiten will, ist in Calabar. Wir müssten den ganzen Weg zurückfahren. Da fällt mir ein: »Wir haben noch 5 000 CFA. Können wir damit zahlen?«

»Wieviel ist das?«, fragt er misstrauisch.

»Etwa acht Euro«, antworte ich ihm unsicher. Er ist einverstanden. Wir dürfen weiterfahren.

Als wir Nigeria schließlich verlassen, tun wir das mit einem lachenden und einem weinenden Auge. Die meisten Beamten, denen wir begegnet sind, waren höflich und auffallend netter als in den zuvor von uns bereisten Ländern. In Calabar trafen wir sogar einen Polizisten, der wissen wollte, wie lange wir in der Stadt bleiben würden. »Nächste Woche habe ich Urlaub. Da würde ich euch gerne zu mir nach Hause einladen. Außerdem kann ich euch die Stadt und die Umgebung zeigen!«, meinte er zu Loyal. Wir werden Nigeria sicherlich nicht vergessen, auch wenn wir nur vier Tage dort verbracht haben. Gleichzeitig sind wir aber auch erleichtert, mit der Ausreise der Gefahr im Land den Rücken kehren zu können.

Zentralafrika

Kamerun

Ankunft in Kamerun: »Money! Money!«

Auf nigerianischer Seite kümmerte sich Loyal um die Grenzformalitäten, im frankophonen Kamerun bin ich wieder dran. Die Stimmung ist angenehm. In den Büros läuft Reggaemusik. Die Leute sind sehr freundlich und heißen mich willkommen. Auffällig ist, dass niemand das Kamerun-Visum im Pass richtig zuordnet. Erst denken die Beamten, das Beninvisum sei dasjenige für Kamerun, danach das Togovisum. Da beide Visa gestempelt und somit abgelaufen sind, wollen sie uns erst nicht einreisen lassen. Es dauert, bis ich sie überzeugt habe, dass das Visum mit dem Kamerunaufdruck und der Kamerunflagge dasjenige für die Einreise ist. Jetzt muss ich echt aufpassen, dass ich die richtigen Stempel erhalte. Insgesamt geht alles aber recht schnell. Kamerun, wir kommen!

Wir haben gerade die Grenze passiert, als uns Menschen und Kinder am Straßenrand nicht mehr zuwinken, sondern: »Money! Money!«, rufen und eine deutliche Bewegung mit der Hand machen. Sie betteln. Alle, die wir sehen, betteln. Manche machen dazu kreisende Bewegungen über dem Bauch, andere führen die Hand zum Mund. Allen ist gemein, dass sie eine Geste machen, die ganz deutlich sagt: »Hej, du, was hast du für mich? Was hast du mir mitgebracht?« Schon bald wird es uns zu blöd, allen zu winken. Wir sind ziemlich genervt.

Da es schon Abend ist, halten wir nach nur wenigen Kilometern an, um zu übernachten. Die Leute, die wir um einen Übernachtungsplatz bitten, reagieren zurückhaltend, erlauben uns aber, unseren Landy zu parken. Wir sind etwas irritiert. Sie vermeiden es, mit uns zu sprechen, niemand starrt uns an. Wir werden einfach ignoriert. Wir versuchen es positiv zu sehen – die Menschen wollen scheinbar unsere Privatsphäre respektieren.

»Was kostet euer Hund?«

In vielen westafrikanischen Ländern ist es uns immer wieder so ergangen, dass Menschen, die unseren Landy auf der Straße gesehen haben, uns in Hotels und Restaurants gesucht und nach uns gefragt haben, um zu erfahren, ob unser Landy zu verkaufen sei.

Seit Nigeria hat sich das Blatt gewendet: Fast überall, wo Leute unseren Hund Paule sehen, werden wir gefragt, ob er zu verkaufen sei. Manche sind auch direkter und meinen nur: »Ich will/werde euren Hund kaufen. Was kostet der?« Über unsere Antwort, dass er nicht zu verkaufen ist, sind viele überrascht. »Ich zahle einen guten Preis!« Aber Paule ist nicht zu verkaufen! Wir freuen uns, dass er jetzt so toll aussieht, dass er bewundernde Blicke erntet. Wir sind echt stolz auf ihn.

Im Süden Kameruns wollen viele unseren Hund kaufen, um ihn zu essen. Das finden wir nicht mehr so lustig. Wenn man sieht, welche Vielfalt an Buschtieren am Straßenrand zum Verkauf angeboten wird, scheinen sie das ernst zu meinen. Wir sind froh, als wir die Region endlich hinter uns lassen.

Straßenbau auf Chinesisch

Die Strecke im Westen des Landes bis Kumba ist in einem sehr schlechten Zustand. In der Regenzeit wird man hier mit einem Auto wohl kaum durchkommen. Zurzeit sind die Chinesen dabei, hier eine Asphaltstraße zu bauen. Das heißt, nicht die Chinesen bauen selbst, sondern sie treiben an. Sie fungieren nur als Aufseher. Die Straße wird in Handarbeit mit den Händen und der Hacke gebaut. Die Kameruner schuften in der erbarmungslos brennenden Sonne. Etwa 40 Männer sind dabei, Steine zu tragen, den Boden aufzureißen und Abflussrinnen zu bauen. Straßenbaumaschinen sucht man vergeblich. Einziges Hilfsmittel scheinen Hacken zu sein. Bei dem zum Teil felsigen Untergrund eine sehr harte Arbeit.

Die Straße ist noch staubig und schwer zu bewältigen, wird aber gerade von Chinesen neu gemacht.

Alle zehn Meter steht ein Chinese und treibt die Männer an, indem er grimmig schaut, schreit oder nur einen Schritt hinter den Arbeitern stehen bleibt. Es fehlt nur noch, dass er eine Peitsche in der Hand hält. Die Szenerie erinnert an Sklavenarbeit in historischen Filmen oder Bibelverfilmungen. Wir haben Mitleid mit den Kamerunern. Es ist möglich, dass niemand arbeiten würde, wenn nicht alle paar Meter ein »Antreiber« stehen würde. So haben wir es bisher auf sehr vielen Baustellen beobachten können. Meistens sitzen die »Arbeiter« dann irgendwo im Schatten und tun gar nichts. Erst wenn sich der Aufseher nähert, springen sie geschäftig auf und tun etwas. Manchmal sieht das regelrecht lustig aus, wenn man von Weitem eine Baustelle beobachtet und die Leute erst auf der rechten Seite arbeiten, während sich die Arbeiter auf der linken Seite ausruhen und umgekehrt, je nachdem, wo sich der Chef der Truppe gerade aufhält. Trotzdem erscheint uns die Überwachung der Arbeiter auf dieser Baustelle extrem.

Als wir eine Fahrtpause einlegen, kommen wir mit einem der

220

Anwohner ins Gespräch. »Ihr seid sicherlich froh, dass es hier bald eine gute Straße gibt«, meint Loyal.

»Nein, wieso? Die Straße wird nur für Leute wie euch gebaut«, antwortet der Mann verwundert. Uns leuchtet das nicht ein. Der Mann klärt uns auf: »Uns stört die schlechte Straße nicht. Wir haben uns daran gewöhnt. Es war immer so. Es sind die weißen Leute, die sich ständig beschweren. Deshalb wird jetzt die neue Straße gebaut. Damit Leute wie ihr schneller vorankommen!«

Missionare in Kumba

Viele Leute schauen auf unserer Homepage vorbei. Unsere Familien, unsere Freunde, BNN-Abonnenten, Leute, die selbst gerade in Afrika unterwegs sind und manchmal auch solche, die von irgendjemandem gehört haben, dass wir unterwegs sind und eine Homepage haben. So war es bei Kate und Joel, die in der Kirchengemeinde von Loyals Tante in den USA sind. Die beiden sind im Juli nach Kamerun gezogen, weil Joel dort als lutherischer Pastor eine Stelle als Missionar angeboten bekommen hat. Als Kate auf unserer Homepage sah, dass uns unser Weg unweit von ihrem jetzigen Wohnort vorbeiführen würde, schrieb sie mir gleich eine lange E-Mail und lud uns zu sich nach Kumba ein.

Wir freuen uns immer auf neue Bekanntschaften und so machen wir uns von der Grenze aus auf den Weg nach Kumba. Kate und Joel begrüßen uns, als ob wir uns schon lange kennen würden. Es ist ein bisschen wie Nach-Hause-Kommen. Den ganzen Tag über werden wir mit amerikanischen Leckereien verwöhnt. Kate und Joel sind unglaublich herzlich und wir haben richtig viel, worüber wir uns unterhalten können, erleben die beiden doch gerade zum Teil Ähnliches wie wir. Am nächsten Tag schlachtet Joel ein riesiges Schwein und steht einen ganzen Tag lang in der Küche, um die einzelnen Teile zurechtzuschneiden, einzufrieren und Würstchen herzustellen. Es ist ganz schön viel Arbeit, Fleisch zu bekommen.

Mit dem bei uns üblichen Gang zum Supermarkt und dem Griff ins Kühlregal hat das wenig gemein. Ich bin beeindruckt. Ein Pfarrer hier vor Ort muss wesentlich mehr als nur predigen können. Das Schlachten von Tieren gehört in westlichen Ländern sicherlich nicht zur normalen Ausbildung eines Pfarrers. Hut ab.

Während Joel als missionierender Pfarrer hier in Kamerun richtig viel zu tun hat, langweilt sich Kate etwas. Sie ist ausgebildete Hebamme und doch ist es nicht leicht, in Kamerun bezahlte Arbeit zu finden. Momentan besteht ihre Hauptaufgabe darin, die Ehefrauen der einheimischen Pfarrer zu beschäftigen. Das wird hier scheinbar von der Frau des amerikanischen Pfarrers erwartet. »Mit denen kann man aber nicht richtig viel machen!«, meint sie etwas resigniert. »Am liebsten malen sie Bildchen aus, die ich vorher ausdrucke und kopiere. In den USA würden so etwas allerhöchstens Kindergartenkinder gern tun!« Wir wundern uns, dass sie und die anderen Frauen sich in der Region nicht sozial zu engagieren scheinen. »Dazu sind die Pfarrfrauen nicht bereit. Sie haben das Gefühl, es selbst zu etwas gebracht zu haben, weil ihre Männer Pfarrer sind und deshalb viel Ansehen genießen«, erklärt uns Kate.

Wir bleiben mehrere Tage bei den beiden und kommen so langsam von unserer Nigeria-Anspannung runter. Am letzten Tag unternehmen wir noch gemeinsam einen Ausflug nach Limbe, einem Strandort, in dem es ein Restaurant gibt, bei dem man richtige Cheeseburger essen kann. Hier in Afrika eine Seltenheit. Die Amerikaner freuen sich, ich bestelle lieber afrikanischen Fisch und Reis.

CFA ist nicht gleich CFA

Bevor wir Benin verließen, deckten wir uns an einem beninischen Geldautomaten noch richtig gut mit nagelneuen CFA-Scheinen ein. Zu unsicher erschienen uns die Bankautomaten in Nigeria. Dort soll es immer wieder zu Kreditkartenbetrug kommen, weil die Kreditkartendaten am Automaten ausgespäht werden. Wir wollten lieber in einem Wechselbüro CFA in nigerianische Naira umtauschen. Außerdem wussten wir nicht, ob wir im Westen Kameruns außerhalb der großen Küstenstädte überhaupt einen Geldautomaten finden würden. Sicher war sicher.

In den frankophonen Ländern Westafrikas kann man fast überall mit dem CFA bezahlen. Nur wenige Länder haben eine eigene Währung. Das gleiche gilt für die zentralafrikanischen Staaten Kamerun, Gabun, Äquatorialguinea und die Republik Kongo. Was wir nicht wissen, ist, dass CFA nicht gleich CFA ist. Die Währungen heißen gleich, die Scheine sehen aber völlig unterschiedlich aus. Die Währungen sind offiziell gleich viel wert, inoffiziell aber nicht. Von Einheimischen erfahren wir, dass der CFA in Westafrika mehr wert ist als derjenige in Zentralafrika, das heißt, wenn wir CFA in nigerianische Naira umtauschen wollen, bekommen wir für 1000 CFA aus Westafrika 310 Naira, für 1000 CFA aus Zentralafrika aber nur 250 Naira. Komischerweise haben beide CFA-Währungen denselben (und festen) Wechselkurs für Euro. Das bedeutet, wenn wir Geld am Automaten ziehen, wird uns derselbe Betrag auf dem Konto abgebucht, nur dass im einen Fall das Geld hinterher weniger wert ist. Wir sind sehr verwirrt.

Als wir nun im Cheese-Burger-Restaurant sitzen und als Dankeschön unsere Gastgeber einladen wollen, erfahren wir, dass unsere CFA aus Benin hier nicht gelten und getauscht werden müssen. Tauscht aber nicht zuviel um«, warnen uns Einheimische, »ihr könnt unser Geld nur sehr schlecht zurücktauschen. Dabei würdet ihr sehr viel Geld verlieren!« Das heißt, Kamerun ist ein weiteres Land nach Guinea, das es Einheimischen sehr schwer macht zu reisen, weil Devisen sehr viel kosten.

Wiedersehen in Douala

In Douala treffen wir Rodolphe, den ich von der Hochzeit meiner Freundin Kerstin kenne. Seit 20 Jahren wohnt er in Deutschland, wobei er inzwischen eigentlich halb in Kamerun lebt. »Ich könnte mich nicht auf ein Land festlegen«, erzählt er uns, »beides hat seine Vorteile. Und ich mag beide Kulturen.« Rodolphe ist Architekt und betreut Projekte in Deutschland und Kamerun. Keine leichte Aufgabe, zumal die Arbeitsweise auf den Baustellen in Deutschland eine völlig andere als in Kamerun ist.

Als wir bei ihm in Douala ankommen, öffnet uns eine Nichte. Eine andere Nichte kommt gegen Abend. Sie wohnt zurzeit bei Rodolphe. »Mein Großvater war ein Dorfchef«, erzählt uns dieser später, »ich habe hier 2 300 Cousins und Cousinen. Und hier bei uns ist es ja immer üblich, dass man sich gegenseitig hilft.« Rodolphe selbst hat in Deutschland einen 16-jährigen Sohn. »Hier können die Leute gar nicht verstehen, dass wir ein so gutes Verhältnis haben. Das liegt daran, dass ich ihn nicht geschlagen habe, wie es hier üblich ist. Nun sind alle auf ihn eifersüchtig. Ich habe Angst, dass sie ihm etwas ins Essen tun könnten, um ihn umzubringen. Deshalb durfte er bei seinem Besuch hier auch immer nur das essen, was ich auch esse«, erzählt er Loyal.

Ja, die afrikanische Eifersucht. Von der haben wir schon viel gehört. Anders als in Deutschland, wo man versucht, besser als der andere zu sein, ist es hier (in allen Ländern, die wir bisher bereist haben) so, dass man dem anderen alles neidet und es versucht zu zerstören. Manche stecken da ihre ganze Energie rein, anstatt sich selbst etwas aufzubauen.

Wir genießen die Tage bei Rodolphe, wenngleich es extrem schwül ist. Da er selbst häufig mit Geschäftskollegen in Deutschland telefonieren muss, hat er eine stabile Internetverbindung, die wir nutzen dürfen. Wir sind glücklich: Endlich lassen sich die Fotos an die *BNN* in nur einer anstatt in fünf Stunden senden.

Missverständnisse in Yaoundé –
unser »Zusammenbruch«

Yaoundé ist die Hauptstadt Kameruns und liegt nicht direkt an der von uns geplanten Küstenstrecke. Trotzdem müssen wir dort vorbei, weil wir noch kein Visum für Gabun haben. Auch die Botschaft für die Republik Kongo und die Botschaft von Äquatorialguinea müssen wir aufsuchen.

Wohnen dürfen wir in Yaoundé in Rodolphes Haus, das heißt bei seiner Mutter und den anderen Hausbewohnern. In Afrika leben meist ziemlich viele Menschen in einem Haus. Es ist nicht immer genau zuzuordnen, warum sie da sind, also ob sie dort arbeiten, Freunde oder Angehörige sind. Rodolphes Mutter ist eine sehr herzliche, aber auch direkte Frau. Und sie ist schließlich der Tropfen, der unser Krisenfass zum Überlaufen bringt.

Unser Ziel auf dieser Reise ist es, viele Menschen und deren Kultur und Lebensweise kennenzulernen. Daher übernachten wir ja auch nicht in Hotels oder auf Campingplätzen und wir suchen uns im Busch auch kein einsames Plätzchen wie manche andere Overlander. Immer versuchen wir bei Einheimischen unterzukommen, sei es beim Dorfchef auf dem Land oder bei Freunden, Bekannten oder ganz Unbekannten in der Stadt. Das heißt auf der einen Seite afrikanisches Leben pur, wir kriegen sehr viel von der Kultur mit, sind sozusagen hautnah dabei. Auf der anderen Seite bedeutet es aber auch, sich im Extremfall jeden Tag an neue Leute anzupassen, herauszufinden, wie sie drauf sind, wie ihr Tagesablauf ist und welche Erwartungen sie an ihre Gäste haben.

Die westafrikanischen Kulturen haben sehr vieles gemeinsam, weswegen Loyal und ich immer mal wieder von »der« afrikanischen Kultur oder Verhaltensweise sprechen. Aber trotz der vielen Gemeinsamkeiten gibt es in jeder Kultur doch etwas Eigenes, etwas, das anders ist als bei den anderen. Bei typischen traditionellen Gerichten lässt sich das ganz leicht herausfinden. Bei Verhaltensweisen ist das schon wieder etwas schwieriger. Man kann auch nicht von »der« guineischen oder »der« ghanaischen Kultur sprechen. In jedem Staat gibt es unterschiedliche »Stämme«, zu denen sich die Leute zugehörig fühlen. Allein ihre Sprache wechselt dadurch teilweise von einem Dorf zum anderen. Zu diesen kulturellen Unterschieden kommt der religiöse Einfluss. Je nachdem, ob eine Familie muslimisch oder christlich ist, muss man sich anders verhalten. Loyal und ich geben immer unser Bestes. Wir sind höflich. Zumindest unserer Vorstellung von Höflichkeit nach. Allerdings haben wir häufig das Gefühl, dass wir die an uns gestellten Erwartungen nicht erfüllen. Das Gleiche gilt für Gastgeschenke: Wir vermeiden es, irgendjemandem Geld zu geben. Allerdings spüren wir immer mal wieder sehr stark den Druck, ein Geschenk geben zu »müssen«. Was ist nun angemessen? Sollte jeder etwas bekommen? Nur das Familienoberhaupt? Nur die Mama, die die ganze »Arbeit« mit uns hatte? Oder die Kinder? Anfangs erschien uns Kochen als Dankeschön eine gute Lösung. Als wir damit aber nicht den gewünschten »Erfolg« hatten, gaben wir das mit dem Kochen auf. Inzwischen ist uns allgemein aufgefallen, dass Lebensmittel hier nicht besonders geschätzt werden, sogar dann nicht, wenn alle Kinder mit Hungerbäuchen herumlaufen.

Bei Rodolphes Mama, Micheline, kaufen wir Obst und bereiten eine große Platte als Nachtisch für alle vor. Diese Platte trägt Rodolphes Mutter hinter uns her. Erst nachdem wir ihr mehrfach gesagt haben, dass das Obst eigentlich für alle im Haus ist, nimmt Mama Micheline ein Stückchen. Wir fühlen uns schlecht. Es kommt uns vor, als esse sie nur, um uns eine Freude zu machen. Ein Kind setzt sich bei Loyal auf den Schoß und isst genüsslich von der Platte – auch das wird nicht gern gesehen. Bald wird das Mädchen fortgejagt. Wir sind ratlos.

Am nächsten Tag laufen wir mit Mama Micheline über den Markt. Wir kommen an einer Bar vorbei, in der fünf Männer bei einem Bier sitzen. Wir grüßen, Mama Micheline unterhält sich kurz mit ihnen. Danach gehen Loyal und ich mit Rodolphes Schwester weiter, um Gemüse einzukaufen. Später ist Mama Micheline böse auf uns: »Ihr hättet die Männer auf jeden Fall auf ein Bier einladen müssen!«

»Aber wir kennen die Männer doch gar nicht und haben nicht einmal mit ihnen geredet«, zeige ich mich überrascht.

»Ja, aber ich kenne sie. Was sollen die nun von mir und meinen Gästen denken? Sie reden nun über mich, dass nur ich von euch profitiere!« Ich bin total verzweifelt. Ich bin wirklich in keiner Sekunde auf die Idee gekommen, diese Männer einzuladen. Loyal übrigens auch nicht.

Abends, als Paule auf meinem Schoß liegt, sagt sie: »Ich finde Hunde übrigens schrecklich!« Was soll ich mit diesem Kommentar anfangen? Heißt das, sie will eigentlich keinen Hund im Haus? Soll ich Paule lieber ins Auto bringen? Wir sind beide ratlos und wollen nur noch weg. Plötzlich ruft Rodolphe an: »Ihr habt eure Schuhe hier bei mir vergessen!« Oh je, auch das noch. Nachts beschließen wir, uns schon früh am nächsten Morgen auf den Weg zurück nach Douala zu machen, um die Schuhe abzuholen. Als wir fahren, haben wir das Gefühl, dass Mama Micheline uns gar nicht leiden kann und wir in ihren Augen sehr unhöflich sind.

Als wir Rodolphe am Nachmittag von unseren Gefühlen erzählen, wundert er sich: »Ich habe schon mit meiner Mutter telefoniert. Sie ist traurig, dass ihr schon wieder gefahren seid. Sie hat nichts davon gesagt, dass irgendetwas nicht gut war!« Scheinbar war alles doch weniger schlimm, als wir dachten.

Trotzdem sind wir in einer Krise: Auf der einen Seite wollen wir unsere Art zu reisen nicht aufgeben, denn so kommen wir den afrikanischen Kulturen am nächsten. Andererseits sind wir beide an unsere Grenzen gestoßen und können nicht mehr. Nachdem wir bei Rodolphe ein Video-Telefonat mit unseren Freunden führen konnten, haben wir etwas Heimweh. Heimweh nach Menschen, die uns mögen und die uns und unsere Art als höflich empfinden. Uns ist aber auch bewusst, dass ein »Urlaub« in Deutschland keine Lösung ist. »Vielleicht sollten wir einfach häufiger mal einen Campingplatz aufsuchen«, schlägt Loyal vor.

»Wenn es hier überall Campingplätze gäbe«, meine ich resigniert. »Der letzte war in Ghana!«

Wir beschließen, nach Kribi an den Strand weiterzufahren und dort mindestens eine Nacht in einem Hotel zu bleiben, wo wir es niemandem recht machen müssen.

Am Strand von Kribi: Angriff der Killerinsekten (I)

Am Samstagmorgen brechen wir schon früh auf in Richtung Kribi. Der Weg ist im Vergleich zu unseren sonstigen Tagesstrecken sehr kurz. Gegen Mittag sind wir da. Wir finden ein nettes kleines Hotel in einem Vorort, das zwar ausgebucht ist, allerdings erlaubt uns der Hotelmanager, direkt am Strand zu zelten. Was wollen wir mehr? Endlich können wir entspannen. Während Loyal an seinem Blog weiterschreibt, verliere ich mich in einem Buch. Auch Paule ist zufrieden. Er buddelt im Sand. Das ist genau das, was wir beide gesucht haben. Endlich haben wir Zeit für uns, müssen auf niemanden Rücksicht nehmen. Das Personal ist sehr nett und das Gelände gesichert. In meinem Kopf sehe ich mich schon die nächsten Tage hier verbringen.

Aber dann kommen sie – die Killerinsekten. Es ist erst halb fünf, aber schon machen sie sich über uns her. Lange Kleidung hilft kaum. Sie stechen durch Shirts und Hosen hindurch. »Wir müssen unser Moskitonetzzelt aufstellen und zwar jetzt sofort!«, schrecke ich Loyal vom Schreiben auf. Gesagt, getan. Schon um kurz nach sechs liegen wir beide im Zelt. Wir sehen die Sonne untergehen. Um uns herum summt und brummt es. Obwohl wir eigentlich noch gar nicht müde sind, beschließen wir zu schlafen. Um 19 Uhr!

Nachts berührt meine Hand das Netz und am nächsten Morgen ist sie mit juckenden Mückenstichen übersät. Wir stehen mit der Sonne auf. Genug Schlaf haben wir definitiv bekommen. Aber die Insekten sind immer noch da. Und wo sie uns stechen, juckt es ganz schrecklich. Wir nehmen ein kurzes Frühstück zu uns. Dann machen wir uns wieder auf den Weg. Schade. Es hätte so schön werden können!

Äquatorialguinea – ein Versuch einzureisen

Unser Plan war, durch alle Länder an der westafrikanischen Küste zu reisen. Nur im Osten des Kontinents würden wir etwas von der Küste abweichen. Deshalb wollten wir als nächstes nach Äquatorialguinea reisen.

Da auf der Internetseite des Auswärtigen Amts darauf hingewiesen wird, dass man sich frühzeitig um ein Visum für Äquatorialguinea bemühen muss, machten wir uns schon in Ghanas Hauptstadt Accra auf den Weg zur Botschaft. Die Informationen, die wir dort bekamen, waren niederschmetternd. Wir erfuhren, dass nur zu nachfolgenden Bedingungen ein Visum ausgestellt wird: Man braucht ein persönliches Einladungsschreiben vom Außenminister Äquatorialguineas, ein polizeiliches Führungszeugnis aus dem Heimatland, das nicht älter als vier Wochen sein darf, ein Einladungsschreiben einer Kontaktperson aus Äquatorialguinea, eine Hotelreservierung in Äquatorialguinea, eine Kopie des Flugtickets, Passfotos, 150 Euro Visumsgebühren sowie einen Kontoauszug zum Beweis, dass ausreichende Mittel für die Reise vorhanden sind.

Wir waren geschockt und fragten nach:»Können Sie uns bitte die E-Mail-Adresse des Außenministers geben, dann könnten wir ihm schreiben!« Nur eine der in der Botschaft arbeitenden Damen kam aus Äquatorialguinea. Die anderen sagten uns gleich:»Das Land will keine Touristen. Ihr könnt das mit dem Visum vergessen!« Die Äquatorialguineerin freute sich, mit mir Spanisch sprechen zu können – Äquatorialguinea ist das einzige spanischsprachige Land in Afrika – und erklärte, dass man im Land Angst vor »schlechten

Menschen« habe. Genauso drückte sie es aus. Deshalb würden alle Leute, die nach Äquatorialguinea wollen, genau durchleuchtet. »Wie sind die Bedingungen in der Botschaft in Yaoundé in Kamerun?«, wollte ich noch wissen.

»Das weiß ich nicht. Ich kann euch auch keine Adresse dort geben. Sucht einfach mal im Internet!«

Im nigrischen Calabar starteten wir den zweiten Versuch. Wir suchten den Konsul auf. Der war sehr nett, empfing uns sogar persönlich und freute sich, mit mir Spanisch sprechen zu können. »Ich kann euch hier leider kein Visum ausstellen, weil ich das nur für hier Ansässige tun darf. Dein Mann braucht sowieso kein Visum, weil er Amerikaner ist. Versucht es doch in der Botschaft in Yaoundé. Dort gibt es sicherlich keine Probleme. Äquatorialguinea unterhält doch sehr gute Beziehungen zu Deutschland!« Wir schöpften erneut Hoffnung.

In Yaoundé ist das Gebäude der Botschaft von einer hohen Mauer umgeben. In der Mauer befindet sich ein kleines Fenster und man kann mit einer Frau sprechen, die etwa einen halben Meter über einem schwebt. »Hier bekommt ihr kein Visum! Wir stellen Visa nur für Einheimische aus. Ich darf euch nicht einmal durchs Tor hereinlassen!«

»Gibt es denn irgendeine Möglichkeit für uns?« Ich gebe noch nicht auf.

»Ja, eventuell. Ihr könntet zu eurer Botschaft gehen und diese bitten, einen Brief an unseren Botschafter zu schreiben, um eine Audienz beim Zuständigen für Visa zu bekommen. Eventuell lässt der dann eine Ausnahme zu.«

»Können wir nicht einfach so den Visabeauftragten sprechen und ihm unsere Situation erklären?«, hake ich nach.

»Nein, ihr dürft nicht ins Innere dieses Gebäudes und falls euch erlaubt wird, hier ein Visum zu beantragen, müsst ihr außerdem noch vier Passfotos, eine Einladung des Außenministers, ein polizeiliches Führungszeugnis, etc. mitbringen.« Das kennen wir ja schon alles. Als sie uns zum Abschied noch mitteilt, dass es ein bis zwei Wochen dauern wird, bis das Visum ausgestellt ist, geben wir auf. So wichtig ist uns Äquatorialguinea nun auch nicht, dass wir mehrere Wochen investieren würden, um an ein Visum zu kommen. Wir können auch direkt von Kamerun aus nach Gabun weiterfahren. Die Frage, was das Land zu verbergen hat, da es mit allen Mitteln die Einreise von Touristen verhindert, bleibt bestehen.

Loyal recherchiert noch im Internet und findet heraus, dass Amerikaner offiziell wirklich kein Visum brauchen. Allerdings wissen das die Grenzbeamten wohl nicht und weisen Amerikaner ohne Visum immer mal wieder ab. Es wird deshalb auch Amerikanern geraten, ein offizielles Visum zu beantragen ...

Gabun

Wie es mir so geht (II)

Es ist jetzt Ende Januar, wir haben fast Halbzeit und wieder einmal stelle ich mir die Frage, wie es mir eigentlich so geht. Wir sind nun in Gabun angekommen. Unser »Angstland« Nigeria liegt hinter uns, eine schwierige Strecke durch die beiden Kongos und Angola steht uns noch bevor.

Wir sind müde. Nicht nur, dass ich viel Schlaf brauche. Das war auch schon vor der Reise der Fall. Nein, irgendwie bin ich müde vom Reisen. Ich bräuchte eine Pause. »Komm doch einfach mal zwei Wochen nach Deutschland«, hat mir eine Freundin vorgeschlagen. Das hört sich so einfach, so verlockend an. Ich denke sogar drüber nach. Trotzdem verwerfe ich den Gedanken. Ich bin nicht sicher, ob ich mich danach wieder auf den Weg machen könnte. Ich brauche vor allem Ruhe. Und das, obwohl ich ja eigentlich »Urlaub« habe. Zumindest muss ich nicht arbeiten.

Das Leben hier ist anstrengend. Unsere Art zu reisen ist anstrengend. Es kommt nicht von ungefähr, dass wir keine anderen Overlander kennenlernen. Es gibt andere, die derselben Route folgen.

Sie nehmen denselben Weg, kommen über dieselben Grenzen. Und doch bewegen sie sich völlig anders als wir. Sie übernachten abends entfernt von Dörfern einsam im Busch, bleiben auf Campingplätzen oder in Hotels, treffen andere »Westler«, können sich austauschen und entspannen. Sie können sich zurückziehen, wenn sie es wollen. Können ihre Ruhe haben.

Loyal und ich suchen keine Campingplätze auf. Die zwei Übernachtungen in Elmina waren die große Ausnahme. Und prompt hatten wir auch Anton und Tina kennengelernt. Wir besichtigen keine Sehenswürdigkeiten, keine Städte oder Museen, waren (bisher) in keinen Nationalparks. Wir treffen Menschen. (Er-)Leben mit ihnen ihren Alltag. Ein Leben, das völlig anders als unser bisher gelebtes ist. Sei es, dass wir bei Einheimischen in kleinen Dörfern übernachten, die noch nie zuvor von Weißen Besuch hatten. Sei es, dass wir Freunde und Familie von Freunden hier vor Ort besuchen. Sei es, dass wir Expats treffen, die momentan in Afrika leben. Immer wieder sind es Menschen, bei denen wir bleiben und an deren Verhaltensweise und Kultur wir uns anpassen müssen.

Genau das war und ist es, was ich wollte. Das war und ist mein Ziel auf dieser Reise. Und doch merke ich, dass ich an meine Grenzen gestoßen bin. Dass ich nicht mehr kann. Dass es anstrengend ist. Anstrengend zum Beispiel, weil ich wiederholt das Gefühl habe, etwas falsch zu machen, unhöflich zu sein. Meine Art von Höflichkeit, die, die ich in Deutschland und von meiner Familie gelernt habe, wird hier nicht automatisch auch als höflich empfunden. Oft spürt man, dass man etwas falsch macht. Aber es ist schwer herauszufinden, was von einem erwartet wird. Immer wieder kommt es zu Missverständnissen. Wir verlassen einen Ort und wissen nicht, ob die Familie, bei der wir waren, glücklich über unseren Besuch war oder nicht. Ob wir etwas anders hätten machen sollen. Dieses Gefühl, ständig einen neuen Fauxpas zu begehen, lässt uns beide nicht los.

Dazu kommt das Gefühl, dass die hiesige Vorstellung von Gerechtigkeit nicht die unsrige ist. Gerechtigkeit ist ein weiter Begriff

– auch bei uns. Doch bei uns, also im Westen, gibt es immer Orientierungswerte. Auch als Lehrer hat man sehr oft mit diesem Thema zu kämpfen. Aber es gibt immer etwas, auf das man hinweisen kann, etwas, an dem man sich orientieren kann. Etwas Feststehendes. Etwas Festgeschriebenes. In der Schule ist das zum Beispiel der Lehrplan, Notenverordnungen oder auch die Schulordnung. So ist es hier nicht. Immer wieder ist man der Willkür der Uniformträger ausgeliefert. Da scheint es nichts Festgeschriebenes zu geben und wenn doch, halten sich die Männer nicht daran. Manchmal kommt es mir so vor, als ob ein Überlegenheitsgefühl die Menschen hier dazu anstachelt, einen klein zu halten. Sei es der Türsteher bei einer Botschaft, der einen ohne 50 Euro zu kassieren nicht bis ins Vorzimmer lässt, wo das Visum beantragt werden kann, wie wir es bei der kongolesischen Botschaft in Yaoundé erlebt haben. Sei es der Straßenpolizist, der behauptet, man bräuchte einen einheimischen Fahrzeugschein, weil er den deutschen nicht entziffern kann, wie wir ihn kurz nach der Einreise in Gabun getroffen haben. Das Gefühl zu haben, sich ständig rechtfertigen zu müssen, obwohl man glaubt, alles richtig gemacht zu haben, ist schrecklich. Immer unterwürfig sein, obwohl man nichts falsch gemacht hat. Es reicht hier nicht, alle Papiere zusammen zu haben. Immer kommt es auch auf die Gutmütigkeit und die Laune des Uniformierten an. Recht-Haben gibt es hier nicht. Ein Umstand, an den ich mich nicht gewöhnen kann und der mich meine Ohnmacht fühlen lässt.

Ich ertrage es langsam nicht mehr, mich an Grenzübergängen grundlos niedermachen zu lassen. Mich anschreien, beleidigen und schlecht behandeln zu lassen. Und in Westafrika gibt es viele Länder und damit viele Grenzübergänge. Visaanträge und das, was man dafür liefern muss, variieren je nach der Person, mit der man spricht. Jeden Tag, jede Stunde, teilweise jede Minute können die Dinge sich ändern. Es gibt hier nichts und niemanden, woran man sich wirklich halten kann.

Wer jetzt denkt: »Naja, in Afrika sind die Beamten halt korrupt, das wussten die beiden doch vorher!«, dem möchte ich sagen: Die

Korruption ist nicht das einzige Problem. Hier lässt sich nicht alles mit Geld regeln. Schon gar nicht von Weißen. Es gibt hier viele, die gerade den Weißen zeigen wollen, dass es Dinge gibt, die auch sie nicht bekommen können, selbst wenn sie Geld haben. Bisher haben wir nicht oft Geld abgedrückt. Viel schlimmer sind die ständigen Diskussionen. Ich bin derer so müde geworden. Ich will nicht mehr diskutieren. Das macht so schlechte Laune, ist einfach anstrengend, verdirbt den Tag.

Ich bin an einem Punkt angekommen, an dem ich nicht mehr weiß, ob ich je auf diesen Kontinent zurückkommen will. Ob ich mir das nochmal antun kann und will. Diese ständige Rechtfertigung für meine Hautfarbe. Ich kann eine Zeit lang auf vieles verzichten: auf abwechslungsreiches Essen, ein Bett oder eine Matratze zum Schlafen, auf meine Freunde, auf Internet und Strom – aber nicht auf respektvollen und verantwortungsbewussten Umgang miteinander. Das fehlt mir hier vor allem an den Ländergrenzen sehr und das ist es, was mir das Reisen so anstrengend erscheinen lässt. Natürlich ist es richtig, dass wir auch sehr nette und angenehme Beamte auf unserer Tour kennenlernen. Allerdings sind die Erlebnisse mit den unangenehmen Uniformierten so prägend und belastend, dass wir in der Nacht vor einem neuen Grenzübergang kaum noch ein Auge zutun und wenn wir unterwegs sind und von Weitem einen Polizisten auf der Straße erkennen zu schwitzen beginnen und Herzklopfen bekommen.

Das Autofahren in unserem Landy ist weiterhin ein großes Abenteuer und macht Spaß. Überhaupt ist die Art des Reisens mit dem eigenen Auto für mich sehr neu, gefällt mir aber sehr gut. Dann anhalten, wenn es uns gerade gefällt. Dort bleiben, wo es schön ist – das ist einfach super.

Ich genieße es, langsam aber sicher mein Zeitgefühl zu verlieren. Nicht nur, dass ich nur noch sehr selten weiß, welcher Wochentag ist. Am 23. Dezember ist meine Uhr stehengeblieben und nun orientiere ich mich, was die Tageszeit betrifft, am Stand der Sonne. Wenn die Sonne langsam untergeht, ist es Zeit, einen Schlafplatz zu suchen. Wenn die Sonne aufgeht, sollte ich aufwachen (das klappt leider noch nicht ganz so).

Zu zweit zu reisen gefällt mir sehr gut. Mit dem Partner von morgens bis abends zusammen zu sein, ist eine große Chance. Wir haben so viel Zeit zu reden. Und wir nutzen die Zeit – es wird nie langweilig. Wenn Ehe immer so ist, dann bin ich froh, verheiratet zu sein!

Zentralafrikanisches Straßenparadies

Die Straßenverhältnisse in Gabun sind unglaublich! Wir trauen unseren Augen nicht, als wir über die Grenze kommen. Eine wunderbare Teerstraße liegt vor uns. Wir fahren mitten durch den Busch, hören die Vögel und kommen gut voran. Es ist herrlich! Kein chaotischer Verkehr, keine Lastwagen, die es zu überholen gilt. Auf den gabunischen Straßen ist fast nichts los.

Noch viel besser als die gut gepflegte Straße sind die vielen Verkehrsschilder, die weitgehend sinnvoll aufgestellt wurden. Es gibt sogar alle paar Kilometer eine Parkbucht, die schon im Voraus ausgeschildert ist. Wir entdecken sogar Park- und Picknickplätze. Wir fühlen uns wie in Frankreich!

Sehr hilfreich sind auch die Straßenschilder, auf denen der nächste Ort und die Richtung dargestellt wird. An jeder Kreuzung, an jedem Kreisel steht solch ein Schild. Wir können fast weitgehend ohne Karte reisen. Das war seit Frankreich nicht mehr möglich! Es macht Spaß, in Gabun mit dem Auto unterwegs zu sein. Jeder, der durch Afrika fahren will, sollte nach Gabun fahren – dem Straßenparadies der westafrikanischen Küste! Das vom 2009 gewählten Präsidenten Ali Bongo erklärte Ziel, die Einnahmen aus Rohstoffverkäufen verstärkt für die Verbesserung der nationalen Infrastruktur zu verwenden, scheint wirklich umgesetzt zu werden.

Am Äquator

An unserem zweiten Tag in Gabun ist es endlich soweit: Wir kommen zum Äquator. Ein altes und schon angerostetes Schild weist am Straßenrand darauf hin. Als Zeichen der Veränderung beginnt es prompt zu regnen. Trotzdem steigen wir aus, um das obligatorische Foto zu machen. Auch Paule muss mit aufs Bild und er hasst alles, was nass ist! Im Auto unterhalten wir uns darüber, ob das Wasser südlich des Äquators wirklich andersherum fließt. Loyal zerstört all meine Illusionen: »Das ist Quatsch. In der Physik gibt es keinen Unterschied zwischen nördlich und südlich des Äquators.« Ich finde das schade. Das heißt ja, es bleibt alles beim Alten. So eine kleine (sphärische) Veränderung hätte ich gut gebrauchen können.

Angriff der Killerinsekten (II)

Auch in Gabun übernachten wir bei Einheimischen. Sie zu »finden« ist gar nicht immer so leicht, weil das Land dünn besiedelt ist. Kein Wunder, da die Bevölkerung insgesamt nur zirka anderthalb Millionen beträgt, von denen etwa die Hälfte in der Hauptstadt Libreville leben. Nur selten sehen wir ein kleines Dorf. Oft erscheint es uns, als ob die Häuser verlassen sind. Man sieht gar keine Menschen. Außerdem sehen die Häuser so heruntergekommen aus, dass wir uns nicht vorstellen können, dort jemanden anzutreffen.

Nachdem wir zwei Stunden lang nur an solchen »Geisterdörfern« vorbeigekommen sind, gewinnen wir beide das Gefühl, dass da vielleicht doch Menschen wohnen, denn irgendwo müssen die Leute ja leben. Wir halten schließlich bei einem Häuschen, das allein in der Gegend herumsteht und finden dort tatsächlich einen Mann, der uns erlaubt zu bleiben. Abends kommen noch drei Frauen mit ihren Kindern und schlafen dort. Wir können nicht herausfinden, ob es sich um die Ehefrauen des Mannes oder andere Familienmitglieder handelt.

Wir sind gerade aus dem Auto gestiegen, als sie uns auch schon attackieren: die Killerinsekten! Sie sind grausam, stechen auch durch unsere Jeans und hinterlassen große, juckende Flecken auf unserer Haut. Zudem ist es schwülheiß und wir schwitzen in den langen Kleidern. Wasser zum Duschen wird uns nicht angeboten, somit haben wir eine feucht-heiße, juckende Nacht.

Als wir am nächsten Morgen aufstehen, meint Loyal bei meinem Anblick: »Wie siehst du denn aus? In deinem Gesicht sind lauter rote Flecken!«

»Aber du erst, schau mal deine Arme an!«, entgegne ich. Und wirklich: Wir sind übersät mit roten Flecken, die irgendwelche Insekten auf unserer Haut hinterlassen haben und die bisher noch nicht jucken. Auf meinem Arm befinden sich etwa 50 solcher Flecken. Wir fragen uns, ob wir vielleicht eine Krankheit haben, so etwas wie afrikanische Windpocken. »Dazu müsste es aber jucken, oder?«, wende ich zweifelnd ein.

Libreville – die »weiße« Stadt

Wir fahren weiter und kommen nach Libreville, einer unglaublich modernen Stadt. Dort trauen wir kaum unseren Augen: Überall sitzen Weiße hinterm Steuer, laufen Weiße auf der Straße herum. So viele Westler haben wir seit Europa nicht mehr gesehen! Die Stadt ist sehr gepflegt und die Straßen weitgehend sauber. Es gibt eine schöne Uferpromenade, auf der weiße Menschen am Joggen sind. Die einzige Erklärung, die wir für die vielen »Westler« auf der Straße finden, ist, dass Gabun einer der rohstoffreichsten afrikanischen Staaten mit erheblichen Erdölreserven vor der Küste ist. Die wichtigsten Handelspartner sind die Vereinigten Staaten und Frankreich, deren Unternehmen sicherlich vor Ort einen Sitz haben. Insgesamt sind in der Stadt sehr wenig Menschen unterwegs, weshalb die weißen Menschen vielleicht besonders auffallen.

Da wir in Libreville niemanden kennen, beschließen wir, den

Die Landschaft Gabuns ist weitgehend unberührt. Nur selten sieht man Wohnhäuser, die allerdings verlassen wirken.

Tipp von anderen Travellern zu versuchen. So landen wir vor dem *Maison Liebermann*, einer Art katholischem Männerkloster mit Gästehaus. Nach unseren anfänglichen Schwierigkeiten, die verantwortliche Person per Handy anzurufen, kommt schließlich ein etwas grimmig dreinblickender Mann. Wir entschuldigen uns, ihn zu stören und er informiert uns, dass alle Zimmer belegt seien und nur Studios zur Verfügung stünden. »Wir können auch im Auto schlafen«, schlagen wir vor.

»Von mir aus könnt ihr das tun, aber trotzdem zahlt ihr den vollen Studiopreis!«, teilt er uns humorlos mit. Wir fühlen uns alles andere als willkommen. Er scheint erleichtert, als wir wieder gehen. Glücklicherweise werden wir direkt gegenüber im Nonnenkloster der »Blauen Schwestern« netter begrüßt. Für knapp zehn Euro pro Nacht dürfen wir bleiben.

Wir parken unseren Landy im Hof vor dem Gebäude und beginnen mit der Vorbereitung des Essens. Und nun, da ich meine lange Kleidung anziehe, fangen meine roten Flecken zu jucken an. Sie sind überall, an den Armen und Beinen und im Gesicht. Ich jammere, kann kaum stillsitzen und spüre gleichzeitig, dass mich weitere Insekten in die Füße stechen – durch meine Socken hindurch. Loyal ergeht es ähnlich. Am nächsten Morgen sind unsere Füße stark angeschwollen und passen nur noch in die Flip-Flops. »Ich habe das Gefühl, irgendein Tier hat seine Eier in meine Füße abgelegt und nun krabbelt es unter der Haut«, meint Loyal zu mir. Ich schaue mir seine Füße genauer an: Die Stiche leuchten in rot, blau, grün und gelb. Der ganze Fuß ist verfärbt. »Wenn das morgen nicht besser ist, sollten wir zum Arzt gehen!«

Auch unser Hund Paule hat es abbekommen: Er jault immer mal wieder, kratzt sich und hat Beulen auf dem Rücken. Auch bei ihm scheinen sich die Stiche entzündet zu haben.

Später sitze ich im Internetcafé und versuche, eine E-Mail zu schreiben. Nicht nur, dass das Netz unendlich langsam ist und ich in anderthalb Stunden nur zwei Mails zustande bringe! Gleichzeitig juckt mein ganzer Körper so sehr, dass ich am liebsten überall gleichzeitig kratzen möchte.

Abgesehen davon, dass es die ganze Zeit regnet und wir unsere Abfahrt um zwei Tage verschieben müssen, weil unsere Wäsche mehrere Tage patschnass an der Leine hängt, haben wir hier eine angenehme Zeit. Gabun ist ein wunderschönes Land: Da man außerhalb der wenigen Städte kaum Menschen antrifft, erscheint die Natur des Landes weitgehend unberührt. Stundenlang fährt man durch tropischen Regenwald, die Luft ist wahnsinnig frisch und staubfrei. Die nationale Gesetzgebung verlangt glücklicherweise eine nachhaltige Bewirtschaftung des Waldes, was eine Abholzung und Ausbeutung der Natur verhindert. Elf Prozent des Waldgebietes sind bereits als Reservate ausgewiesen. Wir genießen die Ursprünglichkeit der Natur, die wir in dem Ausmaß noch in keinem anderen westafrikanischen Land erlebt haben.

Auch Libreville hat uns als Stadt gut gefallen. Nach den vielen chaotischen Hauptstädten, die sicherlich ihren Charme haben, allerdings auch sehr anstrengend sind, sticht Libreville mit seiner Ruhe und Gelassenheit heraus. Lediglich die Insekten machen uns das Leben schwer und so entscheiden wir uns dagegen, hier länger zu verweilen, um uns auszuruhen. Auch den geplanten Strandurlaub blasen wir ab. Wir wollen nur noch weg und unsere juckenden Körper kühlen!

Bevor wir weiterfahren, nutzen wir aber noch die Vorteile einer »weißen Stadt«: Es gibt einen riesigen französischen Géant-Supermarkt mit allem, von dem wir schon länger geträumt haben. Während Loyal sein Schokoladencroissant genießt, ist mein kulinarischer Höhepunkt ein Magnum-Eis, das innerhalb einer Minute auf meiner Hand schmilzt. Die Schokolade macht es sich auf dem Supermarktparkplatz bequem, aber das Vanilleeis fühlt sich in meinem Magen wohl. Hmmm! Lecker!

Das wichtigste im Leben: das Handy!

Als wir in Libreville eine Unterkunft suchten, sagte uns die Dame an der Rezeption: »Hier ist die Nummer vom Père. Da müsst ihr anrufen, um zu erfahren, ob noch ein Zimmer frei ist!«

»Wir haben kein Handy!«

»Was? Wie kommt das denn? Wieso habt ihr kein Telefon?« Die Frau schaute uns entgeistert an. Wir erklärten ihr unsere Situation. Sagten, dass wir gerade erst in Libreville angekommen wären. Dass wir alle paar Tage das Land und somit auch das Netz wechseln würden und ein Handy daher für uns keinen Sinn machte. Das leuchtete ihr gar nicht ein: »Aber eine Handykarte ist doch nicht teuer!«

Dieses Beispiel machte uns erneut deutlich, welchen Stellenwert Handys im Leben der Menschen hier haben. Hätten wir gesagt: »Wir haben Hunger« oder »Wir haben Durst« oder »Wir haben kein Guthaben mehr auf dem Handy«, all das hätte die Frau uns geglaubt. All das ist glaubwürdig. Dass man aber keine Handykarte, schlimmer noch kein Handy hat, ist für die Menschen hier unvorstellbar. Das Handyguthaben wird hier aufgeladen, bevor die eigenen Kinder gefüttert werden. Nicht selten hungern diejenigen, die wenig Geld haben, den ganzen Tag, um für das eingesparte Geld, das Guthaben aufzuladen.

Genau das erfuhr Loyal an der Grenze Ghana-Togo vom flycatcher, der ihn so nervte und lange auf ihn einredete. Er wollte Loyal unter anderem eine Sim-Karte für Togo verkaufen. »Ich habe kein Geld für eine Sim-Karte, ich muss mir heute noch etwas zu essen besorgen«, versuchte Loyal den aufdringlichen Mann loszuwerden.

»Ihr Weißen, ihr versteht gar nichts! Wenn ich mein Geld für eine Sim-Karte ausgebe, kann ich meinen Bruder anrufen. Er schickt mir dann Geld per Handyguthaben und damit kann ich dann mein Essen bezahlen. Dann habe ich für mein Geld nicht nur Essen bekommen, sondern auch mit meinem Bruder gesprochen«, antwortete der flycatcher belehrend.

In Lomé befragten wir Sani zu dem Thema. »Ja, so ist es hier. Für viele ist das Handy wichtiger als Essen für die eigenen Kinder!«, sagte er und fügte, als er unseren geschockten Blick sah, lachend hinzu: »So schnell verhungert man hier nicht.«

Ohne Handy geht hier fast gar nichts mehr. Der Polizist am Checkpoint will eine Nummer und lässt einen erst weiterfahren, wenn man ihm eine gibt. Viele sammeln hier regelrecht Nummern in ihrem Handy, weil es wertvoll ist, viele gespeicherte Kontakte zu haben. Jeder gespeicherte Namen liefert einen »Mehrwert«, sei es, dass es das Ansehen verbessert, weil ein Mensch mit vielen Handykontakten viele Freunde zu haben scheint, sei es als Absicherung, weil in einer Notfallsituation viele Personen kontaktiert werden können.

Ein Visum lässt sich ohne Telefonnummer nicht beantragen. Eine nationale Handynummer des Landes, in dem sich die Botschaft befindet, in der man das Visum beantragt, reicht oft nicht (häufig haben wir dafür die Nummern von Freunden verwendet), stattdessen muss man auch zwei Telefonnummern im Zielland nennen, um ein Visum ausgestellt zu bekommen. Wenn man niemanden im Zielland kennt und es keinen Reiseführer gibt, aus dem man irgendeine Nummer abschreiben könnte, wird es schwierig. Lässt man das Feld allerdings frei, wird der Antrag abgelehnt. Sicherheitsgründe können dafür nur ein vorgeschobener Grund sein, wechseln viele hier doch teilweise wöchentlich ihre Nummer, da ein neuer Netzanbieter neue Angebote und Konditionen bietet. Deshalb funktionieren die Handynummern, die man auf Internetseiten oder im Reiseführer findet, auch nur sehr selten.

Die Menschen haben hier meist zwei oder mehr Handys und in jedem eine Karte eines anderen Anbieters. Sie wissen genau, wen sie mit welchem Netz am günstigsten anrufen können. Außerdem funktionieren die Netze häufig nicht gleichzeitig, weshalb man vormittags ein anderes Netz zum Telefonieren wählt als abends.

Teil der afrikanischen Kultur ist die große Kontaktfreudigkeit. Man lebt regelrecht vor seinem Haus auf der Straße, sieht und spricht seine Nachbarn jeden Tag, ist eine große Gemeinschaft. Doch die Moderne hat auch in Afrika Veränderungen mit sich gebracht: Viele verlassen heute die Dörfer, um in der Stadt Arbeit zu suchen. Die Menschen sind mobiler, viele leben weit von ihrem Geburtsort entfernt. Lange waren Telefone in Afrika weitgehend unbekannt, weil es viel zu teuer schien, bis in die Dörfer Telefonkabel zu verlegen. Die Erfindung des Handys hat dies verändert: Nun findet man in den noch so entlegensten Regionen Handymasten. Die Netzabdeckung ist besser als im Schwarzwald. Die Menschen leben heute vielleicht nicht mehr vor dem Haus auf ihrer Straße, sondern weit weg. Sie nutzen allerdings ihr Handy, um die zu Hause gebliebene Ehefrau, den alten Großvater oder andere Familienmitglieder, Freunde oder Bekannte fast täglich anzurufen, um zu fragen, wie es ihnen geht. Das erklärt, warum Handys in Afrika reißenden Absatz finden. Ohne Handy scheint man dort inzwischen ein familien- und freundloser Niemand zu sein.

Besuch des Albert-Schweitzer-Museums in Lambaréné

Endlich hört es auf zu regnen, unsere Wäsche trocknet und wir können Libreville verlassen. Gegen Mittag erreichen wir Lambaréné, den Ort, an dem Albert Schweitzer viele Jahre in einem von ihm selbst erbauten Krankenhaus gewirkt hat. Wir schauen uns seine Wirkungsstätte an. Besonders interessant finde ich sein Klavier, das wie eine Orgel mit Luft betrieben wird und noch gut erhalten scheint. Bei den tropischen Temperaturen und dem feuchten Klima ein Wunder. Auf dem Außengelände befinden sich sein Grab sowie das seiner Frau.

Es ist komisch, in Afrika etwas zu besichtigen, tun wir das doch zum ersten Mal. Nach einer guten Stunde reicht es uns aber auch wieder und wir machen uns wieder auf den Weg, um endlich das »Höllental der Insekten« zu verlassen. Bis zur Grenze müssen wir aber noch zwei Tage durch den Busch.

Winken

Auf unserer Reise haben wir uns angewöhnt, allen zu winken, die wir auf der Straße oder in den Dörfern sehen. Bis auf die Menschen in Kamerun haben uns alle immer sehr nett zurückgegrüßt. Manche sind überrascht, andere schenken uns ein riesiges Lächeln.

Mit der Zeit grüßen wir die Leute automatisch. Ich selbst entdecke mich dabei, einmal sogar einem Straßenschild zu winken. Ein andermal grüße ich die Ziegen am Wegesrand. Manchmal, wenn wir müde sind und schon den ganzen Tag nach rechts und links gewunken haben, nimmt dieses Grüßen wirklich groteske Züge an.

Touristen – Staatlich geprüft!

Wir fahren weiter gen Süden und nähern uns der Grenze zur Republik Kongo. Das letzte Dorf liegt hinter uns. Es scheint, als fahren wir ins Nichts. Die Piste, die wir nehmen, scheint nirgends hinzuführen. »Irgendwie wirkt das hier, als sei es die grüne Grenze nach

Kongo«, meint Loyal irgendwann. Doch plötzlich taucht vor uns ein Schlagbaum auf. Ein Mann in Uniform bedeutet uns auf nicht gerade freundliche Weise auszusteigen. Wir nehmen unsere Pässe und folgen ihm in sein Büro. Er schaut sich unsere Ausweise genau an. Sucht danach das Gabun-Visum und findet es nicht. Ähnlich wie in Kamerun erkennen auch die gabunischen Beamten, die wir treffen, das einheimische Visum nicht als solches, sondern beziehen sich mit ihren Aussagen auf andere Visa in unseren Pässen. Ich zeige ihm das richtige.

»Wo ist euer Touristenpapier?«, will er danach von mir wissen. Bitte was? »Das offizielle Papier, auf dem steht, dass ihr echte Touristen seid. Ohne dieses Papier könnt ihr gar keine Touristen sein. Das müsst ihr doch überall zeigen!«

Ich übersetze alles für Loyal, aber auch er hat keine Idee, wovon der Mann sprechen könnte. »Wir haben kein Papier, auf dem steht, dass wir Touristen sind. Wir haben nur unsere Pässe mit dem Visum. Daran erkennt man doch, dass wir Touristen sind, oder?«, versuche ich, den Mann zu überzeugen.

»Ohne dieses Blatt kann ich euch nicht ins Touristenbuch eintragen und dann müsst ihr zahlen. Alle zahlen hier, wenn sie keine Touristen sind!«

»Natürlich sind wir Touristen. Sehen Sie, auf dem Kongo-Visum ist das auch so eingetragen!«, versuche ich es erneut.

»Aber auf dem Gabun-Visum steht nichts!«, beschwert er sich.

»Dafür können wir doch nichts!« Ich gehe in den Verteidigungsmodus.

Der unfreundliche Mann beginnt mich richtig zu nerven. »Wie seid ihr überhaupt ohne euren Touristenausweis bis hierhergekommen?«, will er wissen.

»So einen Touristenausweis gibt es nicht und man braucht den auch nicht!« Mir reicht's. Ich frage mich, ob das seine Masche ist, um uns abzuzocken.

»Alle Touristen, die hier vorbeikommen, haben dieses Papier. Da darf ich dann immer so ein Stück abreißen und behalten!«

Ich werde hellhörig. »Vielleicht meint der unser Carnet«, sage ich auf Deutsch zu Loyal. Schnell gehe ich zum Landy und hole das Heft. Der Beamte beginnt zu strahlen. »Ihr habt ja doch den Touristenausweis. Warum habt ihr mir den nicht gleich gegeben?«

»Weil das das Zolldokument fürs Auto ist und kein Touristenausweis!« Ich bin mit meiner Geduld am Ende.

»Natürlich ist das ein Touristenausweis, denn nur Touristen haben dieses Heft!« Oh, diese afrikanische Logik!

Er stempelt das Carnet. Ich protestiere. »Das dürfen Sie gar nicht. Das ist doch für den Zoll gedacht!«

Ihn interessiert das nicht. »Hier bin nur ich und ich vergebe die Stempel!«, sagt er und beginnt, meinen Pass gleich zweimal zu stempeln.

»Einmal reicht doch! So viele Seiten sind bei mir nicht mehr frei!«

Wir sind froh, als wir endlich weiterfahren können. Das war der unangenehmste Beamte, den wir in Gabun erlebt haben.

Republik Kongo

Ankunft in der Republik Kongo

Da wir in der Nähe übernachtet haben, passieren wir die Grenze zur Republik Kongo schon früh am Vormittag. Die Beamten sind sehr freundlich und hilfsbereit. Auch wenn alles ziemlich lang dauert, bin ich völlig entspannt, da alle sehr höflich sind. Als das Auto vom Zoll untersucht wird, haben wir Angst, dass es Probleme mit Paule geben könnte. Aber weit gefehlt. Wieder einmal finden alle unseren Hund nur süß!

An der Grenze lernen wir Richard kennen, einen Engländer, der von London aus in fünf Wochen bis nach Kongo gefahren ist. Wir fragen uns, wie er das geschafft hat. Er ist allein unterwegs und muss deshalb häufig Einheimische auf seinem Beifahrersitz mitnehmen. »Meistens sind das Polizisten oder Soldaten. Wenn ich die nicht kos-

Die Landschaft Kongos ist grün und hügelig. Wir fühlen uns an Irland erinnert.

Auch hier dürfen wir neben den Wohnhäusern unser Nachtlager aufschlagen. Die Hütten sind hier (nur) aus Lehm und Stroh gebaut und rechteckig.

tenlos mitnehme, lassen sie mich einfach nicht durch den Check-point fahren. Das nervt ziemlich!« Auch wir werden oft nach einer Mitfahrgelegenheit gefragt, lehnen aber immer ab. Das mag erst einmal egoistisch erscheinen, aber es ist hier im Busch natürlich auch ein Sicherheitsrisiko, einen fremden Menschen mit dabei zu haben, der fern von allen Dörfern eventuell doch Lust auf unser Geld oder unsere Ausrüstung bekommen könnte. Richard hat via Internet auch Kontakt mit Anton und Tina, wenngleich sie sich noch nicht persönlich getroffen haben. »Von ihnen weiß ich, dass man in Libreville kein Visum für Angola und die Demokratische Republik Kongo bekommt. So wie es aussieht, werde ich von Brazzaville aus nach London zurückfliegen, um die Visa zu beantragen.«

Anderthalb Stunden dauern die Grenzformalitäten, bis wir weiterfahren können. Die Republik Kongo ist landschaftlich wieder völlig anders als Gabun. Und auch hier ist es wunderschön. »Wusstest du, dass es hier so toll aussieht?«, fragt mich Loyal. Ich verneine. Noch nie hat mir jemand vom Kongo vorgeschwärmt. Wir sind total begeistert: Grüne Hügel breiten sich vor uns aus. Es sieht ein bisschen aus wie in Irland, nur dass es wärmer ist und die Schafe fehlen. Immer wieder halten wir an, um zu fotografieren. Auch die Straßenverhältnisse sind einigermaßen. Wir sind froh, dass es nicht regnet. Dann wäre ein Durchkommen nämlich sicherlich schwierig. Wir genießen die nächsten beiden Tage im Busch auf dem Weg in die Hauptstadt Brazzaville.

Das Visadrama: Demokratische Republik Kongo und Angola

Die zentralafrikanischen Länder gelten als unsicher. Da wären an der Küste die Republik Kongo, die Demokratische Republik Kongo und Angola – Länder, die das Erbe vieler Bürgerkriegsjahre tragen und auch aus diesem Grund nicht als ganz sicher eingestuft werden. Der Norden der beiden Kongos ist weitgehend unüberschaubar und dadurch sehr unsicher. In der Demokratischen Republik Kongo (DRC) treibt neben anderen Rebellen die LRA (Lord's Resistance Army) unter ihrem Anführer Joseph Kony ihr Unwesen. Auch im weiteren Norden Zentralafrikas, im Tschad und der Zentralafrikanischen Republik soll es unsicher sein. Wer also wie wir mit dem Auto nach Süden unterwegs ist, muss notgedrungen durch Angola und eine kurze Strecke durch die Demokratische Republik Kongo fahren. Das Problem daran ist, dass Angola nur ungern Visa vergibt und Transit-Reisende scheinbar nicht im Land haben will. Zudem stellt die Demokratische Republik Kongo erst dann ein Visum aus, wenn man schon ein Angola-Visum hat, denn nur so ist die Weiterreise gesichert. Eine weitere Schwierigkeit ist, dass man das Visum für diese Länder im Heimatland beantragen muss. Und für Amerikaner gibt es noch eine weitere Restriktion: Sie müssen persönlich in der kongolesischen Botschaft in Washington anwesend sein, um ein Visum für die DRC zu bekommen.

Aus den genannten Gründen stranden viele Overlander in Brazzaville. Wir haben Manfred kennengelernt, der zwar ein Visum für die DRC in Togo ergattert hatte, in Kinshasa (DRC) allerdings zurückgeschickt wurde, weil das Visum nicht in Deutschland ausgestellt worden war und aus diesem Grund nicht anerkannt wurde. Sein Auto stand danach mehrere Wochen im Hafen von Kinshasa, ohne dass er es holen durfte beziehungsweise Sachen aus seinem Auto bekommen konnte. Trotzdem musste er für jeden Tag die Hafengebühr bezahlen. Und Richard, der im Gegensatz zu uns keinen Zweitpass hat und deshalb persönlich nach London zurückfliegen muss.

Da es nicht möglich war, die Visa schon vor unserer Abreise in Deutschland zu besorgen, da sie ab Ausstellungsdatum nur zwei (DRC) beziehungsweise drei Monate (Angola) gültig sind, mussten wir uns etwas anderes überlegen, um in die beiden Länder einreisen zu können. Anfang Dezember machten wir in Liberia die Antragsunterlagen für beide Botschaften fertig. Dazu gehörten nicht nur die Antragsschreiben (für Angola auf Deutsch, Englisch, Spanisch und Portugiesisch; für DRC »nur« auf Deutsch und Französisch), in denen wir erklärten, wer wir sind, warum wir reisen und welche Route wir durch das Land nehmen wollen. Für Angola formulierten wir außerdem einen langen Brief, in dem wir mehrere Sehenswürdigkeiten, die wir besuchen wollten, nannten, um nicht als »Transit-Reisende« zu gelten.

Da Loyal in Deutschland ein Resident, also ein dauerhaft in Deutschland lebender ausländischer Staatsbürger ist und deshalb auch die offizielle elektronische Aufenthaltskarte (die in Aussehen und Funktion einem Personalausweis ähnelt) hat, hofften wir, dass er seine Visa auch in Deutschland beantragen kann. Ein Flug nach Washington wäre unbezahlbar!

Wir gaben die Unterlagen in Liberia Sebastian mit, der über Weihnachten nach Deutschland flog. Meine Schwester Constanze erklärte sich bereit, die Visa für uns zu beantragen. Aufgrund unglücklicher Umstände kamen die Pässe erst drei Tage vor Weihnachten bei ihr an. Leider waren beide Botschaften über die Feiertage und zwischen den Jahren geschlossen. Wir waren nervös und angespannt. Alles hing von diesen Visa ab. Wenn wir sie nicht bekommen würden, müssten wir uns eigentlich in Ghana nach Verschiffungsmöglichkeiten umsehen.

Anfang Januar ging Constanze mit den Unterlagen persönlich in Frankfurt im angolanischen Generalkonsulat vorbei. Als sie die fertigen Pässe eine Woche später abholen wollte, konnten die Botschaftsangestellten sie plötzlich nicht mehr finden. Nun rief meine Schwester fast täglich im Konsulat an und tatsächlich tauchten die Pässe einige Tage später wieder auf. Puh! Glück gehabt! Constanze schickte die Ausweise nun per Einschreiben an die kongolesische Botschaft in Berlin und ich schrieb parallel eine Mail an die Botschaft mit der Bitte, unseren Antrag schnell zu bearbeiten. Es war inzwischen Mitte Januar und wir schon in Kamerun. Es gab kein Zurück mehr! Das Wunder geschah: Wenige Tage später waren unsere Pässe mit Visum wieder in Frankfurt! Meine Schwester schickte sie gleich per DHL-Express weiter nach Brazzaville an die

Adresse einer Bekannten. Als wir schließlich Ende Januar in Brazzaville eintrafen, waren unsere Pässe am selben Morgen schon bei unserer Bekannten Chantal angekommen. Glücklich nehmen wir das Päckchen von ihr entgegen. Die beiden Visa machen sich gut in unserem Pass. Aber sie waren teuer: Fast 600 Euro haben wir inklusive des DHL-Versands dafür bezahlt. Die Nerven, die es uns alle gekostet hat, darf man gar nicht dazurechnen!

Runterkommen in Brazzaville

In Kongos Hauptstadt Brazzaville wohnen wir bei Chantal und ihrer Freundin Florence. Chantal ist Französin und Mitte fünfzig. Seit anderthalb Jahren arbeitet sie in der französischen Schule in »Brazza«, wie die Einheimischen die Stadt nennen. Die beiden haben ein großes, mit vielen afrikanischen Accessoires eingerichtetes Haus mit Garten. Paule freut sich, in der Hündin Sally eine Spielkameradin gefunden zu haben. Gemeinsam wetzen sie im Eiltempo durch den Garten.

Wie wir bei unserer Ankunft erfahren, sind Chantal und Florence in dieser Woche sehr im Stress, weil die Inspektorin aus Addis Abeba in die Schule kommen wird und den beiden mehrere Unterrichtsbesuche bevorstehen. Aus eigener Erfahrung weiß ich, dass das stressig sein kann.

Wir haben ein eigenes Zimmer, das wir in den nächsten vier Tagen nur für den Gang in die Küche oder ins Bad verlassen. Endlich haben wir eine Möglichkeit zu entspannen. Keine Killerinsekten, die uns das Leben schwer machen. Keine Kulturprobleme. Unsere Zweitpässe mit den Visa sind wieder bei uns. Ich lese vier Bücher in vier Tagen. Schreibe meinen Blog und zwei Artikel für die *BNN*. Wir genießen es wieder, in Afrika zu sein, und haben das Gefühl, uns langsam wieder auf die Reise einlassen zu können.

Am Freitag wollen wir weiter. Loyal will vorher das Auto aufräumen. Mit besorgtem Blick steht er plötzlich in der Tür: »Stella verliert Öl! Ich glaube, wir können nicht mehr fahren. Das Auto ist kaputt!« Das hat uns gerade noch gefehlt. Jetzt haben wir die Visa und unser Landy lässt uns im Stich. Glücklicherweise kennt Chantal einen guten Mechaniker, den sie gleich für uns anruft. Bei ihm lassen alle Overlander ihre Autos reparieren. Er kommt direkt vorbei, betrachtet das Ganze und meint, wir sollten früh am nächsten Morgen bei ihm vorbeischauen.

»Ich kann nicht sagen, wie lange das dauern wird. Wenn wir Ersatzteile brauchen, wird´s schwierig. Sowas gibt es hier nämlich nicht!« Unsere Entspannung ist dahin. Wir schlafen beide nicht gut in dieser Nacht.

Werkstatt auf Kongolesisch

Am nächsten Morgen fahren wir bangen Herzens zum Mechaniker, der dann aber meint, er sei für Pumpen nicht zuständig und uns zum »Spezialisten« bringt. Dessen »Werkstatt« befindet sich in einer Nebenstraße am Straßenrand. Der sandige Untergrund ist ölverschmiert. Alles versickert hier im Boden. Die Sonne brennt. Loyal beugt sich mit den Männern über den Motor. Schnell haben die Leute einen Schlauch abgetrennt und das Kühlwasser verschwindet im Sand. Als sie alles wieder zusammenbauen, wollen sie von Loyal neues Kühlwasser. Doch wir haben keines! »Hä?« – typische afrikanische Reaktion. Also fährt Loyal mit einem der Männer im Taxi los, um neues zu besorgen. Der Verkäufer will 25 Euro für einen Liter, Loyals Begleiter meint, er solle ihm acht geben – immer noch viel zu viel, aber was bleibt Loyal übrig?

Die beiden kommen zurück und das neue Kühlwasser wird eingefüllt. Nach Aussage der Männer läuft das Öl wegen einer undichten Dichtung aus. Loyal kann sich das nicht vorstellen und tippt eher auf die Vakuum-Pumpe für die Bremsen. Die »Experten« bleiben bei der Dichtung. Allerdings gibt es keine Ersatzteile. So etwas gibt es hier in Brazza nicht. Die Männer wollen mit Klebstoff aushelfen, der ebenfalls erst gekauft werden muss. Loyal ist von dieser Lösung nicht überzeugt. »Hoffentlich hält das bis Namibia!« Dort wollen wir unser Auto nämlich bei einer offiziellen Land Rover-Werkstatt durchchecken lassen. Loyal hatte schon von Kamerun aus Kontakt aufgenommen.

Die »Reparatur« kostet am Ende 15 Euro. Für hiesige Verhältnisse und in Anbetracht dessen, dass die Männer eigentlich nichts groß gemacht haben, relativ viel. Aber naja, Hauptsache wir können uns am nächsten Tag wieder auf den Weg in den Süden machen!

Verfolgt!

Am frühen Morgen machen wir uns auf, stecken dann aber mehrere Stunden im Stau der Hauptstadt und können erst gegen Nachmittag Brazzaville verlassen. Der Verkehr ist total chaotisch. Alle scheinen aus unserer Sicht durcheinander zu fahren. »Pass auf, dass du nicht unseren Spiegel abfährst!«, rufe ich einem Buschtaxifahrer zu, der gerade dabei ist, seinen Kleinbus in unseren Landy zu lenken.

»Wieso«, antwortet er mir frech mit einem breiten Grinsen, »wenn etwas passiert, zahlst du als Weiße doch sowieso selbst den Schaden und meinen gleich mit!« Dann lacht er laut. Loyal beißt die Zähne zusammen und lenkt unseren Wagen in die andere Richtung. Es würde gar nichts bringen, sich hier aufzuregen. Der Mann hat Recht: In jedem Fall müssten wir zahlen und es würde uns sicherlich teuer zu stehen kommen!

Wir haben vor, uns in der nächsten großen Stadt, Kinkala, noch einmal ordentlich mit frischen Lebensmitteln einzudecken, weil uns mehrere Tage im Busch bevorstehen. Das einzige Problem ist: Auf dem Markt von Kinkala gibt es fast gar nichts zu kaufen! Ich kann es nicht glauben. Mit Mühe und Not ergattere ich Zwiebeln, halb vergammelte Auberginen, in ein Bananenblatt gewickelte Erd-

Auf dem Markt kaufe ich Erdnussbutter, die in ein Bananenblatt gewickelt ist.

nussbutter und grüne Bananen. Bald fällt mir auf, dass ein Mann in mittleren Jahren hinter mir her läuft und um Geld bettelt. Je länger ich auf dem Markt bin, desto näher kommt er. Als ich die

Auberginen bezahlen will, greift er nach meinem Geldbeutel. Die Frau gibt mir das Rückgeld hinter ihrem Verkaufstisch, damit der Mann nicht drankommt. Dieser wird immer aggressiver. Alle versuchen nun, ihn wegzuschicken. Sie schreien wild durcheinander und gestikulieren in seine Richtung. Das macht ihn nur noch aggressiver. Bald scheinen alle auf dem Markt auf meiner Seite, sie versuchen mir zu helfen und mich zu beschützen. Ich darf hinter den Tischen, auf denen die Menschen ihre Verkaufswaren anbieten, hergehen, dort, wo eigentlich gar kein Weg ist. Als der Bettler versucht mich festzuhalten, kommt eine Frau und zieht mich zum Ausgang. Komischerweise hält niemand den merkwürdigen Mann fest. Alle schreien nur und regen sich auf. Die letzten Meter zum Auto renne ich, springe hinein und rufe: »Schnell, Loyal, fahr los!« Der bekommt nicht so schnell den Motor gestartet und schon ist der Bettler auf seiner Seite und schlägt gegen die Tür. Die Leute auf der Straße kommen angerannt, sie rufen und gestikulieren, mein Herz schlägt hart gegen meine Rippen.

Endlich fahren wir. Doch der Mann hat noch nicht aufgegeben, er läuft hinter dem Auto her und tritt gegen die Reifen und die Hecktür. Zum Glück haben wir ihn bald abgehängt. »Ich hatte irgendwie schon ein ungutes Gefühl und mir das Messer hier zurechtgelegt!«, meint Loyal und zeigt auf unser Taschenmesser, das direkt neben ihm liegt. Da hatte Loyal scheinbar einen siebten Sinn.

Durch die »grüne Hölle«

Von Brazzaville aus gibt es drei Möglichkeiten, um in die Demokratische Republik Kongo zu kommen.

Der kürzeste Weg ist, mit der Fähre von Brazzaville nach Kinshasa überzusetzen. Allerdings scheint dies die teuerste Variante zu sein, denn es müssen nicht nur die korrupten Beamten bezahlt werden, sondern auch noch die Fähre, die mit dem Auto bis zu 1 000 US-Dollar kosten kann. Außerdem erzählen viele Reisende, dass das Auto häufig eine Nacht auf der Fähre bleiben muss, bevor man den Hafen von Kinshasa verlassen kann. Wir fragen uns, wie wir dann mit unserem Hund Gassi gehen sollen, wenn wir so lange auf der Fähre ausharren müssen.

Die zweite Option ist der Weg über das kongolesische Boko in die DRC. Auch dann muss man über den Kongo-Fluss. Die Fähre von Luozi ist aber viel kleiner und weniger frequentiert und wir haben gehört, dass die Korruption sich auf dieser Strecke in Grenzen halten soll.

Als drittes bleibt der Weg über Pointe Noire an der Küste und die angolanische Enklave Cabinda. Dies ist die längste Strecke und verlangt ein Multiple-Entry-Visum für Angola, das wir zwar haben, aber trotzdem schrecken uns die vielen »Straßengebühren«, die andere Reisende hier zahlen mussten, ab.

Wir entscheiden uns schließlich für die zweite Variante und machen uns auf den Weg durch das hügelige Gelände. Die Straße nach Boko ist geteert und wir kommen gut voran. Als wir nur noch wenige Kilometer von der Grenze entfernt sind, fragen wir Gendarmen nach dem Weg und erfahren Folgendes: Die Brücke im nächsten Dorf ist seit den Regenfällen vor zwei Tagen zerstört. Dort kommt man mit dem Auto nicht mehr durch. »Nehmt die neue Straße ab Luingi. Es wird lange dauern, bis die Brücke hier repariert wird!«, erklärt uns der Mann. Wir fahren also etwa 30 Kilometer zurück und finden die »neue Straße«. Die ist so neu, dass es sich bisher nur um eine geschobene Piste handelt. Es beginnt zu regnen und die lehmige Strecke verwandelt sich in eine Rutschbahn. Wir müssen zusehen, dass wir mit unserem Landy nicht von der Fahrbahn abkommen. Da es langsam dunkel wird, halten wir bald bei einer kleinen Hütte, neben der wir übernachten können. Eine kleine Familie wohnt hier, die wir aber wegen des einsetzenden Regens nicht kennenlernen. Sie bleiben in der Hütte, und wir verziehen uns in unser Auto. Wir schlafen einigermaßen ruhig. Wenn wir gewusst hätten, was noch auf uns zukommen wird, hätten wir wohl kein Auge zugetan.

In der Nacht regnet es viele Stunden. Am nächsten Tag schaffen wir es kaum, zurück auf die Straße zu kommen. Vorsichtig fahren wir über die glitschige Fläche. Wir kommen nur im Schritttempo voran. An einer kleinen Brücke rutschen wir fast in den Graben. Der Landy findet keinen Halt. Die Reifen sind verklebt. Wenn das so weitergeht, kann es noch lange dauern, bis wir an der Grenze sind. Es ist acht Uhr morgens. Die nächste kleine Brücke ist fast unbefahrbar. Ich steige aus, weil ich Angst habe, dass wir im Graben landen. Langsam rutscht Loyal mit dem Auto über den Matsch. Ich atme auf, als er auf der anderen Seite ist. Vor uns bleibt mitten auf der Straße ein einheimischer Geländewagen im Matsch stecken. Als wir ihn überholen, geht es uns fast genauso. Aber Stella lässt uns nicht im Stich!

Und dann sehen wir es: Vor uns, an der nächsten, etwas größeren Brücke, ist ein Lastwagen eingebrochen. Der vordere Teil des Fahrzeugs hängt in der Luft, der hintere steht im Wasser. Da ist kein Durchkommen mehr. Die Brücke ist nicht nur völlig vermatscht, sondern auch gänzlich zerstört. »Und wie kommen wir jetzt in die Demokratische Republik Kongo?« Ich schaue Loyal fragend an.

Ein paar Einheimische kommen angeschlendert. »Ja, der Weg hier ist nicht mehr passierbar«, meint der älteste von ihnen zu mir.

»Gibt es einen anderen Weg zur Grenze?«, will ich von ihm wissen.

Wie selbstverständlich zeigt er nach hinten: »Ja, da vorn ist der Weg über die Dörfer. Da gibt es keine Brücken. Nach zehn Kilometern kommt ihr wieder auf die neue Straße!«

Ich erzähle Loyal von der »Umleitung«. »Und wie ist die Straße?«, will er wissen.

»Alles kein Problem!«, antwortet der Mann. Allein das hätte uns stutzig machen müssen. »Kein Problem« heißt hier in Afrika eigentlich immer, dass es ein sehr großes Problem gibt! Aber wir haben keine Wahl und fahren los. Der Weg ist eher ein Fußweg und führt durch hohes Gras. Landschaftlich eine sehr reizvolle Gegend, aber das ist für uns in diesem Moment eher zweitrangig.

Dieser eingebrochene Lkw hat die Brücke zerstört und macht damit ein Weiterkommen unmöglich. Wir geraten in eine prekäre Lage.

Wir kommen vielleicht 500 Meter weit, als es direkt vor uns etwa anderthalb Meter runter geht. Während auf der linken Reifenspur noch ein paar Felsbrocken liegen, ist rechts einfach nur ein Loch. Da kommen wir mit Stella auf keinen Fall runter. Aber wir müssen. Loyal holt unsere Arbeitshandschuhe, das Beil und den Klappspaten. Während er mit dem Beil einen nahestehenden kleinen Baum fällt, fülle ich das zwei Meter lange Loch langsam mit Erde und Lehm. Loyal nutzt das Holz und die Äste des Baums, um die Ränder des Lochs zu stabilisieren. Bei etwa 40 Grad ist das körperliche Arbeiten sehr anstrengend. Nach wenigen Minuten sind wir völlig verschwitzt. Wir brauchen etwa eine halbe Stunde, dann haben wir die Strecke soweit »repariert«, dass Loyal es mit dem Landy versuchen will. Ich selbst zeige ihm per Handzeichen den richtigen Weg an.

Es geht los, wir kommen über das Loch, aber einen Meter weiter kommt der Landy in Schieflage und droht zu kippen. Ich reiße die Augen auf und schlage geschockt meine Hände vor den Mund. Irgendwie schafft es Loyal. »Es wäre sehr hilfreich, wenn du mir beim

Mit einem Klappspaten versuche ich, Erde zu gewinnen und damit die »Straße« zu reparieren.

nächsten Mal wirklich den Weg anzeigen könntest. Geschockt gucken hilft mir nicht weiter!«, beschwert sich Loyal hinterher zu Recht bei mir. Doch auch bei den nächsten Löchern passiert es mir immer wieder, dass ich vor Schreck die Hände vors Gesicht schlage. Teilweise zwei Meter tiefe Löcher sind in den letzten Wochen durch das viele Regenwasser entstanden. Der schmierige Untergrund macht es schwierig, um diese herumzulenken. Ich laufe fast die ganze Strecke, weil wir nicht fahren können, ohne vorher den Weg nach Löchern abgesucht zu haben. Nach dem ersten Kilometer nehme ich unseren Engelsglücksbringer in die Hand und bete. Wenn das Auto hier kaputt geht, haben wir verloren. Weit und breit wohnen nicht einmal Menschen, ein Bergungsfahrzeug würde nie durchkommen. Auch eine Werkstatt gibt es hier nicht. Immer wieder stehen wir vor felsigen Bergen, die wir hinauffahren müssen. Nach der Inspektion des dritten Felsens kommt Loyal kopfschüttelnd zurück. »Ich weiß nicht, ob wir das schaffen können. Es ist sehr steil, es gibt mehrere Löcher und es ist extrem rutschig.«

»Und was machen wir, wenn es nicht klappt?«, will ich wissen. Wir schauen uns um. Hier kann man nicht einmal wenden. Außerdem ist uns klar, dass wir den Weg nicht mehr zurückfahren können. Die von uns »reparierte« Stelle lässt sich vielleicht in diese Richtung befahren, entgegengesetzt aber auf keinen Fall. Wir sind ratlos. Wir müssen einfach weiter.

Während ich, diesmal wirklich, die Spur weise, fährt Loyal mit Schwung den felsigen Untergrund hoch. Und dann rutschen die Räder ab. Wir stecken fest. Loyal zieht die Handbremse an und steigt aus. Sein Magen dreht sich um und er muss erstmal in den Busch, um sich zu erleichtern. Ich inspiziere den festgefahrenen Wagen und den lehmigen Untergrund, hole dann die Handschuhe und suche im Busch nach Ästen und anderen Holzstücken. Danach schippe ich mit dem Spaten die Erde unter dem Auto weg, um es frei zu bekommen. Loyal ist wieder fit und hilft. Wir schwitzen so sehr in der Sonne und schütten das Wasser nur so in uns hinein. Horrorszenarien spielen sich vor meinem inneren Auge ab. Wie lange reicht das Wasser? Wieviel Essen haben wir dabei? Nach einer weiteren halben (gefühlt ganzen) Stunde versucht Loyal es erneut und schafft es.

So geht es den ganzen Tag weiter. Angstschweiß vermischt sich mit normalem Schweiß. Wir sind völlig fertig. Unzählige Fliegen kleben an unseren feuchten Körpern. Wenn wir hier lebend rauskommen, dann hatten wir unser »Abenteuer Afrika«. Momentan ist mir übrigens überhaupt nicht abenteuerlich zumute und ich frage mich, wieso ich immer wieder solche Sachen machen muss. Wieso mir die bisherigen Reisen nach Afrika nicht gereicht haben. Wieso ich auf diese schwachsinnige Idee kommen musste, mit dem Auto um den afrikanischen Kontinent zu fahren. Ich stelle wirklich alles in Frage.

Um halb fünf erreichen wir schließlich die Grenze. Dort wirkt alles verschlafen. Weit und breit ist kein anderer Wagen zu sehen. Die Beamten wundern sich, wo wir herkommen. »Seit Tagen ist hier niemand mehr vorbeigekommen. Ist die Brücke bei Boko nicht kaputt?«, wollen sie von uns wissen. Wir bejahen und erzählen von unserer Odyssee. Zeigen Fotos. Die Männer können kaum glauben, was sie sehen. Wir ernten respektvolle Blicke. Doch nur kurz können wir uns in ihrer Bewunderung sonnen, denn schon folgt der nächste Schock. »Wir haben hier keine Stempel. Die gibt es nur in Kinkala. Hat euch das niemand gesagt?« Nein, davon wissen wir nichts. Aber ich weiß: Zurück fahren wir auf keinen Fall.

Verzweifelt diskutiere ich. Mich bringen keine zehn Pferde zurück in den Busch. Noch einmal schaffen wir den Weg bestimmt nicht. Die Männer scheinen Mitleid mit uns zu haben. Sie öffnen schließlich für uns der Schlagbaum. Wir dürfen auch ohne Stempel ausreisen. Dankbar lächle ich die Umstehenden an. Ich bin so froh, dass sie eine Ausnahme machen! Wir sind sehr erleichtert, es geschafft zu haben. Unser Muskelkater lässt uns noch viele Tage an diese »Höllentour« denken.

Die Strecke ist sehr steil, so dass wir immer wieder abrutschen.

Demokratische Republik Kongo

Die Strapazen nehmen kein Ende

Nach etwa zehn Kilometern durch Niemandsland über eine »Straße«, die nur unwesentlich besser ist als die, über die wir uns an diesem Tag schon gekämpft haben, kommen wir zur Grenze der Demokratischen Republik Kongo (früher Zaire). Ein Militärposten steht neben dem Schlagbaum und grüßt. Danach passiert nichts. »Dürfen wir weiterfahren?«, frage ich vorsichtig.

»Nein!«, ist die Antwort. Loyal ist genervt. Nach all den Strapazen des Tages kann er das jetzt nicht gebrauchen. Ich frage erneut: »Warum nicht?«

»Weil erst der Verantwortliche kommen muss!« Da auch hier französisch gesprochen wird, übersetze ich für Loyal und wir schauen uns ratlos an.

»Frag ihn, wann der kommt. Hier kann es sein, dass der erst morgen wieder da ist!« Der Verantwortliche sei auf dem Weg, ist die Antwort. Wir stellen den Motor ab und warten. Und tatsächlich, eine »Delegation« kommt aus dem Tal den Berg zu uns hinauf. Die Männer sind freundlich und höflich. Lassen sich von uns alle Papiere zeigen. Untersuchen danach genau unseren Wagen. Leider können wir eine der Außenboxen nicht öffnen, weil Loyal plötzlich mit dem Schlüssel das ganze Schloss in der Hand hält. Irgendwie ist das herausgebrochen. Glücklicherweise reagieren die Männer locker. Es genügt, dass wir den Inhalt der anderen Box zeigen. Nach einer etwa 20-minütigen Inspektion hebt sich der Schlagbaum. Wir dürfen bis zum Immigrationsgebäude fahren, das entweder gerade gebaut wird oder schon wieder verfällt. Dort fülle ich mehrere Formulare aus, während Loyal im Auto von vielen Schaulustigen umgeben ist, die versuchen, irgendein Geschenk von ihm zu ergattern. Sie zeigen auf etwas im Wagen und sagen: »Schenk mir das!« Loyal verneint. Es ist wie ein Spiel. Der mutigste der Leute, der sich als Englischlehrer des Grenzdorfes vorstellt, meint irgendwann:

»So, du willst mir nichts schenken.« Loyal bejaht. »Na, dann gehe ich jetzt. Dann kann ich meine Zeit hier nicht bei dir verschwenden!« Er sagt etwas zu den anderen auf Französisch, was für Loyal nach »Bei dem ist nichts zu holen!« klingt und danach verlassen die meisten Leute den Platz. Bald können auch wir weiterfahren. Angeblich sei die Strecke »mehr oder weniger gut«.

Die Straße ist so gut, dass wir immerhin 20 Stundenkilometer fahren können. Es ist sehr bergig. Erneut beginnt es zu regnen und die Strecke wird noch glitschiger, als sie sowieso schon gewesen ist. Wieder muss ich aussteigen und Loyal den Weg zeigen. Wir sind beide völlig fertig und beschließen, gleich beim nächsten Dorf zu halten und über Nacht zu bleiben. Gesagt, getan. Leider sind die Dorfbewohner keine Moslems, sondern Christen, was für uns bedeutet, dass wir kein Wasser bekommen und ungewaschen schlafen müssen. Außerdem sind die Menschen sehr neugierig und bauen sich in mehreren Reihen um uns herum auf, um mir beim Kochen zuzuschauen. Ich bin so fertig, dass ich nur noch meine Ruhe will. Mehrmals bitte ich die Leute zu gehen. Sie rühren sich nicht. »Sag ihnen, dass das in unserer Kultur unhöflich ist!«, rät Loyal schließlich. Als das Essen fertig ist, drehe ich mich um und erkläre, dass wir nun gern allein essen wollen. Dabei schaue ich sehr ernst. Immerhin verstehen einige und gehen. Kurz darauf ist es glücklicherweise so dunkel, dass man nichts mehr sieht. Eine Frau will uns eine Lampe bringen. Damit man uns wieder beobachten kann? Nein danke! Todmüde fallen wir gegen acht Uhr in einen tiefen Schlaf.

»Christliche« Gastfreundschaft

Jeden Abend denken Loyal und ich dasselbe: Wir vermissen die Moslems! Was bei ihnen nämlich eine Selbstverständlichkeit gewesen ist – das Waschen –, hat bei den Christen scheinbar keine Priorität. Wir vergleichen ganz normale Dorfbewohner miteinander, die, was Armut und Entwicklung angeht, auf etwa demselben Niveau sind. Die Leute haben alle weder Strom noch fließend Wasser und kochen überm Feuer das, was die Umgebung hergibt.

Kamen wir in ein muslimisches Dorf und fragten bei einer (eher einzeln stehenden Hütte), ob wir dort über Nacht bleiben dürften, wurde der Dorfchef geholt. Uns wurden sofort Stühle gebracht, damit wir nicht stehen mussten. Der Dorfchef kam, begrüßte uns sehr respektvoll (mich übrigens genauso wie Loyal). Danach unterhielten wir uns. Er fragte, wie wir hießen, wo wir herkämen, wie die Reise verlief, ob wir müde wären. Manchmal wurde uns etwas zu trinken angeboten. Danach erzählte uns der Dorfchef von sich, seiner Familie, dem Dorf, etc. Manchmal empfanden wir diese Unterhaltungen als mühsam, weil wir den ganzen Tag unterwegs gewesen, müde waren und endlich kochen und essen wollten. Aber oft war es auch sehr interessant. Wir erfuhren viel über die aktuelle Sicherheitslage in der Gegend, den Zustand der Straßen, die Denkweise der Menschen ...

In der Zwischenzeit bereitete eine (oder auch mehrere Personen) unseren Übernachtungsplatz vor. Das heißt, mit einem Reisigbesen wurde der Boden gefegt. Mehrfach wurden wir gefragt, ob wir nicht lieber in einer Hütte übernachten wollten. »Schlafstellen« wurden für uns frei gemacht und wir mussten darauf achten, nicht unhöflich zu wirken, wenn wir ablehnten.

Während wir unseren Platz »aufbauten«, wurde Wasser in Eimern herangebracht, sei es vom Brunnen, vom Fluss oder auch von einer Wasserpumpe, je nachdem, was zur Verfügung stand. Da Brunnenwasser häufig kein Trinkwasser ist, liefen viele Einheimische zur meist entfernteren Pumpe, um dort Wasser zu holen. Wir wurden zum Duschen gedrängt, um uns zu »erfrischen«. Man führte uns zum »Duschplatz«, meist ein kleiner Ort, an dem vier »Wände« aus Bambus, Holz, etc. aufgestellt waren, innerhalb derer man sich entkleiden und waschen konnte. Manchmal wurden wir auch in eine Hütte gebracht, zu dem Platz, an dem man sich waschen konnte. In den meisten Fällen wurde viel zu viel Wasser für uns herangeschleppt. Wir konnten uns abends und morgens waschen.

Häufig erlebten wir, dass man uns kleine Geschenke machte, meistens Obst oder Gemüse aus dem Garten. Wenn wir protestierten, zitierten unsere Gastgeber den Koran: »Im Koran steht, dass wir alles für unsere Gäste tun sollen.« Es blieb uns also nichts anderes übrig, als ihre Gaben anzunehmen. Dann strahlten die Männer. Sie freuten sich auch über unsere kleinen Abschiedsgeschenke, oft kleine Dinge mit ideellem Wert, weil man sie in ihrem Land nicht kaufen kann. Postkarten von Karlsruhe kamen besonders gut an. Wir fühlten uns aber nie gedrängt, etwas zu geben. Sani riet uns jedes Mal, wenn wir uns von einer Familie verabschiedeten, das Familienoberhaupt nach seiner Adresse zu fragen und uns diese schriftlich geben zu lassen. Das sei das größte Geschenk, das wir machen könnten.

In den christlichen Dörfern lief es bisher anders, auch in diesem, in der Demokratischen Republik Kongo.

Wir kommen an, sind total müde. Vorsichtig frage ich eine Frau nach einem Übernachtungsplatz. Sie schaut mich an, lächelt nicht. Ruft eine andere Person. Zwei Kinder kommen um die Ecke. Bleiben stehen, starren mich an. »Gib mir Geld!«, meint das eine. »Ich will ein Geschenk!«, das andere. Die andere Frau gibt die Erlaubnis zu bleiben.

Wir parken den Landy. Danach fragen wir vorsichtig nach Wasser, weil wir wirklich sehr verschwitzt sind. »Hier gibt's kein Wasser!«, ist die Antwort. Danach kommt ein Junge und meint: »Wenn ihr Wasser wollt, könnt ihr doch zum Fluss fahren! Der ist da hinten!«

Wir sind völlig fertig, wollen nicht nochmal los. »Die müssen doch auch Wasser hier haben oder waschen die sich nicht?«, wundere ich mich.

»Du weißt doch, wie das bei den Christen bisher gewesen ist. Oder siehst du hier irgendwo ein Duschhäuschen?« Loyal hat Recht. Aber irgendwie will ich es nie recht glauben, dass sich die Christen abends nicht waschen. Dabei ist es hier tagsüber doch so heiß und staubig dazu.

Ein Mann kommt, wahrscheinlich der Familienvater, stellt sich nicht vor und sagt zu mir: »Gib mir Medikamente!«

»Ich bin keine Ärztin«, gebe ich ebenso unwirsch zurück.

»Das macht nichts, ihr habt doch immer welche dabei. Aber ich nehme auch was anderes!«

Ich bin so müde und genervt, dass ich sauer werde: »Höflich wäre es, mich erst einmal zu grüßen, danach sich vorzustellen und mich vielleicht mal nach meinem Namen zu fragen. Danach könntest du vorsichtig fragen, ob ich dir etwas gebe!« Er verzieht sich, merkt wahrscheinlich wie der Englischlehrer an der Grenze, dass »nichts zu holen« ist.

Danach starren uns alle an, schauen mir zu, wie ich das Essen vorbereite. Das war in den muslimischen Ländern nicht anders. Aber etwas ist neu: »Gib mir das. Ich will das haben!« Wie bitte? Ich bin am Kochen und nicht am Verschenken! »Fotografier mich!« – »Das kann ich morgen machen!« – »Nein jetzt. Wir wollen jetzt fotografiert werden!« – »Jetzt koche ich.«

Die Dorfbewohner drängen darauf, von uns fotografiert zu werden.

Die Kongolesen sind wirklich hartnäckig und anstrengend.

Am nächsten Morgen spüren wir den Erwartungsdruck. Viele aus dem Dorf sind gekommen, um zu sehen, was wir der Familie schenken werden. Wenn es nicht genug ist, wird nach mehr gefragt. Das haben wir alles schon erlebt. Wir machen, dass wir wieder auf die Straße kommen. Da der Süden hier christlich geprägt ist, mache ich die Erfahrung, sechs Tage nicht duschen zu können.

An dieser lehmigen Steigung scheitern wir und warten am Fuße auf die Mittagshitze, die den schmierigen Untergrund trocknen lässt.

Medikamenten-Schnorrerei

Seit der Republik Kongo werden wir immer mal wieder nach Medikamenten gefragt. Anfangs nahmen wir die Frage nach Malariamedikamenten noch ernst, weil der Mann, bei dem wir übernachteten, meinte, er selbst habe Malaria und brauche etwas dagegen. Wir verstehen die Frage, da es viele Gegenden gibt, in denen die nächste Stadt, der nächste Arzt, die nächste Apotheke weit entfernt sind.

Bald aber merken wir, dass es eigentlich die gleiche Bettelei wie die nach Geschenken ist. Es scheint, als hätten die Menschen gemerkt, dass Reisende, wenn es um Medikamente geht, freigiebiger sind als mit Geld. Man kann nur hoffen, dass möglichst wenige Touristen auf diese neue Art der Bettelei hereinfallen. Die Leute hier nehmen die Medikamente bei allem Möglichen, was ja richtig gefährlich werden kann. Deshalb haben wir uns vorgenommen, nur noch medizinisch zu helfen, wenn es jemandem vor unseren Augen richtig schlecht geht, so wie dem kleinen Mädchen mit der verbrannten Hand in Benin.

Positiv enttäuschte Erwartungen

Wir verbringen insgesamt nur zwei Tage in DRC. Wir haben mit vielem gerechnet (mit korrupten Beamten, schlechten Straßen, Rebellen im Busch, ...), aber nicht mit dem, was uns schließlich passierte, nämlich: nichts. Die Grenzbeamten und Straßenpolizisten, denen wir begegnen, sind freundlich, kompetent und nicht korrupt. Sie unterhalten sich nett mit uns, wie ich das ja auch schon in der Republik Kongo erlebt habe.

Bei unserer Ausreise werden wir an der Grenze ins Zimmer des Chefs gerufen. Er erzählt uns, dass er gerade aus Deutschland zurück sei. »Ich bin krank geworden, weil es dort so kalt war!« Er ist froh, wieder in der DRC zu sein. Er kennt sogar Connecticut, Loyals Heimat. Wir strahlen beide. »Bleibt doch noch ein bisschen hier! Wir haben ein Zimmer hier im Grenzhäuschen, da könnt ihr übernachten. Ich würde mich gern länger mit euch unterhalten!« Hat er das tatsächlich gerade gesagt? Wir können es kaum glauben und bedauern sehr, ablehnen zu müssen, aber wir wollen weiter nach Angola. Wir werden die Demokratische Republik Kongo in guter Erinnerung behalten.

Zum Abschied bedanke ich mich bei dem Grenzbeamten, dass er uns so menschlich behandelt hat. »Die Grenzen in DRC waren bisher die angenehmsten auf unserer ganzen Reise. Endlich werden

Morgens ist es im Kongo sehr feucht und neblig. Man kann nur wenige Meter weit sehen.

wir wieder respektvoll wie Menschen behandelt.« Schlussendlich sind wir traurig, das Land zu verlassen. Besser kann es – was die Staatsbeamten angeht – eigentlich nicht mehr werden.

Angola

Wunderschönes Angola

Bei unserer Ankunft in Angola wird unser Visum an der Grenze argwöhnisch beäugt. Wir werden zum Interview mit dem »Chef« geschickt. »Warum interessiert ihr euch so für Angola?«, will er von uns wissen. Wir wiederholen die Sehenswürdigkeiten, die wir auch auf unserem Visumsantrag angegeben haben. Der Mann telefoniert, um für unseren gesamten Aufenthalt einen Führer für uns zu organisieren. Mit Mühe und Not können wir ihn davon überzeugen, dass wir allein gut zurechtkommen. Nach einer halben Stunde lässt er uns gehen. »Erzählt euren Freunden, wie toll Angola ist!«, ruft er uns hinterher.

Eine typische Kleinstadt im Norden Angolas.

Die Landschaft in Angola haut uns wirklich um. Etwa alle 100 Kilometer wandelt sie sich und man fühlt sich wie in einem anderen Land. Waren wir bisher noch größte Fans von den beiden Kongos, lieben wir nun Angola.

Im Norden des Landes ist alles grün, teilweise bergig. Wir fahren immer nahe der Küste entlang.

Luanda, die Hauptstadt, ist modern und sehr gepflegt. Wir sehen im Zentrum keinen Müll herumliegen. Eine riesige Uferpromenade am Hafen lädt zum Schlendern ein. In den Außenbezirken sehen wir hingegen viele Slums, die wirklich übel aussehen. Hier sieht man, wie groß die Kluft zwischen Arm und Reich ist. Die Preise für Lebensmittel sind unerschwinglich hoch – etwa doppelt so hoch wie in Deutschland.

Die Landschaft im Süden des Landes erinnert mich sehr an Mexiko. Große Kakteen stehen in der sehr kargen Gegend herum. Wir verbringen die Nächte in kleinen Dörfern. Die Einheimischen sind sehr freundlich und offen. Wir werden überall herzlich empfangen. Die meisten sind Christen und auffallend netter als wir das in den bisherigen Ländern erlebt haben. Leider bleibt das Wasser- und somit Waschproblem weiter bestehen und wir müssen sehr staubig schlafen gehen.

Insgesamt gefällt es uns in Angola so gut, dass wir traurig sind, nicht länger bleiben zu können. Allerdings zwingen uns die hohen Kosten dazu, das Land schnell wieder zu verlassen. Wir haben nur ein kleines Tagesbudget und können uns einen längeren Aufenthalt hier einfach nicht leisten.

Andere Prioritäten

Unsere erste Nacht in Angola verbringen wir bei einem Fischer und seiner Familie am Rand einer sehr staubigen Straße. Zum Schutz gegen den Staub wurde ein kleiner »Zaun« aus getrockneten Bananenblättern errichtet. Dahinter finden auch wir Platz.

Beim Anblick der Kinder haben wir das Gefühl, dass die Familie besonders arm ist: Einige tragen im wahrsten Sinne des Wortes nur

Die Landbevölkerung in Angola ist sehr arm: Viele Kinder tragen zerlumpte Kleidung und keine Schuhe.

Lumpen, die ihnen am Körper herunterhängen. Nur wenige haben Schuhe an den Füßen. Manche haben Hungerbäuche. Wir haben ein schlechtes Gewissen, als wir unser Abendessen zubereiten. Was die Familie heute wohl zu Abend essen wird? Der Vater ist dabei, sein Fischernetz zu flicken.

Irgendwann wird es dunkel und wir hören, dass ein Generator angeworfen wird. Wir trauen unseren Ohren kaum: Diese Familie, die auf uns völlig verarmt wirkt, besitzt einen Generator? Keine fünf Minuten später hören wir Musik, dann Stimmen. »Die schauen sich einen Film im Fernsehen an!«, meint Loyal erstaunt. Tatsächlich: Wir hören Schießen, Schreien und Musik. Es scheint sich um einen Kriegs- oder Actionfilm zu handeln. Wieder einmal merken wir, dass die Leute hier andere Prioritäten haben: Sie hungern lieber, kleiden ihre Kinder nicht ein, werfen dafür aber nachts den Generator an, um Fernsehen zu schauen.

Drama um unser Kameraobjektiv

Als hätten wir nicht schon genug Probleme, gab unser Kameraobjektiv in Nigeria beziehungsweise Kamerun seinen Geist auf. Loyal recherchierte im Internet und fand heraus, dass das Problem bei Nikon bekannt ist. Sie baten auf Nachfrage an, unser Objektiv mitsamt der ganzen Kamera auszutauschen, sofern wir beides in die USA schicken würden. Das Ganze sollte sechs Wochen dauern. Wir recherchierten weiter und sahen uns gleichzeitig mit dem Problem konfrontiert, dass es nicht möglich ist, Waren, die verzollt werden müssen, per Express nach Afrika zu schicken. Per Mail schrieb ich Manfred an, der die gleiche Strecke wie wir fährt, Deutschland allerdings drei Monate vor uns verlassen hatte und uns nun immer mit den aktuellen Informationen aus den Ländern, die noch vor uns liegen, versorgen kann. Er hatte sich ein neues GPS-Gerät nach Kinshasa (DRC) schicken lassen. Dieses soll nach einer Woche in Kinshasa gewesen sein, allerdings »fanden« die Beamten es erst fünf Wochen später. Danach begannen die »Verhandlungen« um die Herausgabe des Gerätes. Andere Reisende schrieben auf Reiseplattformen im Internet, dass die »Zollgebühr« je nachdem, wer gerade Dienst hat, über dem Sachwert der geschickten Ware liegen kann. Wir waren verzweifelt.

Das Objektiv, das kaputt gegangen ist, ist ein 10-30-Objektiv. Wir haben noch ein 30-110-Objektiv dabei, das allerdings dafür gedacht war, in der Natur gute Tierfotos aus der Ferne machen zu können. Wir kramten das andere Objektiv hervor und stellten fest, dass es so gut wie unmöglich ist, damit Menschen zu fotografieren. Auch das Fotografieren innerhalb von Gebäuden oder auch Städten war eigentlich nicht möglich. In den nächsten Tagen gingen wir in Douala und in Yaoundé (beides Kamerun) in jedes Technik-Geschäft. Meistens verkauften sie aber nicht einmal Kameras, geschweige denn die neue V1-Kamera von Nikon. Wir recherchierten im Internet und fanden auch in den folgenden Ländern (Gabun, Republik Kongo, DRC und Angola) kein Geschäft, das Nikon im Repertoire hat. Wir waren sehr frustriert.

Wir starteten einen Aufruf auf Facebook, aber wer reist schon zufällig in den Kongo oder nach Angola? Glücklicherweise konnte mir eine Freundin weiterhelfen. Sie arbeitet bei einer Fluggesellschaft und kennt jemanden, der nach Luanda fliegt. Meine Schwester besorgte ein neues Objektiv und übergab es in Frankfurt. Ende Januar flog es nach Luanda, wo es für uns an der Rezeption eines Hotels hinterlegt wurde. Fünf Tage später kamen auch wir in Luanda an und konnten überglücklich unser neues Objektiv entgegennehmen! Vielen Dank nochmal an alle Helfer, die die Fotodokumentation unserer Reise gerettet haben.

Auf dem Parkplatz des Luxushotels

Das Kameraobjektiv ist in Luanda bei einem riesigen Hotel hinterlegt. Als wir auf den Parkplatz einbiegen, stellen wir fest, dass es sich um ein Fünf-Sterne-Luxushotel handelt. Ich betrete die Lobby und werde an der Rezeption sehr freundlich behandelt. Der Rezeptionist findet bald das Päckchen für mich (ich erkenne meinen Namen von Weitem), verschwindet damit allerdings in einem Büro. Ich wundere mich und warte. Er kommt wieder und bittet mich zu warten. Es dauert. Und dauert. Nach einer halben Stunde dauert es immer noch. Ich frage nach. Zeige erneut meinen Reisepass mit meinem Namen. »Es dauert nicht mehr lange«, werde ich vertröstet. Draußen wird es dunkel. Ich gehe zum Landy und sage Loyal Bescheid, dass es dauern wird. Danach warte ich weiter in der Lobby. Unsere eigene Vorgabe bei dieser Reise ist, abends nach Einbruch der Dunkelheit nicht mehr unterwegs zu sein. Das wollen wir auch in Angola beibehalten, zumal Luanda als sehr gefährlich gilt. Loyal und ich sind sehr müde. Wir sind den ganzen Tag gefahren, die Straße nach Luanda war streckenweise sehr staubig. Seit Tagen haben wir nicht geduscht. Wir wünschen uns Ruhe und Entspannung. Auf der Theke der Rezeption steht ein kleines Schild. Mir rutscht mein Herz in die Hose, als ich sehe, dass das günstigste Zimmer in diesem Hotel 490 US-Dollar kostet. Ich wusste, dass Luanda sehr teuer ist, aber so teuer? Die Zimmer gehen bis 1 200 US-Dollar pro Nacht!

Endlich bekomme ich das Päckchen mit dem Objektiv. Ich bin glücklich. Wir dürfen das Internet des Hotels benutzen, um der Überbringerin zu sagen, dass alles gut angekommen ist. Angesichts der Tatsache, dass es inzwischen draußen stockdunkel ist, fragt Loyal den Rezeptionisten, ob dieser uns eine günstigere Übernachtungsmöglichkeit in der Nähe nennen kann. Der Mann ist überfordert. Scheinbar kostet alles, was er kennt, 200 US-Dollar aufwärts. Wir erklären ihm, dass wir auch auf einem Campingplatz im Auto schlafen könnten. Oder auf einem bewachten Parkplatz. Irgendwann bietet er uns an, einfach auf dem Parkplatz des Hotels die Nacht zu verbringen. Wir lehnen ab, wollen ihn nicht in Schwierigkeiten bringen, denn es scheint, als ob er diese Entscheidung gar nicht allein fällen darf. Der Hotelmanager diniert mit Ministern, kann also nicht gefragt werden. Der Rezeptionist begutachtet unser Auto und bittet uns dann regelrecht zu bleiben. Wir bereiten den Landy für die Nacht vor und gehen schlafen.

Uns beiden geht es psychisch nicht besonders gut. Wir fühlen uns kraftlos und den Strapazen der Reise nicht mehr gewachsen. Loyal hat regelrecht einen Zusammenbruch. Er ist total frustriert. Wir haben beide seit Tagen nicht geduscht und keine Ruhe bekommen und sind von der Fahrt durch den Busch völlig erledigt. Unsere »Höllentour« durch Kongo hat uns physisch und psychisch an unsere Grenzen stoßen lassen. Doch Loyal leidet außerdem auch noch seit Wochen unter der Hitze und der Luftfeuchtigkeit. Er kann kaum so viel Wasser trinken, wie er wieder ausschwitzt. Da wir meist nur einmal am Tag zum Kochen kommen und es »nur« Gemüse und Kohlenhydrate und so gut wie nie Fleisch gibt, hat er seit Beginn der Reise über zehn Kilogramm abgenommen. Jetzt wiegt er nur noch knapp mehr als ich! War ich es, die in Kamerun am liebsten die Reise abbrechen wollte, ist es nun Loyal, dem die Lust auf Afrika und unsere Tour vergangen ist. Ich überlege kurz, ob wir uns nicht doch ein Hotelzimmer gönnen, ausgiebig duschen und gut schlafen sollen. Aber 500 US-Dollar sind fast unser halbes Monatsbudget und wir haben noch einen langen Weg durch Ostafrika vor uns. Schließlich falle ich im Landy in einen unruhigen Schlaf.

Um ein Uhr morgens werden wir plötzlich geweckt. Da wir sofort eine Gefahr wittern, sind wir schnell hellwach. Ein Wachmann und eine Frau von der Rezeption stehen vor unserem Landy. Loyal steigt aus, um mit ihnen zu reden. »Sie dürfen hier nicht parken, weil Sie keine Gäste des Hotels sind«, meint die Dame.

Loyal ist geschockt. »Und was sollen wir jetzt tun?«

»Sie müssen unseren Parkplatz verlassen. Hier können Sie nicht bleiben!« Loyal muss schlucken. Die wollen uns wirklich jetzt mitten in der Nacht wegschicken?

»Bitte sagen Sie uns, wo wir hingehen können. Es ist sehr gefährlich in der Stadt um diese Uhrzeit.« Loyal ist verzweifelt. Die Dame denkt nach. Nach einer Weile meint sie: »Okay, ihr dürft bis zum

Morgen bleiben, aber dann müsst ihr verschwinden. Am besten um sechs Uhr. Ich habe Angst, dass euch jetzt draußen etwas passiert und dann sind wir verantwortlich, weil wir euch als letztes gesehen haben!«, sagt sie und verschwindet.

Loyal ist noch schlechter gelaunt als vorher. »Am liebsten würde ich jetzt schon gehen. Ich brauche deren Parkplatz nicht!« Ich bin aber sehr müde. Deshalb stellen wir den Wecker auf 5:30 Uhr. Loyal schläft bis dahin fast gar nicht. Um sechs Uhr fragt er an der Rezeption nach einer Toilette. Er macht der Dame auch klar, dass wir nicht »einfach so« auf dem Parkplatz gecampt haben. Vielmehr wurden wir geradezu dazu gedrängt. Es stellt sich heraus, dass die Dame die Chefin der Nachtschicht ist und beim Schichtwechsel nicht über unseren Aufenthalt auf dem Parkplatz informiert worden war. Sie entschuldigt sich für die nächtliche Störung.

Draußen am Auto kommen nacheinander zwei Wachmänner und machen uns auf sehr unangenehme Art und Weise darauf aufmerksam, dass wir zu verschwinden hätten. Auf unser »Guten Morgen« reagieren sie nicht. Sie scheinen sich regelrecht darüber zu freuen, uns »rausschmeißen« zu dürfen. Sie grinsen bis über beide Ohren. Um 6:15 Uhr verlassen wir den Hotelparkplatz. Alles ist noch geschlossen. Nicht einmal die Bankautomaten funktionieren, weil sie über Nacht aus Sicherheitsgründen abgestellt werden. Wir fahren durch die Gegend und schlagen die Zeit tot. Ohne Geld wollen wir nicht weiterfahren, zumal wir tanken müssen.

Gegen neun Uhr verlassen wir endlich die Stadt mit Geld in der Tasche und Diesel im Tank. Wenn es in Angola nicht so teuer wäre, würden wir uns ein Hotel suchen und die nächsten ein bis zwei Tage nur schlafen und duschen. Wenn das Wörtchen »wenn« nicht wäre ...

»Straßenfunde«

Die Straßen in Angola werden zurzeit alle erneuert. Meist sind, wie in allen anderen afrikanischen Ländern, Chinesen am Werk. Wir kommen gut voran und genießen das Fahren durch die wunderschöne Landschaft. Auffällig ist, dass neben der Straße alle paar hundert Meter ein Autowrack liegt. Wir können die vielen alten oder ausgebrannten Autos bald schon nicht mehr zählen. Ein paar Mal sehen wir auch alte Panzer oder Panzerteile, Überbleibsel des 27 Jahre andauernden Bürgerkriegs, der mit Unterbrechungen von 1975 bis 2002 im Land ausgetragen wurde. Was uns beiden aber noch viel negativer auffällt, sind die vielen überfahrenen Tiere auf der Straße. Wir zählen auf unserer Fahrt über zehn Hunde, die überfahren auf der Straße liegen. Niemand räumt sie zur Seite. Doch wir sehen nicht nur überfahrene Hunde, sondern auch Ziegen. Das ist hier neu für uns. Obwohl die Leute in den anderen afrikanischen Ländern viel krasser als in Angola gefahren sind, wurde nie die Nahrung der Anwohner überfahren. Alle haben aufgepasst und gebremst, falls Tiere die Straße überquert haben. Nur in Mauretanien haben wir mehrere Male überfahrene Esel am Straßenrand gesehen.

Horrende Preise

Wir haben im Vorfeld gehört, dass Angola sehr teuer ist. Um ein Visum zu bekommen, muss man mit einem Kontoauszug sogar nachweisen, dass man genügend Geldmittel zur Verfügung hat, um einen Angolaaufenthalt zu bestreiten. Wir wollen wie immer frische Lebensmittel in den Dörfern kaufen und glauben anfangs, dass die Leute uns auf den Arm nehmen wollen und uns »weiße Preise« genannt werden. Bald stellt sich aber heraus, dass es sich um ganz normale angolanische Preise handelt: Zwei Kilogramm Kartoffeln oder Zwiebeln kosten zehn US-Dollar, anderthalb Kilogramm Tomaten dasselbe. Für eine Honigmelone verlangen die Frauen fünf US-Dollar. Wir sind geschockt. Wenn das schon die Lebensmittelpreise auf dem Land sind, wie viel wird es dann erst in den Städten kosten? Wir kaufen während unseres Aufenthalts nur das Nötigste. Dazu zählt, neben Lebensmitteln, Wasser, das mehr als einen Euro pro Flasche kostet! Auch eine Dose Cola kostet etwa 1,20 Euro im Laden (nicht im Restaurant). Günstige Hotels beginnen bei 100 US-Dollar die Nacht.

Wir bedauern, dass alles so teuer ist, denn wir würden gern länger im Land bleiben. Allerdings lässt das unser Budget nicht zu. So fahren wir in nur fünf Tagen mehr als 2000 Kilometer von der Nordgrenze Angolas bis nach Namibia.

Quo vadis Angola?

In Angola fällt uns nicht nur auf, dass überall riesige neue Bauten entstehen und das Land zu boomen scheint, sondern dass ein Großteil der Bevölkerung in Lehmhütten und großer Armut lebt und sich nicht einmal die Grundnahrungsmittel leisten kann. Uns ist es ein Rätsel, wie diese Menschen überhaupt überleben.

Da es für das portugiesischsprachige Land keinen aktuellen Reiseführer gibt, recherchieren wir im Internet und finden heraus,

Im Süden Angolas ist es sehr trocken. Deshalb wird den Menschen Wasser geliefert und in diesen Wasserkissen gelagert.

dass Angola dank seiner Ölvorkommen nach Südafrika und Nigeria die drittgrößte Volkswirtschaft Subsahara-Afrikas ist. Das Land leidet zwar unter den Folgen des langen Bürgerkriegs, trotzdem gelang Angola in den letzten Jahren ein großer wirtschaftlicher Aufschwung mit dem größten Wirtschaftswachstum Afrikas. Die Bedingungen für in- und ausländische Unternehmen sind paradiesisch, vor allem China ist auf dem Vormarsch. Leider profitiert nur eine kleiner Teil der Bevölkerung von dieser Entwicklung. Die Einkünfte des Landes versickern bei den korrupten Herrschenden. Etwa ein Drittel der Angolaner ist teilweise oder vollständig von ausländischen Nahrungsmittelhilfen abhängig, 60 Prozent haben keinen Zugang zu ausreichend reinem Trinkwasser. Die Sterblichkeitsrate für Kinder unter fünf Jahren ist die zweithöchste der Welt (statistisch stirbt alle drei Minuten ein Kind), Lebra breitet sich weiter aus.

Auf uns macht Angola einen scheinbar stabilen Eindruck. Wir fragen uns aber, wie lang dieses Ungleichgewicht zwischen Arm und Reich noch existieren kann, ohne zu kollabieren. Es ist auffällig, dass viele im Land vom Ölboom profitieren, teure Fahrzeuge fahren und in teuren Restaurants speisen. Allerdings scheint die Regierung Angolas wenig dazu beizutragen, auch den Lebensstandard der armen Bevölkerung zu heben. Viele können sich das Gemüse auf dem Markt nicht leisten und sind davon abhängig, was ihr eigener Garten abwirft. Das Land investiert in die Infrastruktur, scheinbar aber vor allem deshalb, um den Transport des Öls innerhalb Angolas zu erleichtern. Außerdem entstehen überall in den Städten und sogar außerhalb moderne Wohnhäuser, die in den nächsten Monaten bezugsfertig sein müssten. Gibt es überhaupt genügend Menschen, die sich diese Wohnungen und Häuser leisten können? Sonst könnte es leicht passieren, dass die Häuser leer stehen und mit der Zeit wieder verfallen, weil die Entwicklung einfach zu rasant ist und die Bevölkerung gar nicht hinterher kommt.

Angola scheint für den Tourismus geradezu prädestiniert, was die Landschaft und die kilometerlangen Strände angeht. Aber wer kann sich Urlaub in Angola überhaupt leisten? Auch für unsere Verhältnisse sind die Preise extrem. Dazu kommt, dass die Kriminalität jetzt schon hoch ist und durch das starke Armutsgefälle in den nächsten Jahren sicherlich noch steigen wird. Schon jetzt kann man sich in der Hauptstadt Luanda tagsüber in manchen Vierteln nicht mehr bewegen, muss man die Autotüren in der Innenstadt von innen verriegeln. Nach Einbruch der Dunkelheit traut sich niemand mehr auf die Straße. Wenn die Regierung nicht bald auch die arme Bevölkerung in die Weiterentwicklung des Landes miteinbezieht, ist in meinen Augen die Gefahr eines neuen Bürgerkriegs in Angola groß.

Der Bauboom in Angola ist unübersehbar. Überall entstehen neue Siedlungen, die bisher unbewohnt sind.

Südliches Afrika

Namibia

Ankunft in Namibia

Nachdem wir nun seit vielen Monaten in Westafrika unterwegs gewesen sind, dabei auf vieles verzichtet haben und teilweise wirklich an unsere persönlichen Grenzen gestoßen sind, freuen wir uns sehr auf Namibia. Wir malen uns ein Land aus, das nicht nur frei von jeglicher Korruption, sondern auch touristisch voll erschlossen ist. Wir träumen von Supermärkten und Salat, von Eis und guten Straßen. Viele unserer Hoffnungen werden erfüllt, allerdings nicht alle. So haben wir gleich bei der Einreise Schwierigkeiten an der Grenze. Die Beamten behandeln uns unfreundlich und sind inkompetent. Wir haben gleich das Gefühl, dass man uns »Weiße« hier nicht besonders mag. Wir haben uns dazu entschlossen, einen kleinen Grenzübergang bei den Ruacana-Wasserfällen zu nehmen. Zum einen, weil uns die Wasserfälle interessieren, zum anderen, weil wir hoffen, dass der Grenzübertritt mit Paule dort unproblematischer sein würde.

Gegen 16 Uhr kommen wir an. Auf angolanischer Seite geht alles relativ schnell und problemlos – nach 15 Minuten können wir weiterfahren. Auf namibischer Seite parken wir den Wagen und ich steige aus. Gleich tritt ein in Militäruniform gekleideter Mann auf mich zu und fragt nach der Motornummer. Wie bitte? Ich weiß gar nicht, was er will. Wir öffnen die Motorhaube. Der Mann macht ein unglückliches Gesicht. Nirgends leuchtet ihm eine Motornummer entgegen (so wie er es zu erwarten scheint!). Auch Loyal kann ihm nicht weiterhelfen.

Ich lasse die Männer allein, nehme die Pässe und gehe zu den Immigrationsbeamten. Dort muss ich einen Ankunftszettel ausfüllen. Ich bin mitten im Ausfüllen, als der Militärtyp plötzlich eintritt, sich in einer Ecke niederlässt und mich zu sich winkt. »Was hast du im Auto dabei? Was hast du nach Namibia mitgebracht?« In der Annahme, dass es sich um Fragen zum Zoll handelt, antworte ich: »Einen Laptop und eine Kamera.«

»Schön, aber was hast du mir mitgebracht?«, sagt er und lächelt mich groß an.

»Gar nichts!« Das Lächeln verschwindet. Er wiederholt seine Frage. Ich werde unsicher.

»Ich brauche ein Geschenk. Ich soll euch doch auch über die Grenze lassen, oder?« Ich zögere.

»Astrid MacMillian!«, donnert es plötzlich von Seiten der Immigrationsbeamten.

»Ja?«, ich verlasse den Militärtypen und gehe zum Immigrationsbeamten, der meinen Pass in der Hand hält.

»Warum reden Sie mit dem anderen? Bleiben Sie gefälligst hier, wenn Sie ein Visum wollen!« Ich bin eingeschüchtert. Trotzdem winkt mir wieder der Militärtyp. Ich ignoriere ihn. Dieser macht aber solch ein böses Gesicht, dass ich es doch wage und nochmal zu ihm hingehe.

Er ist stinksauer. »Da gibt es keine Motornummer, so kann ich euch nicht durchlassen!«

Ruhig erkläre ich ihm, dass wir seit Marokko durch Afrika fahren und dass seitdem alle möglichen Beamten an den Grenzen ein Geschenk von uns wollten und wir deshalb wirklich gar nichts mehr haben!

Seine Wut wandelt sich in Mitleid. »Ja, in den anderen Ländern ist die Korruption wirklich schlimm!« Ich muss mir ein Lächeln verkneifen. Sein Mitleid ist so groß, dass ich ohne Geschenk davonkomme und er unser Carnet stempelt!

Wieder schreit der andere Beamte. Ich flitze zu ihm und erhalte meinen Pass zurück – mit Visum. Obwohl ich offiziell den Raum nicht verlassen darf, renne ich danach mit dem Antragsformular zu Loyal, damit dieser unterschreiben kann. Er selbst diskutiert gerade mit einer Frau, aber dazu später.

Die Immigrationsbeamten haben gar nicht mitbekommen, dass

ich abgehauen war. »Woher ist die Unterschrift Ihres Mannes? Haben Sie die gefälscht?«

»Nein, er hat gerade unterschrieben.« Als der Mann wissen will, für welchen Zeitraum Loyal ein Visum braucht, antworte ich: »Für dieselbe Zeit wie ich!« Er zieht eine Augenbraue hoch, stellt danach aber das Visum aus. Puh, geschafft. Zurück zu Loyal.

Da unser Hund Paule immer will, dass wir alle zusammenbleiben, passt es ihm gar nicht, dass ich den Landy verlasse, um unsere Visa zu beantragen. Loyal versucht ihn zu beruhigen. »Mit wem sprechen Sie?«, fragt ihn eine Frau vom Zoll und tritt nahe ans Auto heran.

»Mit unserem Hund«, antwortet Loyal wahrheitsgemäß. Paule macht wieder seine »Wohooo«-Geräusche, die sich nicht überhören lassen.

»Der Hund kommt hier auf keinen Fall rein!«, ist sich die Frau sicher.

»Warum nicht?«, meint Loyal. »Wir haben alle Papiere!«

»So? Er kommt hier nicht rein! Aber die Papiere können Sie mir ja trotzdem mal zeigen!« Loyal reicht ihr Paules Impfausweis. Die letzte Auffrischungsimpfung haben wir in Kamerun vornehmen lassen. Sie ist nur vier Wochen her. Hinter dem Datum hat der Arzt das gleiche Datum für 2014 notiert – dann ist die nächste Impfung fällig. Der Impfausweis ist auf Französisch. Die Beamtin versteht gar nichts. Loyal weist auf die Daten hin: »Sehen Sie, das ist die Erlaubnis für Namibia – die ist genau ein Jahr gültig!« Die Frau liest erneut, versteht immer noch nichts, reicht dann aber den Ausweis mit den Worten zurück: »Ja, wenn das so ist, dann kommt der Hund wohl doch hier rein!«

Die Beamten am Schlagbaum geben uns das Okay-Zeichen und Loyal startet den Motor. Wir fahren etwa zwei Meter, als wir von denselben Leuten, die uns gerade das Zeichen zum Weiterfahren gegeben haben, wieder gestoppt werden. Was ist nun los? Ich steige aus, gehe zu ihnen. »Jetzt müsst ihr noch die Straßengebühr bezahlen!«, rufen sie mir entgegen. Auch das noch. Und wir haben gar kein namibisches Geld. »Hier an der Grenze kann man kein Geld tauschen. Ihr müsst zurück nach Angola!« Wie bitte? Das ist doch wohl ein Scherz! Ich gehe zu Fuß zurück und erfahre, dass ich angeblich beim angolanischen Zollbeamten Geld wechseln kann. Der bietet mir einen denkbar schlechten Kurs an. Ich protestiere. Er ist beleidigt. Will nun gar nicht mehr tauschen. Ich schicke Loyal, aber auch der blitzt ab. Wir warten und warten, bis endlich eine andere Reisende kommt und uns südafrikanische Rand anbietet, die auch in Namibia akzeptiert werden sollen. Wir sind skeptisch, aber es klappt tatsächlich, die Zöllner nehmen das Geld. Nach über zwei Stunden können wir kurz nach 18 Uhr die Grenze endlich verlassen. Es wird schon dunkel und wir beeilen uns, einen Campingplatz zu finden.

Namibia ist ein riesiges, wenig besiedeltes Land, das im Norden während der Regenzeit fruchtbar und grün ist.

»Überflutungsgefahr« am *Hippo-Pool*

Wir kommen erst bei Einbruch der Dunkelheit auf dem Campingplatz an und suchen uns einen idyllisch gelegenen Platz direkt am *Hippo-Pool*, einem kleinen See. Überall stehen Schilder, die vor

Überflutung warnen, da direkt neben dem See ein Kraftwerk mit einem Staudamm steht. »Meinst du, es ist gefährlich, so nah am Wasser zu stehen?«, frage ich Loyal zweifelnd.

»Nein, bestimmt nicht. Hier steht doch, dass eine Sirene ertönen wird, wenn das Tal geflutet wird. Das macht man außerdem nur im Notfall!«, kann er mich beruhigen.

Um ein Uhr nachts weckt mich Loyal hektisch. »Hörst du das?«, fragt er mich. Ich kapiere gar nichts, doch Loyal ist schon dabei, den Fahrersitz leer zu räumen. (Nachts packen wir immer alles von hinten auf die vorderen Sitze, damit wir genug Platz zum Schlafen haben.) Nun höre auch ich es: Die Sirene tönt. Laut und deutlich. Loyal startet schon den Motor und in der Dunkelheit fahren wir langsam zum Eingang des Campingplatzes. »Hallo? Ist hier jemand?«, ruft Loyal in die Dunkelheit der Rezeption. Keine Antwort. Wir probieren herauszukommen, aber das Tor ist abgesperrt.

»Vielleicht kommt das Wasser nicht bis hier, sonst hätten die doch nicht abgesperrt und uns hier alleine gelassen!«, versuche ich uns beide zu beruhigen. Loyal ist nicht überzeugt: »Glaubst du, dass Afrikaner so etwas immer im Voraus planen?« Nein, das glaube ich nicht, denn zu oft haben wir es auf unserer Reise schon erlebt, dass die Einheimischen uns und sich selbst gefährlichen Situationen ausgesetzt haben, die man leicht hätte vermeiden können. Trotzdem lege ich mich wieder hin und schlafe weiter. Ich bin todmüde und der See ist ein ganzes Stück weit weg.

Als ich am nächsten Morgen aufwache, berichtet Loyal: »Die Zeltplatzbetreiberin hat gelacht, als ich ihr unsere Story erzählt habe. Die Sirene ertönt fast stündlich. Sie soll nur die Angler, die im Wasser stehen, vor dem steigenden Wasserspiegel warnen. Sie selbst dachte, wir wollen ohne zu bezahlen mitten in der Nacht abhauen!« Wir müssen beide lachen. Das ist ja nochmal gut gegangen.

Ruacana-Wasserfall ohne Wasser

Zwei Tage verbringen wir auf diesem idyllisch gelegenen Campingplatz bei 45 Grad im Schatten. Die Hitze ist unerträglich, aber wir sind froh, ein bisschen entspannen zu können. Das tägliche Autofahren in der großen Hitze empfinden wir beide als sehr anstrengend. Uns fehlt eine »Basis«, wo wir uns zu Hause fühlen können. Das Nomadenleben geht uns langsam auf die Nerven. Wie in Brazzaville tun wir zwei Tage nichts anderes als lesen und uns ausruhen – etwas anderes ist bei der Hitze auch nicht möglich.

Am dritten Tag stehen wir früh auf. Wir wollen zum Ruacana-Wasserfall und von dort aus weiter in den Süden. Der Wasserfall befindet sich direkt zwischen Angola und Namibia. Um dorthin zu gelangen, muss man an einem Grenzposten vorbei. Wir fahren den beschriebenen Weg und finden den Wasserfall nicht. Ich steige aus und laufe umher. Plötzlich fällt es mir wie Schuppen von den Augen: Das vor uns ist schon der Wasserfall, nur dass es kein Wasser gibt!

Wir können es nicht glauben. Es ist dieses Jahr wirklich sehr trocken. Obwohl wir in der Hauptregenzeit (Januar bis März) hier sind, gibt es kein Wasser! Wir sind enttäuscht. Außerdem fragen wir uns, wie die Menschen und Tiere in der Region bei so großer Trockenheit überleben können. Bei der großen Hitze tagsüber (mindestens 45 Grad im Schatten) ist es kaum auszuhalten.

Traveller-Bekanntschaften

Da es nur zirka zwei Millionen Namibier gibt und die Fläche des Landes fast zweieinhalb mal so groß wie Deutschland ist, ist Namibia sehr dünn besiedelt und wir haben bei unserer Fahrt in Richtung Hauptstadt das Gefühl, ausschließlich durch unbewohntes Gebiet zu kommen. Auf der gut instandgehaltenen Piste kommen uns stundenlang keine anderen Autos entgegen. Wir fühlen uns an die Westsahara erinnert, weil wir weit sehen und nichts Lebendiges in der fast schattenlosen Steppe ausmachen können. Kein Wunder: Die Sonne brennt heiß und ohne Schatten kann man sich im Freien eigentlich nicht aufhalten. Obwohl etwa die Hälfte der Bevölkerung unter der internationalen Armutsgrenze lebt, sehen wir auf unserer Reise durch das Land kaum arme Menschen.

Nach der bisher für uns strapaziösen Reise freuen wir uns über das gut ausgebaute Straßennetz und das große Hotel- und Hostelangebot. Wir bleiben erst ein paar Tage auf einem Campingplatz in Kamanjab, der in der Nähe eines Eingangs zum Etosha-Nationalpark liegt und Overlandern wie uns einen kostenlosen Stellplatz anbietet. In der Hauptstadt Windhoek campieren wir mit mehreren anderen Reisenden im Innenhof eines kleinen Hostels. So lernen wir in Namibia zwar keine Einheimischen kennen, allerdings viele andere Traveller.

Jos Oosterbroek ist einer von ihnen, wenngleich wir ihm schon im Süden Angolas begegneten. Etwa dreihundert Kilometer vor der namibischen Grenze sahen wir plötzlich am Straßenrand einen kleinen VW-Käfer, der mit vielen Aufklebern beklebt war. Sein Besitzer, Jos Oosterbroek, hatte im Schatten eines Baums gehalten. Wir bremsten scharf und hielten an. »Der Motor ist zu heiß geworden«, berichtete er uns durch unser Autofenster, »ich darf nicht schnell fahren. Außentemperatur plus Geschwindigkeit dürfen nicht mehr als 100 ergeben!« Wir rechneten nach, er durfte maximal 60 Stundenkilometer fahren. Und in der prallen Sonne war es noch heißer. Da würde er ja noch lange bis Namibia unterwegs sein.

Jos kommt aus Amsterdam und ist seit Anfang November 2012 auf Tour. Die ersten sechs Wochen (inklusive der Amsterdam-Dakar-Rallye) war er mit einem Freund gereist, in Gambia flog dieser nach Hause und ein anderer Freund begleitete ihn bis Kamerun. Seitdem ist er allein unterwegs. »Ich treffe aber meine Freundin in Windhoek. Sie reist mit mir durchs südliche Afrika«, verriet er uns.

Wir hatten schon von Jos gehört. An der Grenze zur Republik Kongo erzählte man uns, dass »ein Mann in einem flachen Auto«, vorbeigekommen wäre. Auch zwei Münchner, die in vier Wochen (!)

von München aus die gesamte Ostküste bis Kamerun entlanggefahren sind, sozusagen genau in entgegengesetzter Richtung zu uns unterwegs waren, und die wir auch an dieser Grenze trafen, erzählten uns von ihm. Nun endlich treffen wir ihn selbst.

»Kennst du zufällig Gavin Parker?«, wollen wir von ihm wissen. Er verneint. Wir erklären ihm, was wir von Gavin wissen: »Wir kennen ihn nicht persönlich, aber zwei Tage vor uns ist er über die Grenze in die Demokratische Republik Kongo gekommen. Der Beamte an der Grenze hat uns seine Einreiseformulare gezeigt. Gavin hat dort auch eine Afrikakarte mit seiner Reiseroute hinterlassen, die der Beamte uns spontan geschenkt hat!« Wir holen die Kopie hervor und betrachten Gavins Route.

»Eigentlich müssten wir ihn dann in den nächsten Tagen treffen«, meint Jos. Und so ist es auch!

Drei Tage später erreicht uns in Kamanjab über unsere Homepage folgende Nachricht: »Hallo, ich habe gerade einen Holländer in Windhoek getroffen. Ich sagte, ich heiße Gavin. ›Gavin Parker?‹, fragte mich der Holländer. Das war eine merkwürdige Antwort, mit der ich nicht gerechnet hatte. Scheinbar habt ihr eine meiner Reisekarten. Meldet euch bei mir, wenn ihr in Windhoek seid!«

Wir freuen uns, von Gavin zu hören, zumal wir sowieso vorhaben, am nächsten Tag weiter nach Windhoek zu fahren. Unser erstes Treffen ist schließlich irgendwie eher ein Wiedersehen als ein Kennenlernen. Wir erkennen sofort seinen Wagen und auch ihn. Die Freude über unser Treffen ist auf beiden Seiten groß. Gavin ist aus England und hat vor, so lange zu reisen, bis ihm das Geld ausgeht. Deshalb weiß er noch nicht, wann er wieder nach Hause fährt. Wir verbringen ein paar Tage zusammen im Hostel. Danach macht sich Gavin auf den Weg an die Küste. Er hat eine Lizenz für das Diamantengebiet in Namibia erhalten und wird dort ein paar Tage lang unterwegs sein. Das 26 000 Quadratmeter große Diamantenfundgebiet im Südwesten des Landes wurde 1908 zum Sperrgebiet erklärt, um unlizensierten und unkontrollierten Abbau zu verhindern. Noch heute übt es allein durch seinen Namen einen schier unbändigen Reiz aus. Allerdings ist es teuer und auch schwierig, an eine Lizenz zu kommen. Wir sind beeindruckt, dass Gavin es geschafft hat.

Im Hostel in Windhoek treffen wir auch Kristina und Peter aus Deutschland. Sie sind erst wenige Wochen in Afrika und fahren einen umgebauten VW-Bus, den sie einem Deutschen in Südafrika abgekauft haben, als sie ankamen. Ihr Plan ist es, sechs Monate mit dem VW-Bus durch Ostafrika zur reisen, danach in Deutschland ein Visum für Indien zu beantragen und weitere drei Monate als Backpacker in Asien zu verbringen. Da die beiden bisher noch kein Carnet de Passage und auch keine deutsche Zulassung haben, können wir ihnen mit ein paar Tipps weiterhelfen. Wir verbringen ein paar schöne Abende zusammen in Windhoek. Als wir uns trennen, sind wir uns sicher, dass sich unsere Wege in einem anderen Land wieder kreuzen werden. So groß ist Ostafrika nun auch nicht.

Paule unterm Messer

Da wir für die Einreise mit Paule nach Südafrika eine besondere Erlaubnis des staatlichen Veterinärs brauchen, bringen wir ihn in Windhoek zum Tierarzt, um alle Papiere zusammenzustellen. Dort legt uns die Ärztin nahe, Paule kastrieren zu lassen. Eigentlich hatten wir damit bis Deutschland warten wollen, um mögliche Komplikationen zu vermeiden. Da die Praxis aber nicht nur deutschsprachig ist, sondern auch einen sehr vertrauenswürdigen Eindruck auf uns macht, beschließen wir, die Operation gleich vor Ort durchführen zu lassen. So bringen wir Paule am Freitagmorgen nüchtern in die Klinik. Mir selbst geht es dabei gar nicht gut. Noch nie zuvor sind wir wirklich von Paule getrennt gewesen und auch wenn das für manche lächerlich klingen mag: Ich habe unseren kleinen Hund inzwischen ziemlich lieb gewonnen.

Die OP verläuft gut, aber unser Kleiner ist den restlichen Tag über von der Narkose ziemlich benommen. Er jammert nur wenig. Er ist wirklich tapfer. Wir verbringen ein paar Tage mehr als geplant in Windhoek und schon bald ist er wieder ganz fit und wir können uns auf den Weg zur Küste machen.

Deutsches Namibia

Namibia ist faszinierend: Wenn man gerade sechs Monate in Westafrika verbracht hat, wo die meisten Länder französischsprachig sind, hat man das Gefühl, »alles« in Namibia sei deutsch. Nicht nur, dass die meisten Schilder auf Afrikaans, Englisch und Deutsch geschrieben sind. Überall trifft man Menschen, die deutsch sprechen. Etwa 85 Prozent der Touristen, die wir getroffen haben, sind aus Deutschland, Österreich und der Schweiz. Und mindestens jeder zweite (weiße) Namibier – und wir sehen auf den Straßen, in den Hostels, Restaurants und Läden interessanterweise vor allem Weiße – spricht deutsch. Sogar die Tour durch Kolmannskoppe (die Diamantengeisterstadt in der Nähe von Lüderitz) ist auf Deutsch, ohne dass das irgendwo so angekündigt wurde. Etwa 50 Leute nehmen an der Führung teil und alle sprechen deutsch!

Loyal und ich besuchen die Deutsche Höhere Privatschule Windhoek (offizielle deutsche Auslandsschule) und erfahren, dass mindestens 75 Prozent der Schüler einen deutschsprachigen Hintergrund haben. Deutsch muss von allen Schülern bis zum Abitur auf hohem Niveau gelernt werden, auch wenn man »nur« das einheimische Abitur ablegen möchte. Alle Lehrer, die wir an der Schule treffen, sprechen deutsch. Frau Reiff, die uns die Schule zeigt, informiert sich auf Deutsch. Irgendwie erscheint uns alles wie in Deutschland und wir sind überrascht, mitten in Afrika eine »deutsche Oase« zu finden.

Obwohl Namibia nicht die einzige deutsche Kolonie in Afrika gewesen ist, hat dieses Land im Gegensatz zu Togo, Kamerun und Tansania eine Sonderstellung, weil nach dem Zweiten Weltkrieg nicht alle deutschen Siedler das Land verlassen mussten. Diese

Deutschnamibier leben teilweise nun schon in der fünften Generation in Namibia, haben die namibische und die deutsche Nationalität und bezeichnen sich selbst als Deutsche, wohingegen wir in Deutschland Geborenen für sie »Deutschländer« sind. Etwa 20 000 Namibier sprechen heute Deutsch als Muttersprache.

Besuch im staatlichen Krankenhaus: Ohrenarzt – Klappe die zweite

Da ich schon wieder Probleme mit meinen Ohren habe, beschließen wir, das gute Ärzte- und Krankenhausangebot in Windhoek zu nutzen und zum Arzt zu gehen. Namibia hat eines der besten medizinischen Systeme des Kontinents mit einem der besten Arzt-Einwohner-Verhältnisse Afrikas. Ein Arzt kommt auf etwa 3 300 Einwohner. Zuerst versuchen wir es bei einem Privatkrankenhaus, wo man uns leider an der Rezeption mitteilt, dass es hier keinen Ohrenarzt gibt und uns rät, ins staatliche Krankenhaus zu fahren. Dort müssen wir uns erst einmal orientieren, weil das Gebäude einfach riesig ist. Irgendwann finden wir die Anmeldung. Dort erfahren wir, dass wir zuerst einmal zum Arzt müssen, bevor wir (wieder zurück bei der Anmeldung) eine Patientenkarte bekommen. Nun beginnt die Suche. Das Krankenhaus erscheint uns wie ein Labyrinth. Wir landen in einem Teil, der gerade renoviert wird. Also alles wieder zurück. Irgendwann haben wir die Ohrenabteilung gefunden. Als wir der Empfangsdame sagen, dass uns bei der Anmeldung im Eingangsbereich des Krankenhauses eine Patientenkarte verweigert wurde, wird diese wütend, greift zum Telefonhörer und staucht die Person am anderen Ende der Leitung richtig zusammen. Danach bedient sie uns sehr höflich, stellt eine Karte aus und wir kommen gleich zum Arzt, der eher grob mit mir und meinen Ohren umgeht. Als wir danach wieder zur Anmeldung zurückgehen, um die Konsultation zu bezahlen, werden wir abgewiesen. »Ach, ihr habt ja jetzt eine Patientenkarte. Ja, dann müsst ihr hier nichts mehr machen!« Kopfschüttelnd verlassen wir schließlich, ohne etwas bezahlt zu haben, das Krankenhaus. Ob Arztbesuche im staatlichen Krankenhaus in Windhoek kostenlos sind?

Wildes Camping

Als wir von Windhoek aus nach Swakopmund an die Küste fahren, trauen wir uns seit Europa zum ersten Mal auf unserer Reise wild zu campen. Auf die Idee kommen wir, weil an unserer Strecke immer mal wieder Campingmöglichkeiten angelegt und ausgeschildert sind. Es ist herrlich. Wir sind ganz allein und campen in einer Nacht auf einem kleinen Hügel, von wo aus wir einen freien Blick über die ganze Ebene haben. Auch Paule genießt dieses wilde Campen, denn wir können ihn frei laufen lassen, weil es weit und breit weder Autos, noch Menschen, noch Tiere gibt. Was letztere angeht, haben wir uns allerdings ein bisschen getäuscht. Am nächsten Morgen sehen wir nahe unseres Platzes eine Herde Zebras.

Wir trauen uns hier in Namibia zum ersten Mal, wild zu campen.

Interessanterweise scheint Paule Respekt vor der Natur zu haben, denn er läuft hier nie sehr weit weg – ganz anders als in zivilisierten Gebieten!

Wiedersehen in Swakopmund

In der windigen Küstenstadt Swakopmund treffen wir Jos und Gavin wieder. Wir wohnen im selben Hostel wie Jos und seine Freundin und grillen abends zusammen. Da Jos eine neue Autobatterie braucht, fährt ihn Loyal zum Laden und siehe da – sie treffen Gavin, dessen Auto kaputt gegangen ist. Wir sind gespannt, wo wir uns wieder über den Weg laufen werden!

Swakopmund an sich ist zwar eine 33 000 Einwohner zählende Stadt, wirkt aber eher wie ein kleines, verschlafenes Dorf. Viele der Häuser sind in bunten Farben gestrichen. Wir sehen auf den Straßen viele ältere Menschen, was auf dem afrikanischen Kontinent eher ungewöhnlich ist. Von der Betreiberin unseres Hostels erfah-

Der Süden Namibias ist sehr trocken und windig.

ren wir, dass Swakopmund wegen seiner günstigen klimatischen Verhältnisse ein bevorzugtes Refugium für viele namibische und südafrikanische Ruheständler ist, liegt die Stadt doch nicht nur direkt an der Küste, sondern gleichzeitig auch in der Wüste Namib.

Bei der Weiterfahrt stellen wir fest, dass an der Küste ein Bauboom im Gange ist. Bleibt zu hoffen, dass es den Architekten gelingt, den malerischen Eindruck, den Swakopmund (bisher noch) auf den Besucher macht, zu erhalten.

Kein Handynetz

In Namibia bemerken wir, dass es außerhalb der Städte kaum Handyempfang gibt. Wir sind darüber sehr verwundert, haben wir doch festgestellt, dass es in allen westafrikanischen Ländern, durch die wir gekommen sind, in fast allen Ecken Empfang gibt. Nur ein einziges Mal haben wir es erlebt, dass es an der Grenze kein Netz gab: im Kongo. Und noch sehr lebendig sind uns die vielen bewachten Handymasten in Angola in Erinnerung. Alle paar Kilometer steht solch ein Mast, der immer von einem direkt nebenan in einer aus Plastikmüll gebauten Hütte hausenden Mann bewacht wird. Wir haben uns die ganze Zeit gefragt, warum die Netzbetreiber nicht etwas Geld investieren, um den Wachmännern ein Häuschen hinzustellen, damit sie nicht zu heruntergekommen leben müssen. Im Gegensatz zu den anderen bisher durchreisten Ländern wird man in Namibia nicht schief angeschaut, wenn man sich als »telefonlos« outet. Man kann auch ohne die Angabe einer Nummer durch den Alltag kommen.

Diese Diskrepanz ist aus unserer Sicht verwunderlich. Warum besteht in »armen Ländern«, in denen es weder Arbeit noch Touristen gibt, die Geld ins Land bringen, überall Handyempfang und warum besitzen die Leute alle mindestens ein Handy, obwohl sie nichts zu essen haben (oder weshalb sie nichts zu essen haben)? Und warum scheint es sich in einem „entwickelten" Land wie Namibia, wo viele Touristen sich über ein Handynetz „auf der Safari" freuen würden, für die Netzanbieter hingegen nicht zu lohnen, Masten aufzustellen? Daran lässt sich wohl erkennen, welchen Stellenwert das Handy und das Telefonieren bei den armen Menschen Afrikas hat. Auffälligerweise befinden sich in den Ländern, in denen es die meisten Masten gibt, auch die meisten NGOs und Hilfsprojekte, die die Bevölkerung mit Dingen, die wir »Westler« als lebensnotwenig erachten wie zum Beispiel Nahrung, Medizin etc. versorgen.

Angriff der Bienen

Auch unsere letzte Nacht in Namibia verbringen wir wild campend in den Bergen. Die Landschaft in Namibia ist wirklich herrlich und wir genießen es, dass das Gebiet so menschenleer ist. Am nächsten Morgen bereiten wir wie immer unser Frühstück vor: Loyal isst Haferflocken, ich Instantnudeln. Während ich dabei bin, das Auto wieder zu beladen und Loyal unser Geschirr abwäscht, kommen ein paar Bienen angeflogen und machen sich über die Essensreste und das Wasser auf dem unabgetrockneten Geschirr her. »Du, Astrid, wir sollten weiterfahren, es kommen immer mehr Bienen!«, meint Loyal plötzlich alarmiert zu mir. Wir packen schnell die Stühle in den Landy und wollen die hintere Tür schließen, aber schon haben sich Hunderte Bienen in unserem Moskitonetz, mit dem wir den Eingang vor Mücken schützen, verfangen.

»Ich kann die Tür nicht schließen, sonst drehen die Bienen im Netz durch«, meine ich zu Loyal.

Inzwischen schwirren noch mehr Bienen um den Landy. Wir haben keine Ahnung, wo die plötzlich alle herkommen. Vorsichtig steigt Loyal ein und startet den Motor. Ich sitze im hinteren Teil des Wagens und halte Paule fest, der völlig durchdreht und die Bienen fangen will. »Bienen können mehr als 30 Stundenkilometer schnell fliegen, wir müssen uns beeilen!«, ruft mir Loyal nach hinten gewandt zu und fährt los.

Es staubt, doch die Bienen bleiben dran. Als wir durch ein Schlagloch fahren, fällt hinten die Tür zu und die nun eingesperrten Bienen fliegen aggressiv um mich herum. Ich habe keine Chance, die Tür wieder zu öffnen, da sich bestimmt 30 Bienen direkt auf dem Türknauf niedergelassen haben. Rasch steigt Loyal aus, öffnet von außen die Tür und fährt dann schnell weiter. So geht es mehrere Male. Irgendwann gelingt es uns endlich, die Viecher loszuwerden. Glücklicherweise sind wir beide nicht auf Bienen allergisch und reagieren nicht hysterisch. Obwohl wir nicht gestochen wurden, ist mir bei diesem Bienenangriff ganz anders geworden.

Südafrika

Ankunft in Südafrika

Zwei Wochen nach unserer Einreise verlassen wir Namibia wieder. Wir sind traurig, weil es uns dort sehr gut gefallen hat. Die Grenzformalitäten sind schnell und leicht erledigt. Zwischen Namibia und Südafrika herrscht Zollunion, das heißt, wir müssen unser Carnet nicht stempeln lassen. In der kleinen Grenzstation gibt es nicht einmal einen Zollbereich. Der Polizist, der unser Auto untersucht, lacht, als er Paule sieht. Unsere Papiere und die Reiseerlaubnis für Paule schaut er kaum an. Ihn interessiert vielmehr, ob wir Waffen dabei haben. Wir verneinen und zeigen auf Paule. »Ach ja, er ist eure Waffe!«, meint der Beamte lachend.

Die Landschaft auf südafrikanischer Seite ist wie in Namibia atemberaubend. Das Land hat wirklich viel zu bieten. Auf der einen Seite die großen zerklüfteten Berge, die sich imposant rechts und links der Straße auftürmen. Berge, so weit das Auge blicken kann. Angesichts dieser Weite fühlt man sich als Mensch sehr klein. Auf der anderen Seite bieten beide Länder nicht nur diese trockene, steinige Landschaft, sondern gleichzeitig fruchtbare Gebiete und wilde Küsten. Das Meer ist hier meist aufgewühlt, der Wind weht sehr

Die Wüsten des Landes scheinen allgegenwärtig. Auch rechts und links der Straße finden sich immer wieder Dünen.

stark. Die Sandstrände scheinen endlos und sauber. Wir bedauern sehr, dass es hier so gefährlich sein soll, denn die Berge und Strände laden zum wilden Campen ein.

Gegen Abend halten wir die Augen nach einem Campingplatz offen. Der erste, den wir ansteuern, ist nicht nur teuer, sondern akzeptiert unsere namibischen Dollar nicht. Wir sind irritiert: In Namibia kann man überall problemlos mit südafrikanischen Rand bezahlen, manchmal bekommt man beim Bezahlen auch Rand anstatt namibische Dollar raus. Obwohl beide Währungen genau gleich viel wert sind, kann man hier in Südafrika plötzlich nicht mehr mit namibischen Dollar bezahlen.

Wir fahren weiter und auch beim nächsten Campingplatz will der Betreiber unser Geld nicht akzeptieren. Loyal hakt nach und angesichts der Tatsache, dass wir an diesem Tag die einzigen Gäste sind, willigt der Betreiber ein, unsere namibischen Dollar anzunehmen. Wir haben Glück.

Budget-Probleme

Wir verbringen eine ganze Woche in Kapstadt, einer faszinierenden Stadt. Wir können kaum glauben, noch in Afrika zu sein, als wir in dieser modernen Metropole ankommen. Loyal fühlt sich vielmehr an Kalifornien erinnert: Große Straßen und riesige Einkaufszentren prägen das Stadtbild, das Klima ist angenehm warm, im neu angelegten Hafengebiet flanieren Menschen in der Sonne, speisen in Restaurants oder trinken ein Feierabendbier in einer der vielen Bars. Surfen und andere sportliche Aktivitäten werden hier groß geschrieben, was uns sehr gefällt.

Das Hostel, in dem wir untergekommen sind, liegt etwas außerhalb, ist für südafrikanische Verhältnisse sehr günstig und vor allem sehr gemütlich. Wir merken, dass sich das Leben in Namibia und Südafrika für uns deutlich angenehmer und einfacher als in den westafrikanischen Ländern gestaltet. Allerdings geben wir viel mehr Geld aus, weil wir nicht umsonst im Hof von Einheimischen campieren und fast jeden Tag im Supermarkt einkaufen gehen. Wir freuen uns, oft Fleisch essen zu können, das allerdings etwa genauso viel kostet wie bei uns in Deutschland, teilweise sogar eher mehr.

Auch die Übernachtungen sind in Südafrika nicht besonders günstig. Obwohl wir in der Nebensaison hier sind, kosten die Campingplätze, die außer fließend kaltem Wasser nichts bieten, pro Nacht 15 Euro aufwärts. Dazu kommt, dass Stella in Windhoek in einer Land Rover-Werkstatt »durchgecheckt« wurde, was uns mehr als 1 000 Euro gekostet hat. Zu guter Letzt ist Paule in Namibia kastriert worden und wir haben dort auch gleich den Tollwut-Antikörper-Bluttest machen lassen, dessen positives Ergebnis wir brauchen, um Paule nach Europa einzuführen. Unsere Ausgaben haben sich in den letzten Wochen ganz schön zusammengeläppert.

Immer wieder werde ich gefragt, wie man so ein Jahr finanziell plant. Da ich im Sabbatjahr bin, bekomme ich regelmäßig mein Gehalt. Außerdem haben wir schon vorher eine gewisse Summe angespart. Mit dem Geld für die *BNN*-Artikel konnten wir lange

Zeit einen Teil unserer Lebensmittel bezahlen. Im Schnitt haben wir zu zweit in Westafrika 40 Euro pro Tag ausgegeben, inklusive Sprit und Visakosten. Nun merken wir, dass wir, im Vergleich zu Westafrika, das Dreifache (und mehr) in der Woche ausgeben. Das macht uns etwas nervös und wir beschließen, uns schon bald auf den Weg nach Mosambik zu machen. Da ist nur ein Haken: Es ist so angenehm in Südafrika ...

Gesperrte Kreditkarte

Wir sind es von zu Hause gewöhnt, innerhalb einer Woche zwei- oder mehrmals Geld vom selben Automaten abheben zu können, was ich in Deutschland auf jeden Fall schon sehr oft getan habe. Wenn man das hingegen in Afrika macht, ist man gleich sehr verdächtig! Warum ist mir bis heute noch nicht ganz klar.

Hier kann man an den meisten Automaten nur mit der Kreditkarte Geld abheben. Manchmal ist es auch mit der Maestro-Karte möglich, aber das ist eher die Ausnahme. Es gibt sogar Dinge, die man nur mit Kreditkarte und nicht bar bezahlen kann. So stehen wir zum Beispiel im Touristenbüro im Zentrum von Kapstadt und wollen zwei Touren buchen: nach Robben-Island und auf den Tafelberg. So wie normale Touristen eben. Leider können die Touren nicht in bar, sondern nur mit der Karte bezahlt werden. Ich könnte verstehen, wenn meine Bank es verdächtig finden würde, dass wir Touri-Tickets buchen, weil das gar nicht zu unserem bisherigen Reiseverhalten passt. Aber das ist nicht das Problem. Die nette Dame bei der Touristeninfo versucht meine Kreditkarte einzulesen. »Die Karte ist gesperrt!«, ist die ernüchternde Aussage nach drei Versuchen. Ich bin geschockt. Male mir schon aus, dass alles Geld weg ist. Überlege, wo ich Verdächtige gesehen haben könnte, die meine Kartendaten ausspioniert haben. Sofort verziehen wir uns ins nächste Internetcafé, um der netten Sachbearbeiterin meiner Bank zu schreiben.

Am nächsten Tag die Antwort: »Ja, Ihre Karte wurde geblockt. Ich habe Bescheid gegeben und jetzt geht sie wieder. Aber sie kann jederzeit neu geblockt werden! Sie haben sich verdächtig gemacht, weil Sie innerhalb einer Woche zwei Mal 180 Euro vom selben Geldautomaten abgehoben haben!« Ich lese den letzten Satz drei Mal. Kann es auch danach nicht glauben.

»Was soll denn daran verdächtig sein?«, antworte ich umgehend. »Als Tourist im Ausland sind 350 Euro in einer Woche (zumal ich danach eine Woche gar nichts abgehoben habe!) ja wohl nichts Ungewöhnliches, oder?« Ich erinnere daran, dass ich vor der Abreise einen ausführlichen Reiseplan an die Kreditkartenstelle geschickt habe. Auch meiner Sachbearbeiterin erscheint diese Sperrung ungewöhnlich. Auf Nachfrage erfährt sie aber nur, dass das wieder vorkommen könnte, weil die Kartenzahlung im Touribüro verdächtig war. Ganz ehrlich: Hat jemand schon einmal von einem Fall gehört, bei dem die Kreditkarte missbraucht/gefälscht wurde, um danach Karten für eine Touristenattraktion zu bezahlen? Ich versuche mir einen »durchschnittlich kriminellen« Südafrikaner vorzustellen, der denkt: »Endlich habe ich das Geld, um auf den Tafelberg zu fahren und meine Stadt von oben zu sehen! Davon habe ich immer geträumt!« Und ganz ehrlich: Wer würde es diesem Kriminellen in so einem Fall nicht sogar gönnen, endlich seine Stadt von oben zu sehen?

Ich bin jedenfalls genervt, weil meine Karte hier in Südafrika häufiger nicht funktioniert und mich in unschöne Situationen bringt. Außerdem konnten wir nun keine der beiden Touren machen, weil sie entweder tagelang ausgebucht oder wegen zu viel Wind gesperrt waren.

Einheimische kennenlernen ist schwierig

So angenehm es ist, in Südafrika unterwegs zu sein und den westlichen Standard zu genießen, so schwer ist es, mit Einheimischen in Kontakt zu kommen. Wir werden überall freundlich behandelt, aber es entwickeln sich nur wenige Gespräche. An einer Tankstelle lernen wir einen netten Deutschen kennen, der mit seiner (weißen) südafrikanischen Frau eine Farm betreibt und auf dem Weg nach Kapstadt ist, wo er ein Haus mit Meerblick besitzt. Auf Deutsch auf unsere Tour angesprochen berichten wir von unserer Reise. Die beiden sind sehr nett und haben viele Tipps für uns. Das Einzige, was sie nicht tun, ist, uns zu sich nach Hause einzuladen. Scheinbar kennen sie viele Menschen, haben viele Kontakte. Aber sie bieten uns nicht an, uns mit diesen Leuten zusammenzubringen. Vielleicht sind sie misstrauisch, weil sie viel zu verlieren haben. Das erinnert uns an Deutschland, wo die meisten wahrscheinlich auch niemanden, den sie gerade auf der Straße kennengelernt haben, zu sich nach Hause einladen würden. In anderen afrikanischen Ländern haben wir es immer wieder erlebt, dass Menschen, die nicht einmal unsere Namen kannten, uns mit zu sich nach Hause nahmen – reiche wie arme. Auf unserer Reise lernten wir auch Deutsche kennen, die uns immer direkt zu sich nach Hause einluden. Schade, dass es hier wieder anonymer ist und die Menschen misstrauischer sind. »Das hat sich in den letzten zehn Jahren sehr verändert«, erzählt uns Mickey, den wir im Hostel kennenlernen und der Südafrikaner ist, inzwischen aber in England lebt. »Früher waren die Leute hier auch sehr offen, haben sich gegenseitig geholfen und waren nicht so misstrauisch.« Wir haben nach diesem Gespräch das Gefühl, zehn Jahre zu spät zu kommen. Ohne direkten Kontakt zur Bevölkerung bekommt man nicht wirklich etwas vom Land mit. Vielmehr erlebt man klassischen Tourismus, trifft andere Reisende, lebt in Hostels und auf Campingplätzen. Wir sehen nur die touristische Seite des Landes, der Rest bleibt uns leider verschlossen.

Immer nordwärts – gen Heimat

Nachdem uns die vielen Touristen am Kap der guten Hoffnung, dem südwestlichsten Punkt Afrikas, genervt haben und es kaum

Am Kap der guten Hoffnung, dem südwestlichsten Punkt Afrikas, ist das Meer aufgewühlt und rau.

möglich war, ein Foto ohne Japaner im Bild zu machen, beschließen wir, zum südlichsten Punkt des Kontinents zu fahren, zum Kap Agulhas. Die Strecke ist wunderschön. Wir sehen sogar Pinguine – in freier Wildbahn!

Das Kap Agulhas bildet den südlichsten Punkt des afrikanischen Kontinents. Hier treffen offiziell der Atlantische und der Indische Ozean aufeinander.

Am Kap Agulhas sind nur wenige Touristen und die, die da sind, sind entspannt. Wir kommen problemlos an unsere Fotos. Bei der Weiterfahrt realisieren wir: Südlicher geht's nicht mehr! Jetzt geht es nur wieder nach Norden! Jeder Kilometer ist ein Schritt in Richtung Deutschland, in Richtung Heimat. Wir freuen uns – aber ein kleines bisschen Wehmut schwingt auch mit. Die Hälfte unserer Reise ist auf jeden Fall vorbei ...

Langwieriger Geldwechsel in Plettenberg

Fast zwei Wochen lang hoffen wir, in einem Hostel andere Reisende zu treffen, die nach Namibia wollen, um unsere namibischen Dollar loszuwerden. Dann geben wir auf und beschließen, das Geld in einer Bank zu wechseln und die Wechselgebühren zu schlucken.

Um etwa zehn Uhr betrete ich, mit meinem Reisepass bewaffnet, in Plettenberg eine Filiale der großen FNB-Bank. Am ersten Schalter bringe ich mein Anliegen vor, werde angelächelt und warte danach fünf Minuten darauf, dass die Dame mit meinem Pass und einer Kopie zurückkehrt. Danach gehe ich zum nächsten Schalter, wo ich fast eine Viertelstunde warten muss, weil der Mann vor mir auch auf die glorreiche Idee gekommen ist, Geld wechseln zu wollen. Ich bin erleichtert, als ich endlich an der Reihe bin und der Frau auch schon meine Passkopie präsentieren kann. »Ja, hier können Sie Geld wechseln«, bestätigt sie meine Frage. Ich hole meine namibischen Dollar hervor – fast 1 000 (ca. 100 Euro) sind mir noch geblieben – und reiche sie unter dem Panzerglas auf die andere Seite durch. Die Frau nimmt die Scheine, hält sie ins Licht, streicht sie glatt und betrachtet sie genau. »Was ist das?«, will sie dann wissen.

»Das sind namibische Dollar, die ich gerne in Rand tauschen will.« Sie sucht in ihrem Computer, findet etwas.

»Ja, diese Währung gibt es«, murmelt sie vor sich hin. »Sie werden entschuldigen, aber ich habe solche Scheine noch nie gesehen!«, meint sie daraufhin. Ich kann es nicht fassen. Sie arbeitet doch in einer Bank und die Währung ist aus dem Nachbarland. »Ich kann nicht beurteilen, ob diese Banknoten echt sind oder nicht und unser Überprüfungsapparat ist kaputt«, sagt sie und schaut mich abwartend an. Auch ich warte. Als klar ist, dass sie nichts mehr sagen wird, hake ich nach:»Heißt das, Sie wollen dieses Geld nicht wechseln?«. Ich kann und will es nicht glauben.

»Warten Sie, ich werde meinen Kollegen rufen, aber das kann dauern!« Doch schon nach fünf Minuten taucht der Kollege auf, nimmt das Geld in die Hand und meint:»Ja, das sind namibische Dollar.« Die Sachlage ist also klar und ich atme erleichtert auf.

»Aber woher wissen wir, ob die echt sind?«, zweifelt die Dame weiter. Langsam bin ich echt genervt. Dem Angestellten kommt eine Idee:»Woher haben Sie dieses Geld?«

»Aus Namibia natürlich!« Die Antwort fällt nicht schwer.

»Aber wer hat Ihnen das Geld gegeben?«

»Der Automat hat's ausgespuckt!« Ich bin kurz davor, die Filiale zu verlassen. Hinter mir hat sich eine lange Schlange gebildet.

»War es unsere Bank? Dann zeigen Sie uns bitte den Abhebungsbeleg!« Auch das noch. Ich habe von den letzten sechs Monaten zig Abhebungsbelege in meiner Tasche. Die krame ich nun hervor und beginne zu suchen. Viele Belege sind schon verblichen und nicht mehr lesbar. Nach etwa zehnminütiger Suche werde ich endlich fündig und halte tatsächlich einen FNB-Schein in der Hand, der einen Betrag von namibischen Dollar aufweist. (Es ist eine der Abhebungen mit Kreditkarte, die mich in den Augen meiner deutschen Bank verdächtig gemacht hat!) Der Angestellte ist zufrieden. Der Beleg wird tatsächlich kopiert, die Kopie an die Passkopie geheftet und die Frau geht die Rand-Scheine holen – zumindest dachte ich das. Stattdessen gibt sie mir ein weiteres Formular, das sie gerade ausgedruckt hat und das ich nicht nur unterschreiben, sondern in das ich nun auch noch diverse Informationen eintragen muss. Adresse in Südafrika? Ich trage »Land Rover« ein. Telefonnummer in Südafrika? Keine Ahnung! Ich bin sehr ungeduldig, unterschreibe den Zettel und will mein Geld. Aber ich habe nicht mit der Gründlichkeit einer Bankbeamtin gerechnet. Sie schiebt das Formular zurück und ich versuche, mir Antworten auszudenken. Am Ende erhalte ich mein Geld, abzüglich von fast acht Euro, die die Bank als Gebühr einbehält. Gegen elf Uhr verlasse ich die Filiale.

Masifunde in Port Elizabeth –
Gelingende Entwicklungshilfe

Von Iris Tucek, die unsere Berichte in den *BNN* gelesen hat, haben wir die E-Mail-Adresse von Jonas bekommen, der uns ihrer Aussage nach sicherlich in seinem Garten übernachten lassen würde. Wir sind neugierig auf diesen Jonas, der ja scheinbar in Südafrika lebt, trotzdem aber fremde Menschen in seinem Garten schlafen lässt. Wird das vielleicht die »Wende« in unseren Erfahrungen mit Südafrikanern?

Wir mailen ein paar Mal (auf Englisch und Deutsch) hin und her, ich versuche ihm in etwa unseren Ankunftstag mitzuteilen, was auf unserer Reise sehr schwierig ist, weil wir morgens nie wissen, bis wohin wir es schaffen werden.

»Wir haben ein Büro mit Garten, in dem ihr gern eure Zelte aufschlagen könnt. Im Büro gibt´s Duschen, aber keine Schlafzimmer. Was genau benötigt ihr?« Eine interessante Antwort. Auf der Fahrt nach Port Elisabeth überlegen wir, was es mit dem Büro auf sich haben könnte und wer Jonas wohl ist. Uns kommen viele Ideen – realistische und absurde.

Wir finden das Haus auf Anhieb – ein gepflegtes, großes »Herrenhaus«. Vorsichtig klopfen wir und erklären der jungen Frau, die uns öffnet, dass wir Jonas suchen. Während wir auf ihn warten, studieren wir die vielen Zeitungsartikel, die an der Wand hängen. »Scheinbar ist das hier eine NGO mit dem Namen *Masifunde*«, meint Loyal leise zu mir. Jonas begrüßt uns sehr herzlich und es stellt sich heraus, dass er Deutscher ist. Wir dürfen unseren Landy hinterm Haus im riesigen Garten parken. Ein toller Platz.

Wir fühlen uns wohl und kommen mit einigen der Mitarbeiter in Kontakt. Kevin ist aus Kenia und selbst mehrmals mit dem Land Rover die Ostküste Afrikas entlanggefahren. Er ist Architekt und entwirft für die Organisation das neue Kulturzentrum im nahe gelegenen Walmer Township. Selina ist aus Deutschland, macht gerade ein einjähriges Volontariat bei *Masifunde* und hat nicht nur Besuch von ihren Eltern, sondern auch von ihrer Freundin Katrin. Ja, und dann ist da noch Jonas, der *Masifunde* in Port Elizabeth leitet und dort seit vielen Jahren lebt. Von ihm erfahren wir auch, was *Masifunde* eigentlich ist: *Masifunde* heißt auf isiXhosa, einer in Südafrika gesprochenen Sprache mit Schnalzlauten, »Lasst uns lernen« und hat sich zum Ziel gesetzt, mehr Bildungs- und Chancengerechtigkeit für Kinder und Jugendliche in Südafrika zu erreichen. Der Teufelskreis der Armut soll durchbrochen, neue Zukunftsperspektiven eröffnet werden. Durch umfassende schulische wie außerschulische Bildungsprogramme werden junge Südafrikanerinnen und Südafrikaner zu Vorbildern ihrer Gesellschaft ausgebildet, sogenannte »changemaker«. Diese sollen ihr erworbenes Wissen an die Gemeinschaft weitergeben und gleichzeitig Verantwortung für die Mitmenschen übernehmen.

Masifunde wählt diese Jugendlichen nach gezielten Kriterien im Walmer Township, einem Armenviertel in Port Elizabeth, aus. Sie müssen nicht nur begabt, sondern auch motiviert sein, etwas verändern zu wollen. Die Förderprogramme sind bei Masifunde vielfältig und reichen von Stipendien für den Schulbesuch bis zu außerschulischen Workshops und Projekten. Das Konzept klingt vielversprechend und wir sind beeindruckt, eine NGO kennenzulernen, die unserer Meinung nach anders als viele andere arbeitet und sehr viel nachhaltiger wirkt.

Im Büro vor Ort arbeiten Südafrikaner aus dem Township und Deutsche zusammen. Das ist sicherlich nicht immer leicht, denn die deutsche und afrikanische Mentalität sind unterschiedlich: So schön es mit der deutschen Genauigkeit und Pünktlichkeit auch sein mag, so schwierig kann es sein, die »deutsche Distanz« zu brechen beziehungsweise Deutsche als warmherzig zu empfinden. Afrikaner gehen oft lockerer auf andere zu, zeigen schneller ihre Gefühle.

Wie sehr haben wir uns an unser Erlebnis in Kamerun erinnert gefühlt, als uns Selina erzählt, dass die südafrikanischen Mitarbeiterinnen bei der Planung des Sommercamps (der Jahreshöhepunkt für die Jugendlichen im Walmer Township) nicht so sehr davon zu überzeugen waren, als Nachtisch Obstsalat anzubieten. »Ich fand das total komisch, denn Obstsalat ist ja nicht nur sehr lecker, sondern auch gesund und wir sollten doch eine gesunde Verpflegung vorbereiten«, zeigt sich Selina verwundert. Wir müssen herzlich über diese Situation lachen. Es tut so gut, von anderen zu hören, dass sie ähnliche Dinge ungewöhnlich fanden.

So sehr ich auch der Meinung war, dass NGOs eigentlich nicht helfen, sondern hauptsächlich den Gebenden ein »gutes Gefühl« verkaufen, so sehr hat mir das Konzept gefallen, das Jonas uns vorgestellt hat. Da *Masifunde* in Deutschland auch Lehrer unterstützt und Workshops für Schulen anbietet mit dem Ziel, den Schülern ein realistisches Afrikabild näherzubringen und Wege aufzuzeigen, wie man sich wirkungsvoll für das Wohl anderer einsetzen kann, nehme ich mir fest vor, zurück in Deutschland *Masifunde* an meine Schule einzuladen.

Loyal und ich haben uns in Port Elizabeth so wohlgefühlt, dass wir fast eine ganze Woche dort geblieben sind, bevor wir uns auf den Weg Richtung Durban und damit in Richtung Swasiland begeben.

Homepage-Katastrophe

Während unserer Zeit in Port Elizabeth lässt sich plötzlich unsere Homepage nicht mehr öffnen. Wir bekommen gleich besorgte E-Mails von unseren Freunden und Familien. Da wir bei der Erstellung unserer Internetseite Unterstützung eines Freundes hatten, fragen wir bei ihm nach. Es stellt sich heraus, dass der Server, auf dem unsere Homepage gespeichert ist, platt gemacht wurde und mit ihm unsere Homepage. Unser Freund war zwar im Vorfeld vom Betreiber darüber informiert worden, hatte es allerdings verschwitzt, unsere Homepage auf den neuen Server umzuziehen. Wir können es beide nicht glauben. Alles weg? Unser Freund versucht uns gleich zu beruhigen: Er werde sich sofort darum kümmern. Am nächsten Tag lässt sich unsere Homepage glücklicherweise wieder aufrufen, allerdings ist alles weg, was wir seit Januar geschrieben und gepostet haben. Zwei Monate Arbeit – alles futsch. Wir fühlen uns beide wie erschlagen. Wir brauchen ganze drei Tage, um wieder alle BNN-Artikel und Blogeinträge hochzuladen. Zum Glück habe ich alle auf unserem Rechner gespeichert. Leider sind die Gästebucheinträge für immer verloren.

In den 60ern stehengeblieben

Bei unserer Reise durch Südafrika fällt uns auf, dass viele Unterkünfte und deren Ausstattung in den 60ern stehengeblieben sind. So erleben wir auf einem Campingplatz, dass es im Frauenbereich fast ausschließlich Badewannen gibt – mit den englischen Wasserknäufen, einer für kalt, einer für heiß –, aber nur eine funktionierende Dusche. Ich bin entsetzt, zumal die Badewannen nach all den Jahren der Benutzung wirklich nicht einladend aussehen. Außerdem existieren hier in Südafrika Frauen- und Männerbars. »Das gab es früher auch bei uns in den USA«, erinnert sich Loyal, »aber heutzutage kaum noch.« Hier scheint es immer noch ganz normal zu sein. Wir wundern uns.

Kinder unerwünscht!

Hier in Südafrika erleben wir zum allerersten Mal, dass wir mit Paule nicht überall mit offenen Armen empfangen werden. Immer mal wieder werden wir von Campingplatzbetreibern oder Hostelbesitzern abgelehnt. Anfangs bin ich darüber noch betrübt, danach entdecke ich aber etwas im Reiseführer, das mich viel mehr erschreckt: In vielen Hotels sind Kinder unerwünscht. Manchmal findet man Sätze wie:»Kinder erst ab 12 Jahren!« Auf kinderfreundliche Hotels wird besonders hingewiesen.

Scheinbar haben sich die Menschen hier an »Trennungen« gewöhnt. Ein Hostel lehnt uns ab, weil wir nicht schwul sind.»Nur schwule Männer sind bei uns willkommen!«, bekommen wir zu hören. Merkwürdig, dass einem diese Ablehnung von Menschen entgegen gebracht wird, die selbst häufig genug erlebt haben wie es ist, abgewiesen zu werden.

»Trennung« ist in Südafrika überall präsent: Männer- und Frauenbars, Hotels für Alte und Junge, Hostels für Hetero- und Homosexuelle. Nur nach Hautfarbe darf offiziell nicht mehr separiert werden, was im Alltag allerdings kaum auffällt, da es Viertel mit vorwiegend weißer Bevölkerung und Viertel mit farbiger Bevölkerung gibt, in vielen Supermärkten und Restaurants vor allem weiße Kunden zu sehen sind, in anderen vor allem schwarze. Oberflächlich betrachtet gewinnt man den Eindruck, dass sich die schwarze und weiße Bevölkerung wenig mischt, was sicherlich auch auf unterschiedliche Interessen und Vorlieben zurückzuführen ist. Auffällig ist auch, dass wir nur selten »gemischte« Pärchen sehen.

Miniröcke

In Südafrika gibt es an den meisten Schulen eine Schuluniformpflicht. Nach Schulschluss sind die Straßen voller Uniformen. Diese orientieren sich in Südafrika meist an England: Lange oder kurze Hosen für die Jungen und ein Hemd mit Krawatte, Röcke und Blusen mit Krawatte für die Mädchen. Nur an wenigen Schulen, z.B. an der Deutschen Schule in Kapstadt, haben wir Mädchen in Hosen gesehen. Auffällig ist die Länge der Röcke: Meistens handelt es sich um Miniröcke, die kaum über den Po reichen. So sehen schon die kleinen Grundschulmädchen »sexy« gekleidet aus, von den Jugendlichen ganz zu schweigen. »Meinst du, dass sich Männer hier durch die Kleidung der Mädchen animiert fühlen könnten?«, frage ich Loyal nachdenklich.

»War Südafrika nicht das Land, in dem es so viele Vergewaltigungen gibt?«, bekomme ich darauf als Antwort.

Bis heute existieren Gerüchte, die in Südafrika vor allem von traditionellen Heilern, sogenannten »Sangomas«, verbreitet werden, dass HIV-Infizierte ihre Krankheit durch Sex mit einer Jungfrau behandeln könnten. Die Folge ist, dass weiterhin viele weibliche Babies und Kinder vergewaltigt werden. Wir bezweifeln, dass die äußerst kurzen Schulröcke der HIV-Bekämpfung von Hilfe sind. In keinem anderen Land Afrikas haben wir bisher so kurze Schulröcke gesehen!

Abtreibungen in Südafrika

Als wir uns in Port Elizabeth mit Selina, der Volontärin bei *Masifunde*, unterhalten haben, kamen wir auf das Thema Schwangerschaften zu sprechen: »In unserem Reiseführer steht, dass etwa 50 Prozent der Schwangerschaften ungewollt sind«, erzähle ich ihr.

»Das kann ich mir gut vorstellen«, bestätigt sie, »es ist hier sogar so, dass Abtreibungen kostenlos sind. Allerdings sind die Listen in den Krankenhäusern endlos lang, sodass viele dann nicht mehr abtreiben können, weil sie den erlaubten Zeitraum überschritten haben!«

Wir sind geschockt: Kostenlose Abtreibungen und endlose Listen. Auch wenn es gut und richtig ist, dass die Regierung Südafrikas den Frauen ein Recht auf Selbstbestimmung über ihren Körper einräumt und ihnen einen kostenlosen Zugang zu Krankenhäusern, in denen Abtreibungen professionell durchgeführt werden können, ermöglicht, so erscheint die Aidsbekämpfung im Land angesichts dieser Tatsachen doch weiterhin sehr schwierig – wenn nicht gar unmöglich, da man davon ausgehen muss, dass junge Menschen trotz der großen Aufklärungskampagnen gegen HIV keinen geschützten Geschlechtsverkehr haben.

Swasiland – Kleines, kaltes Land mit Mülltrennung

Wir verlassen Südafrika und schon beginne ich zu frieren. Da das Wetter in Swasiland wenig einladend ist – es ist kalt und regnet ohne Pause –, bleiben wir nur eine Nacht in Manzini und verbringen sie in einem Hostel. Dort fällt uns vor allem die Mülltrennung auf: In mindestens fünf verschiedene Mülleimer werden die Abfälle aufgeteilt. Alles ist genau beschriftet. Überall im Hostel hängen Schilder mit Verhaltensanweisungen. So etwas haben wir auf unserer bisherigen Reise noch nicht erlebt.

Im Gegensatz zu Südafrika gilt Swasiland eigentlich als sehr sicheres Reiseland. Doch als wir in Richtung der mosambikanischen Grenze weiterfahren, kommen wir durch einen Nationalpark und sehen folgendes Schild am Eingang: *Fußgänger und Fahrradfahrer Vorsicht: freilaufende Löwen und Hyänen!* Wir fragen uns, was man als Fußgänger oder Fahrradfahrer so macht, wenn man einem Löwen begegnet. Verboten scheint die Durchfahrt für Fußgänger und Fahrradfahrer nämlich nicht zu sein!

Die westafrikanische Küste – eine Bilanz

Gedanken zu Westafrika

Wir haben 20 afrikanische Länder durchquert und etwa 30 000 Kilometer hinter uns. Vieles ist uns auf unserer Reise aufgefallen. Einiges hat auch unsere Einstellungen verändert. Es gab Momente, in denen ich kurz davor war aufzugeben. Die ständige Anpassung an unbekannte Kulturen und Erwartungen hat mir sehr zu schaffen gemacht. Normalerweise genieße ich es, auch Momente allein für mich zu haben. Hier bin ich, sobald ich irgendwo anhalte, Mittelpunkt des Interesses. Sei es, dass die Einwohner wenig Kontakt mit Fremden haben, sei es, weil sie sich Geld und Geschenke erhoffen. Nur selten wurden wir »in Ruhe gelassen«.

Der ein oder andere mag nun meinen, dass man sich auf all das schon im Vorfeld einstellen muss, wenn man eine solche Reise plant. Allerdings kann ich nun sagen, dass ich irgendwann nicht mehr konnte, weil das wochenlange Reisen müde macht, obwohl mir bewusst war, worauf ich mich einlasse, da ich schon häufiger in Afrika unterwegs war. Sechs Wochen in den Sommerferien zu reisen, ist allerdings etwas völlig anderes, als ein Jahr lang unterwegs zu sein.

Je nachdem, wie man reist, erlebt man andere Dinge oder auch dieselben Dinge anders. Uns war es wichtig, Einheimische (»reiche« wie »arme«) kennenzulernen, aber auch in Kontakt mit Auswanderern und Expats, also berufsbedingt auf Zeit Ausgewanderten, zu kommen. So hören wir unterschiedliche Geschichten aus unterschiedlicher Perspektive zu ein und demselben Land.

Da wir unzählige Stunden im Auto sitzen und durch die Gegend fahren, gesellen sich zu unseren Gesprächen mit den Menschen unsere Beobachtungen von Situationen, Menschen am Straßenrand, Schildern usw. – Dinge, die wir versuchen zu »verstehen«. Manches Gedachte können wir mit anschließender Internetrecherche bestätigen, anderes hören wir von anderen Travellern oder Leuten vor Ort, und wieder andere Gedanken schweben gewissermaßen zwischen Loyal und mir. Sie sind von keiner »offiziellen« Seite bestätigt, mögen manchen absurd erscheinen und doch festigen sie sich, je länger wir auf dem afrikanischen Kontinent unterwegs sind. Es sind Gedanken, die aufgrund unserer individuellen Erlebnisse entstanden sind. Deshalb ist es gut möglich, dass andere Reisende manche Dinge ganz anders gesehen oder erlebt haben.

Straßenbau in West- und Zentralafrika

Überall werden Straßen gebaut, mit nur wenigen Ausnahmen. In Ghana beispielsweise existiert schon eine (mautpflichtige) Küstenstraße. Wenn wir Straßenbau beobachten konnten – manchmal kann kaum von »Beobachtung« die Rede sein, weil es so staubig war, dass man keine drei Meter weit blicken konnte –, sahen wir Chinesen bei der Arbeit. Chinesen, die jeweils kleine Gruppen Einheimischer beaufsichtigten und regelrecht antrieben (in Kamerun wurden Straßen nur mit der Axt und Manneskraft ohne Zuhilfenahme von Maschinen gebaut), Chinesen, die Lkw und Straßenbaumaschinen steuerten. Wir sahen keine einzige Baustelle, die nicht von Chinesen beaufsichtigt wurde. Loyal entdeckte in mehreren Ländern gar ein chinesisches Bauunternehmen, das in China selbst verboten ist, seit von ihm eine fehlerhafte Brücke konstruiert wurde, die einstürzte und viele Menschen mit in den Tod riss. Hier in Afrika scheint es weiter agieren zu dürfen. Wir fragen uns: Was haben die Chinesen in Afrika vor? Wer beauftragt die chinesischen Unternehmen? Die afrikanische Regierung selbst? Warum gibt es keine einheimischen Bauunternehmen?

Was die Finanzierung der Straßen angeht, war in einigen Fällen auch die Europäische Union beteiligt, verrieten Schilder – interessanterweise meist auf Strecken abseits der Hauptstraßen, zu kleinen Dörfern. Wir fragen uns, ob die chinesischen Bauunternehmen auch von den EU-Geldern bezahlt werden oder selbst an der «Entwicklungshilfe» beteiligt sind. Fakt ist, dass China in Afrika auf jeden Fall eigene wirtschaftliche Interessen verfolgt und überall investiert.

Die afrikanische Eifersucht

Teil der afrikanischen Kulturen ist die »afrikanische Eifersucht«, die nicht wir so nennen, sondern die genauso von den Einheimischen genannt wird. Es handelt sich um ein afrikanisches Phänomen, das nicht auf einzelne Länder oder einen bestimmten sozialen Status beschränkt ist. Ein Afrikaner (ich glaube, es war im Senegal) hat es uns an einem Beispiel gut erklärt:»Wenn ihr (Westler) euren Nachbarn seht, der einen Mercedes fährt, dann wollt ihr wahrscheinlich auch einen haben, was dazu führen würde, dass ihr eure ganze Energie aufwenden würdet, um genug Geld zu sparen, um auch einen Mercedes vor der Haustür zu haben. In Afrika läuft das anders: Der Mercedeslose würde seine gesamte Energie aufwenden, um zu erreichen, dass der andere das Auto ›verliert‹.« Überträgt man das aufs Große, bedeutet das: Entwicklung und Fortschritt scheinen bei uns auch deshalb so gut zu laufen, weil jeder versucht, besser als der andere zu sein, schneller etwas Neues und Besseres zu entwickeln. In Afrika wird diese westliche Form des Fortschritts genau dadurch verhindert, dass alle immer nur versuchen, sich gegenseitig klein zu halten.

Das Beispiel zweier Hotels, die im Senegal neben unserem Campingplatz *nicht* gebaut wurden, verdeutlicht es noch besser: Wir sahen zwei große Gelände. Auf einem stand gar nichts, auf dem anderen die Außenmauern eines großen Gebäudes. Die Geschichte dazu erfuhren wir von einem Anwohner. Zwei Männer wollten zwei Hotels bauen, der eine war schneller beim Hochziehen der Mauern. Anstatt dass der andere sich darum bemühte, selbst schneller zu bauen und danach ein tolles Hotel mit tollem Service zu eröffnen, steckte er seine ganze Energie in die Bemühungen, den anderen aufzuhalten. Er zeigte ihn an, führte mehrere Prozesse, ging zum »witch doctor« (schwarze Magie spielt in Afrika eine große Rolle). Das Ende vom Lied war, dass es ihm gelang, den Bau des anderen aufzuhalten. Gleichzeitig hatte er aber auch sein ganzes Geld in diese Prozesse investiert und nun keinen Cent mehr, um sein Hotel zu bauen. Seit vielen Jahren wuchert also das Unkraut über beiden Baustellen.

Diese Eifersucht kann extreme Ausmaße annehmen, wie beim Kameruner Rodolphe, der Angst hat, dass seine eigene Familie und engen Freunde seinen Sohn vergiften könnten, weil sie eifersüchtig auf das gute Verhältnis zwischen den beiden sind. Dabei könnten sie Rodolphe zum Vorbild nehmen und selbst ihre Kinder ohne Schläge erziehen.

Womöglich ist diese »afrikanische Eifersucht« einer der wahrscheinlich vielen Gründe, warum Entwicklungshilfe oft nur so wenig nachhaltig ist, wieso sich die afrikanischen Länder nur so langsam »entwickeln«, wieso viele Menschen Hunger leiden, obwohl das Land, auf dem sie leben, vielerorts äußerst fruchtbar ist. Afrika ist nicht überall so trocken und wüstenartig, wie wir das in Europa oft denken.

Die afrikanische »Sozialversicherung«

Wenn ein Afrikaner es »zu etwas gebracht hat« (Geld, hoher Posten etc.), stehen alle Freunde und Familienmitglieder Schlange. Auf den ersten Blick erscheint das positiv, weil man sich so gegenseitig unterstützt. Wir haben allerdings häufig das Gefühl gehabt, dass sich alle anderen auf Kosten des »Fleißigen« ausruhen. Vielen scheint es zu reichen, ein »reiches« Familienmitglied in Afrika, Europa oder den USA zu wissen, das regelmäßig Geld schickt – sie bemühen sich dann nicht mehr um einen Job.

Wenn man alt und krank ist, ist es natürlich gut zu wissen, dass es Menschen gibt, die sich um einen kümmern werden. Sehr häufig sind die Menschen, die die Hand aufhalten, allerdings jung und gesund und könnten für sich selbst aufkommen. Viele mögen nun denken: »Aber in Afrika gibt es doch keine Jobs, wie könnten die Leute denn überhaupt arbeiten?« Wir haben auf unserer Reise festgestellt, dass der Kontinent aus viel fruchtbarem, bisher noch ungenutztem Land besteht. Hier könnte man zum Beispiel Landwirtschaft betreiben. Auch wenn Landwirt ein harter Beruf ist, wäre das zumindest eine Möglichkeit, dem Hunger zu entgehen.

Gekoppelt mit der afrikanischen Eifersucht scheint es für die, die vorankommen möchten, schwierig zu sein, das auch zu realisieren. Sie müssen sich nicht nur den negativen Kräften des Voodoo- und Magiekults erwehren, sondern auch alles teilen, was sie verdienen. Das verringert sicherlich die Motivation, denn wer will schon hart arbeiten ohne etwas davon zu haben?

Ich hatte in einem Dorf, in dem es wieder einmal kein Wasser gab und die Leute täglich mehrere Kilometer zum Fluss laufen mussten, die Idee, dass man einfach ein Regenwasserfass aufstellen könnte, da es in der Region richtig viel regnet. Dann hätte man immer Wasser, um sich zu waschen und müsste es nicht mehr von weit her tragen. Loyal bremste meinen Enthusiasmus: »Wenn eine Familie ein Fass hat, wird das nicht dazu führen, dass die anderen auch eines aufstellen. Sie werden vielmehr denken: ›Wieso brauche ich eins, ich kann doch auch beim Nachbarn Wasser holen.‹ Somit wäre das Fass schnell leer, weil sich alle Nachbarn bedienen würden. Ähnliche Geschichten hörten wir übrigens von NGO-Mitarbeitern. Um ein Beispiel zu nennen:

In einer Region reichte das Korn nicht fürs ganze Jahr. Der Vorschlag der Hilfsorganisationen war Folgender: Baut dieses Jahr 20 Prozent mehr Korn an, dann wird es reichen. Ein paar Bauern, nicht alle, machten das. Es kostete sie mehr finanzielle Investitonen und Arbeit. Trotzdem ließen sie sich überzeugen. Diese Bauern hatten hinterher aber gar nichts von ihrer Mehrarbeit, weil den anderen ja wie immer das Korn ausgegangen war und sie dann bettelnd vor den Türen der anderen standen. Da es fest in der afrikanischen Kultur verankert ist, dass man Familienmitglieder, Freunde und Nachbarn unterstützen muss, wenn man mehr als sie hat, war der Überschuss schnell aufgebraucht, weil man es ja mit dem halben Dorf teilen musste. Die Folge war: Im nächsten Jahr bauten diese Bauern auch nicht mehr an als die anderen, weil es für sie im Grunde genommen ein Verlustgeschäft bedeutete. Wir fragen uns, ob vielleicht auch die über NGOs organisierten Nahrungsmittellieferungen dieses Verhalten verstärken könnten.

Eine weitere Frage, die Loyal und ich uns stellen, ist: Könnte man sagen, dass durch diese sehr prägenden afrikanischen Kulturspezifika – afrikanische »Sozialversicherung« und afrikanische Eifersucht – das Negative des Kommunismus und das Negative des Kapitalismus zusammenkommen und so die afrikanischen Länder stark in ihrer Entwicklung bremsen? Unter dem Negativen des Kommunismus verstehen wir, dass eben nicht alle alles ihnen Mögliche einbringen, sondern sich regelrecht »zurücklehnen«, aber trotzdem erwarten, gleich gut wie diejenigen, die sich einbringen, zu leben (also ein egoistischer Kommunismus gewissermaßen). Unter dem Negativen des Kapitalismus verstehen wir, dass anstatt eines konstruktiven, sich gegenseitig fördernden Wettbewerbs ein destruktiver Wettbewerb stattfindet, der in Afrika durch die Eifersucht hervorgerufen wird. Eine These, die wir auf unseren langen Autofahrten heiß diskutieren.

Religionen in Westafrika

Ich beschränke mich auf christliche und muslimische Religionsgemeinschaften, weil ich von den Naturreligionen auf unserer Reise zu wenig mitbekommen habe. Obwohl ich mich immer bemühe, möglichst vorurteilsfrei durchs Leben zu kommen, bin ich natürlich nicht davor gefeit, durch viele Vorurteile geprägt zu sein.

So viel ich auch über den Islam gehört und gelesen habe, war ich immer der Meinung, dass Frauen einen niedrigeren gesellschaftlichen Status als Männer haben. Deshalb war es immer wieder eine Überraschung für mich, wie offen die Muslime auch mir als Frau begegnet sind und wie viel Gastfreundschaft sie uns entgegengebracht haben. Nicht nur, dass sie, sobald wir ankamen, den für uns angedachten Platz gefegt und gesäubert haben, gleichzeitig haben sie auch Wasser herbeigeschleppt und uns etwas zu trinken angeboten. In den muslimischen Ländern sind wir auffallend weniger angebettelt worden. Wenn die Hand aufgehalten oder nach Geld gefragt wurde, kam das immer nur von Kindern. Von den Erwachsenen wurden wir mit offenen Armen empfangen und häufig sogar beschenkt. »Das steht so im Koran, dass man Gäste gut behandeln und beschenken soll«, bekamen wir überall zu hören, wenn wir uns den vielen Angeboten erwehren wollten. Bei allen wurde uns sogar das eigene »Schlafzimmer« zur Übernachtung angeboten.

Ganz anders bei den Christen: Eigentlich erwartete ich mir von den christlicheren Gegenden ein »leichteres« Reisen, beispielsweise was die Kleiderordnung angeht. Da es in muslimischen afrikanischen Ländern undenkbar ist, seine Beine zu zeigen und ich deshalb trotz der großen Hitze immer lange Röcke oder Hosen getragen habe, hatte ich die Hoffnung, dass dies in den christlich geprägten Ländern etwas freier gehandhabt werden würde. Dies war allerdings nicht der Fall. Anstatt angenehmer reisen zu können, wurde unsere Geduld hier verstärkt auf die Probe gestellt, weil wir nach einer Weile von all den bettelnden Menschen genervt waren, die überall am Straßenrand, anstatt zu winken, die Hand aufhielten. Kinder liefen oft hinter unserem Auto her und wollten Geld. Die Gastfreundschaft der Menschen war auffallend zurückhaltender. Wir wurden nur sehr selten nach unseren Namen, dafür aber nach Gegenständen aus unserem Auto gefragt. Wasser wurde uns nur in drei Fällen angeboten. Die typische »Waschhütte«, wie in den muslimischen Haushalten üblich, gab es nicht. Vielmehr wuschen sich die Menschen direkt im Fluss, was bei den Muslimen schon aus moralischen Gründen nicht möglich gewesen wäre, da man sich vor anderen nicht auszieht.

Bei (Expat-)Pfarrern, die wir erlebten, beobachteten wir oft eine, aus unserer Sicht, »verklärte« Einstellung zu den Menschen. Sie reichten häufig aus dem Autofenster Geld oder Essen heraus, was in unseren Augen die Bettelei der Menschen noch verstärkte. Die Verteilung der Hilfsgüter beziehungsweise der »Geschenke« macht den Leuten hier erst bewusst, dass sie weniger haben und vermittelt ihnen dadurch ein gewisses »Armutsgefühl«. Meiner Meinung nach entwürdigt das die Menschen.

Die einheimischen Pfarrer leben, soweit wir das beurteilen können, ein gutes Leben: Egal wie arm die Gemeindemitglieder sind, sie selbst erhalten vom gespendeten Geld große Häuser, schicke Autos und andere Statussymbole. In unseren Augen hat das wenig mit Nächstenliebe zu tun, in den Augen der Afrikaner ist das völlig normal. Je mehr der Pfarrer hat, umso besser fühlen sich die Gemeindemitglieder, weil das beweist, dass sie viel gespendet haben. Somit haben sie täglich vor Augen, wie »rein« ihre eigenen Seelen sind. »Wenn das Geld im Kasten klingt, die Seele in den Himmel springt« – bei uns veraltet, hier allgegenwärtig: Es gibt viele Kirchen/Gemeinden, in denen laut im Gottesdienst verkündet wird, wer wieviel spendet! Obwohl ich mich selbst als Christin fühle, war ich mit den Erlebnissen hier eher enttäuscht!

Natürliche Grenzen?

Häufig wird die Kolonialzeit in Afrika als ein großes Problem genannt, da zu dieser Zeit (unter anderem) Grenzen mit dem Lineal gezogen und Stämme und Familien getrennt wurden. Aus diesem Grund sind wir bei allen Grenzübergängen in West- und Zentralafrika verwundert, dass sich die Landschaft abrupt nach der Grenze ändert. Meistens sieht es völlig anders aus als auf der anderen »Seite«. Ich meine damit nicht kulturelle Dinge wie Hausbau etc., sondern die Landschaft selbst, oft sogar das Klima. Häufig sind die Länder auch durch natürliche geologische Gegebenheiten wie Flüsse, Seen und Gebirge getrennt. Die lokale Sprache ist auf beiden Seiten der Grenze allerdings häufig dieselbe, was unserer Meinung nach auch mit am regen Handel innerhalb einer Region liegt.

Kommunikation hat Priorität

Kommunikation hat in Afrika einen ganz anderen, nämlich höheren, Stellenwert als bei uns. In Südafrika sehen wir zum Beispiel, dass in den »weißen Gegenden« die Straßen sauber, aber auch alle Türen geschlossen und die Häuser von hohen Mauern umgeben sind. In den »schwarzen Gebieten« sind dagegen viel mehr Menschen auf der Straße, ist einfach mehr Leben.

So anstrengend es auch manchmal für uns war, ständig alle mit: »Salut, ça va?«, zu begrüßen, so sehr ist es doch fester Bestandteil der hiesigen Kultur. Wir stellen fest, dass es uns nun sogar schon manchmal fehlt, andere auf der Straße zu begrüßen. Seit Namibia ist das nicht mehr so, wobei wir seitdem auch nicht mehr bei Einheimischen übernachtet haben. Häufig sind wir verwundert, aus unserer Sicht bettelarme Menschen ohne Kleidung und Schuhe, teilweise mit Hungerbäuchen zu sehen, die dann allerdings mehrere nagelneue Handys aus der Tasche ziehen und durch die Gegend telefonieren, um: »Salut, ca va?«, zu sagen. Status ist hier sehr wichtig und das Telefonieren überlebensnotwendig. Letzteres konnten wir anfangs nicht verstehen. Sani, unser Freund aus dem Niger, der eine Zeit lang mit uns reiste, erklärte es uns: »Wenn ich Essen kaufe, kann ich nur essen. Wenn ich Handyguthaben kaufe, kann ich andere anrufen und gleichzeitig nach Essen fragen. Außerdem bleibe ich dann mit vielen Leuten in Kontakt, die mir dann vielleicht mal helfen, wenn ich Hilfe brauche!« Wenn Sani sich zwischen Mittagessen und Guthaben fürs Handy entscheiden muss, fällt seine Wahl immer auf das neue Handyguthaben. Hier in

Afrika bieten die Mobilfunkprovider übrigens auch an, Geld beziehungsweise Handyguthaben zu verschicken. Das heißt, es wird sehr häufig Geld versendet, ohne dass eine Bank oder ein Unternehmen wie Western Union am Bargeldtransfer beteiligt sind. Wer einem Familienmitglied in einem entfernten Dorf Geld zukommen lassen möchte, kauft Handyguthaben und schickt dieses weiter zu besagtem Familienmitglied. Diese Person kann dann entweder mit dem Guthaben telefonieren oder sich davon etwas kaufen – es wird teilweise wie eine Parallelwährung gehandhabt und man kann davon Dinge auf dem Markt kaufen, indem man der Marktfrau Guthaben weiterleitet – oder man kann auch jemanden finden, dem man das Guthaben überweist und der einem das Geld dann in bar gibt. So können auch Menschen in einem kleinen Dorf neues Handyguthaben oder Bargeld bekommen.

In den westafrikanischen Ländern gibt es so gut wie überall Handyempfang, vielerorts sind Masten aufgestellt. Außerdem ist die Handywerbung im Alltag am auffälligsten. Auf unserer Fahrt durch Südafrika ist auch das wieder spannend: Während uns in Kapstadt, in Port Elizabeth und an der »Garden Route« im Allgemeinen nur wenig Handywerbung ins Auge fällt (vielleicht gab es sie, aber sie ist uns kaum aufgefallen, weil auch für viele andere Produkte geworben wird), so sehen wir in KwaZulu Natal, den ehemaligen »Homelands«, also den von schwarzer Bevölkerung geprägten Gebieten, überall riesige Plakate von Netzprovidern.

Was für uns unverständlich war – Wieso lässt die Mutter ihre Kinder hungern, telefoniert aber ständig in der Gegend herum? –, ist also kulturell begründet: Kommunikation ist hier wichtiger als Nahrung. Der Status eines Menschen definiert sich darüber, ein möglichst gutes Handy und viele eingespeicherte Nummern zu haben. Je mehr Freunde und Bekannte man hat, desto wichtiger ist man. Immer wieder werden wir von Polizisten an Straßensperren nach unserer Nummer gefragt. Sani tauschte Nummern mit Menschen aus, die wir vielleicht eine Minute am Straßenrand gesehen haben und doch rief man sich kurz danach an, um: »Salut, ça va?«, zu fragen!

Was ist Hilfe?

Ein großes Thema auf unserer Reise ist bei uns immer wieder die Frage: Was ist Hilfe? Wie kann man in Afrika überhaupt »helfen«? Was bedeutet es zu helfen? Wir orientieren uns natürlich an dem, was in unserer Kultur Hilfe heißt. »Helfen« bedeutet in unseren Augen, etwas aktiv zu unternehmen, um das Leben oder den Zustand eines anderen zu verbessern. Dabei gehen wir natürlich von unserer Vorstellung dessen aus, was gut beziehungsweise besser ist. Diesem von uns definierten guten, erstrebenswerten Zustand liegen unsere eigenen Wertvorstellungen zugrunde, von denen wir uns nur schwer lösen können. Die Frage, die wir uns nun stellen, ist: Ist das auch im afrikanischen Sinn »Hilfe«? Helfen wir den Menschen mit unseren Projekten wirklich? Kann es nicht vielmehr sein, dass diese Hilfe, wie zum Beispiel auch unsere Art der Höflichkeit, bei den Afrikanern gar nicht als solche ankommt? Trotzdem erwarten wir, dass sie anschließend »dankbar« sind, da wir ihnen doch »geholfen« haben. So als ob man einer Familie Obst schenkt und ein »Danke« erwartet, obwohl die Familie gar kein Obst essen will!

Brauchen die Afrikaner wirklich »unsere Hilfe«? Diese Frage haben wir uns (noch) nicht beantworten können. Ich bin auch nicht sicher, ob es darauf überhaupt eine eindeutige Antwort gibt!

Ostafrika, wir kommen!

Wir haben eine anstrengende Tour durch Westafrika hinter uns gebracht und sind nun stolz angesichts dessen, dass wir es bis hierher, nach Südafrika, geschafft haben. Die letzten fünf Wochen im südlichen Afrika haben uns innehalten und das bisher Erlebte Revue passieren lassen. Wir konnten neue Kraft tanken: physisch wie auch psychisch. Loyal nahm durch intensiven Fleischkonsum wieder etwas zu, ich genoss den sorgenlosen Verzehr von Salat. Psychisch ging es uns beiden wieder besser, da wir das Gefühl hatten, endlich wieder nur wir selbst sein zu können und nicht in jeder Minute Rücksicht auf andere Kulturen nehmen und uns anpassen zu müssen. Unsere Zeit in Südafrika war ein bisschen wie Urlaub – Urlaub vom Reisen. Wir genossen das stabile Stromnetz und die guten Internetverbindungen, konnten wir so doch regelmäßig Kontakt »nach Hause« halten und mit Freunden skypen. All dies war Balsam für unsere Seelen.

Während ich mich nach diesem Monat wieder bereit fühle, mich auf neue Abenteuer einzulassen, hadert Loyal. Er stellt sich die Frage, ob er sich eine Auszeit vom Reisen nehmen und ein paar Wochen »nach Hause« zurückkehren soll. Letztendlich scheitert dieser Wunsch aber an den Gegebenheiten: Wir haben unsere Wohnung in Deutschland aufgegeben und unseren gesamten Besitz in einer kleinen Lagerbox in Karlsruhe untergebracht. Obwohl Loyal sicherlich mit offenen Armen von meiner Familie und unseren Freunden aufgenommen werden würde, ist es nicht das, was er will. Er braucht eigentlich Zeit für sich, um seine Eindrücke zu verarbeiten. Ein Aufenthalt bei Familie oder Freunden würde da zu viel action bedeuten.

So verlassen wir schließlich zusammen Südafrika über Swasiland gen Mosambik. Zu diesem Zeitpunkt ist uns noch nicht klar, dass die Weiterreise Loyal nicht nur in eine emotionale Krise, sondern sogar in Lebensgefahr bringen würde. Die Tour durch Ostafrika bringt auch unseren Land Rover an seine Grenzen. Nur der Einsatz der Seilwinde kann unser Gefährt aus einem Fluss retten. Außerdem bangen wir um Paule, weil wir erfahren, dass wir ihn »aus Versehen« vergiftet haben! Doch Ostafrika bietet uns mehr als nur Dramatik: Viele neue Kulturen und Menschen, die an Reisende gewöhnt sind und uns den Aufenthalt erleichtern. Wiedersehen mit guten Freunden. Momente, in denen wir das Gefühl haben, die afrikanische Kultur richtig genießen zu können. Momente der Entspannung und des puren Glücks.

Ostafrika, wir kommen!

Danke

Mein Dank gilt als erstes allen Menschen, denen ich auf meiner Reise begegnet bin und die es mir mit ihrer Offenheit und meist sehr herzlichen Gastfreundschaft erst ermöglicht haben, den afrikanischen Kontinent zu »erfahren«. Sie haben Afrika ein Gesicht gegeben.

Ich danke zudem meinen Eltern und meiner Schwester Constanze für die Unterstützung bei der Visabeantragung in Deutschland. Außerdem Familie Keller, die während unserer Abwesenheit das Administrative für uns erledigt hat. Ich möchte der Lokalredaktion der *BNN* im Murgtal danken, dass sie die Reise mit einer wöchentlichen Reiseserie begleitet hat, genauso dem Hundemagazin *WUFF*, das den Lesern Paule und seine Erlebnisse nähergebracht hat. Ferner bedanke ich mich beim Team von *Der Kleine Buch Verlag*, das mich bei diesem Buchprojekt unterstützt hat.

Am meisten möchte ich allerdings meinem Mann Loyal danken, dass er nicht nur meinen Traum mitgetragen, seinen Job gekündigt und sich mit mir auf die lange Reise begeben hat, sondern dass er mir auch in jeder Situation geduldig zur Seite gestanden und mich immer unterstützt hat. Ich danke ihm für die vielen Stunden, die er mir zugehört und später bei der Überarbeitung meiner Texte geholfen hat, für das Feedback und die konstruktive Kritik. Ich danke ihm für seine Liebe.

Kontakt

Da wir auf unserer Reise immer wieder von den Informationen anderer Reisender (Internetblogs, Reiseberichte etc.) profitieren konnten, möchte ich auch meine Leser dazu ermuntern, Kontakt mit mir aufzunehmen. Falls ihr also selbst eine längere (Afrika-)Tour plant und Fragen habt, Tipps für die Umsetzung braucht oder aber selbst schon eine Panamerikana-Tour gemacht habt und Tipps für uns habt oder aber einfach nur so Kontakt mit mir/uns aufnehmen wollt, würde ich mich sehr freuen, von euch zu hören.

Meine Emailadresse ist: afrikafernaberlebt@themacmillians.de
Unsere Homepageadresse ist: www.themacmillians.de

Wie alles begann 9

Wieso Afrika? 9
Erste Reisen 11
Am Anfang war der Jeep 14
Reisevorbereitungen 15

Europa 18

Supermärkte und Tankstellen in Frankreich: Fehlanzeige! 18
Andorra – Das Skifahrerparadies schlechthin 20
Gemütlichkeit im trockenen Spanien 20
  Trockenheit und Arbeitslosigkeit 20
  20 Stundenkilometer erlaubt – 40 empfohlen! 21
  Auf der Suche nach Schlafplätzen 22
  Endlich ausschlafen! 23

Nordwestafrika 25

Marokko 25
  Einreisen auf Marokkanisch 25
  Auf dem Campingplatz zu Tee und Fleisch geladen 26
  Das Leben in einer marokkanischen Familie: Viel Geben 28
  Ein goldener Käfig für die Braut 31
  Ein Visum für Mauretanien: Alles andere als relaxt 33
  Unruhen in Rabat 35
  Marokkanische »Push-ups« 36
  Lebensmittelvergiftung 36
  Schwanger in Casablanca 39
  Touristenhochburg Essaouira 42
  Das Drogenhotel 43
  Auf der Suche nach Gas in der Westsahara 44

Mauretanien 47
  Der steinige Weg über die Grenze 47

Wasser oder Strom? 50
Mangelware Kondom 51
»Habt ihr *Fisch*?« 53
Geiler Polizist 54

Westafrika 56

Senegal 56
Die schwierigste Grenze Westafrikas 56
Das »echte« afrikanische Leben 58
Ein Scheidenpilzmedikament gegen Malaria 60
»Es gibt hier nichts, was mir nicht gefällt!« 61
Spende für das Tabaski-Fest 62
Visa-Formalitäten: Drei Tage Stress pur 63
Der Süden Senegals – die Casamance 68
Alle wollen ständig unsere Handynummer 69

Guinea-Bissau 70
Misslungener Putsch 70
Sprachbarriere 70
Patschnass und mit Ohrstöpseln 71
Tabaski – das große Fest 72
Auf den Hund gekommen 78
Essen im Kreise der guineischen Frauen 82
Leere Regale in Bissau 83
Beschwerliche Reise nach Guinea 85

Guinea 90
Wir sind die Attraktion 90
Der Norden Guineas 92
Ein Besuch in der Dorfdisko 95
Geldwechsel in Guinea 97
Schulbesuch in Kindia 98
Afrikanische Läufer 103

Reis zweimal täglich   104
Hähnchen aus Europa   105
Kinder in Westafrika   106
Maßnahmen gegen Extremisten   108
Kochen unter afrikanischen Bedingungen   109
Öffentliche Verkehrsmittel: Auf Kuschelkurs   113
Auf dem Markt   114
Abgezockt und am Tiefpunkt   117
»Hubbel« in Guinea und Spanien   120
Money Gram und Co.   122

Sierra Leone   *123*
Auf dem Weg nach Sierra Leone   123
Wahlen oder Fußball-Weltmeisterschaft in Freetown?   127
WaMaGriSo – ein Schulprojekt in Freetown   130
Die Entwicklung in Sierra Leone   132
Ein Visum für Liberia   134

Liberia   *135*
Ankunft in Liberia   135
In der Deutschen Botschaft in Monrovia   136
Zu großzügige Gastfreundschaft?   139
Bei Sozialpädagoge Sebastian in Totota   142
Wie es mir so geht (I)   142
In Liberia herrscht der US-Dollar   144
UN-Soldaten und amerikanische Hähnchen   146
Angst vor ivorischen Rebellen   147
Mission Tourismus   149
Übernachtung bei einer Prophetin   151
Sehnsucht nach einer Dusche   153
Das liberianische Sicherheitsdokument   154

Elfenbeinküste   *156*
Ärger beim ivorischen Zoll   156

Gefährlicher Osten? 157
Die Gefahr scheint noch nicht vorüber 158
Der Traum von Europa 160
Weiße Einheimische 162

Ghana 164
Ankunft in Ghana 164
Der dritte Advent auf Ghanaisch 165
Ghanaisches Klopapier 168
Andere Overlander 169
Fleißige Ghanaer 170
Ghanaische Korruption 171
Wäsche waschen 173
Der Stern von Keta – Weihnachten in Ghana 175
Moskitonetze 178

Togo 179
Selbsternannte Helfer 179
Weihnachten in Togo 182
Ein Tag mit Sani – afrikanisches Leben pur 183
Bettler vor der Moschee 186
Silvester in Lomé 187
Arztbesuch in Lomé 189
Muslime versus Christen 192
»Sugarmamas« 193
Paule verhindert Überfall 195

Benin 195
Zu Gast bei Voodoo-Priestern 195
Alkohol für Kinder 198
Erste Hilfe im Dorf 198
Müll zum Essen 202

Nigeria   *203*

  Nigeria: Was steht uns wohl bevor?   203

  Umwerfende Gastfreundschaft in Abeokuta   209

  Autofahren in Nigeria – kein Vergleich!   210

  Bewaffneter Überfall   212

  Großzügiges Abschiedsgeschenk   213

  Nigeria versucht noch einmal, seinem Ruf treu zu bleiben   216

Zentralafrika   **218**

Kamerun   *218*

  Ankunft in Kamerun:»Money! Money!«   218

  »Was kostet eurer Hund?«   219

  Straßenbau auf Chinesisch   219

  Missionare in Kumba   221

  CFA ist nicht gleich CFA   222

  Wiedersehen in Douala   223

  Missverständnisse in Yaoundé – unser »Zusammenbruch«   225

  Am Strand von Kribi: Angriff der Killerinsekten (I)   228

Äquatorialguinea – ein Versuch einzureisen   *229*

Gabun   *231*

  Wie es mir so geht (II)   231

  Zentralafrikanisches Straßenparadies   235

  Am Äquator   236

  Angriff der Killerinsekten (II)   236

  Libreville – die »weiße« Stadt   237

  Das wichtigste im Leben: das Handy!   240

  Besuch des Albert-Schweitzer-Museums in Lambaréné   243

  Winken   243

  Touristen – Staatlich geprüft!   243

Republik Kongo 245
  Ankunft in der Republik Kongo 245
  Das Visadrama: Demokratische Republik Kongo und Angola 247
  Runterkommen in Brazzaville 250
  Werkstatt auf Kongolesisch 251
  Verfolgt! 252
  Durch die »grüne Hölle« 254

Demokratische Republik Kongo 261
  Die Strapazen nehmen kein Ende 261
  »Christliche« Gastfreundschaft 262
  Medikamenten-Schnorrerei 266
  Positiv enttäuschte Erwartungen 267

Angola 268
  Wunderschönes Angola 268
  Andere Prioritäten 270
  Drama um unser Kameraobjektiv 271
  Auf dem Parkplatz des Luxushotels 272
  »Straßenfunde« 275
  Horrende Preise 276
  Quo vadis Angola? 277

Südliches Afrika **280**
Namibia 280
  Ankunft in Namibia 280
  »Überflutungsgefahr« am *Hippo-Pool* 283
  Ruacana-Wasserfall ohne Wasser 285
  Traveller-Bekanntschaften 285
  Paule unterm Messer 288
  Deutsches Namibia 289
  Besuch im staatlichen Krankenhaus:
  Ohrenarzt – Klappe die zweite 290
  Wildes Camping 291

Wiedersehen in Swakopmund 292
Kein Handynetz 293
Angriff der Bienen 294

Südafrika 295
Ankunft in Südafrika 295
Budget-Probleme 297
Gesperrte Kreditkarte 298
Einheimische kennenlernen ist schwierig 299
Immer nordwärts – gen Heimat 300
Langwieriger Geldwechsel in Plettenberg 302
Masifunde in Port Elizabeth – Gelingende Entwicklungshilfe 304
Homepage-Katastrophe 306
In den 60ern stehengeblieben 307
Kinder unerwünscht! 307
Miniröcke 308
Abtreibungen in Südafrika 309

Swasiland – Kleines, kaltes Land mit Mülltrennung 310

Die westafrikanische Küste – eine Bilanz **311**

Gedanken zu Westafrika 311
Straßenbau in West- und Zentralafrika 312
Die afrikanische Eifersucht 313
Die afrikanische »Sozialversicherung« 314
Religionen in Westafrika 316
Natürliche Grenzen? 318
Kommunikation hat Priorität 319
Was ist Hilfe? 321

Ostafrika, wir kommen! **322**

Gustavo Alàbiso /
Benno Stieber (Hrsg.)

300 x Karlsruhe
Gesichter einer Stadt

256 Seiten
Format: 24 x 28 cm
Klappenbroschur
€ 30,00

ISBN 978-3-7650-0300-4

WER BIST DU, KARLSRUHE?
Das fragten elf Autoren und der Fotograf Gustavo Alàbiso. Sie porträtierten über ein Jahr hinweg 300 Karlsruher Bürger. Prominente und weniger bekannte, Menschen aus der Mitte der Gesellschaft und solche, die eher am Rand stehen.
Das Ergebnis ist die Momentaufnahme einer modernen Stadt in Deutschland.

DER KLEINE BUCH VERLAG

www.derkleinebuchverlag.de

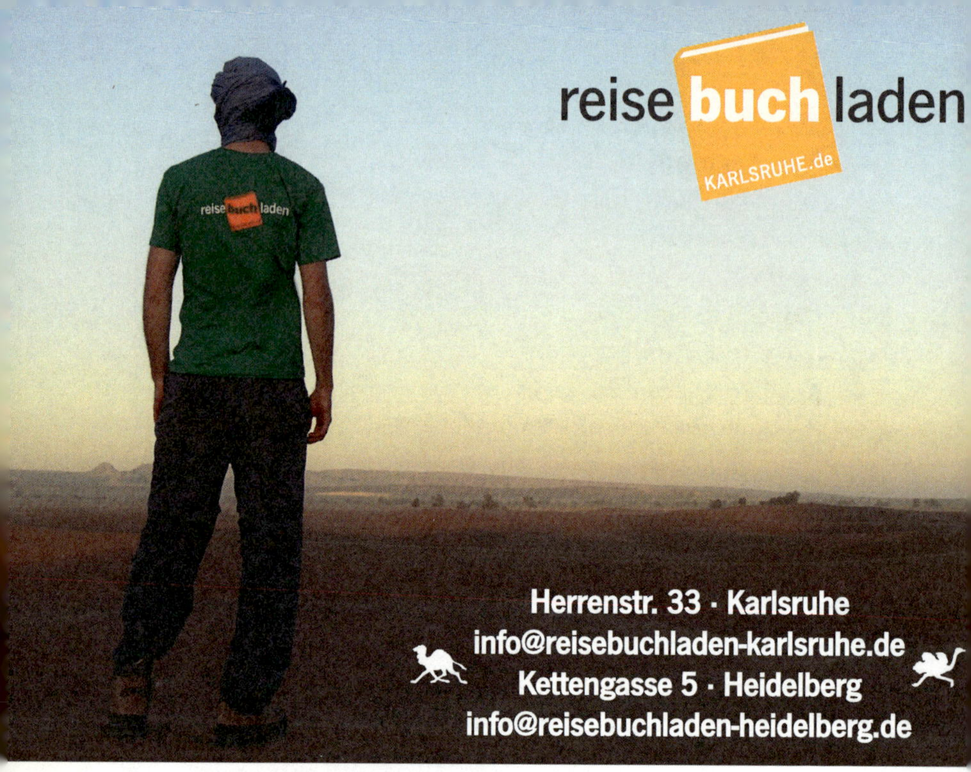

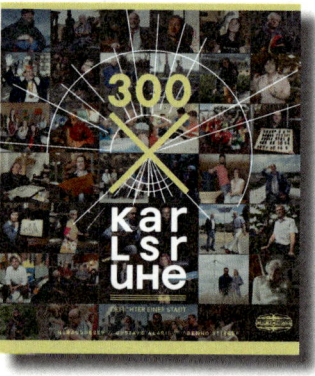

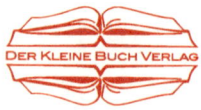